"河南文化与对外交流"丛书

主编　张喆

副主编　岳中生　黄婕

河洛文化经典英译研究

A Study on the English Translation
of Heluo Cultural Classics

张优 著

社会科学文献出版社
SOCIAL SCIENCES ACADEMIC PRESS (CHINA)

《河南文化与对外交流》
丛书总序

　　"天地之所合也，四季之所交也，风雨之所会也，阴阳之所和也"——"天下之中"河南是华夏文明的起源地，在区位上雄踞中原，是最能代表中华文化内涵与品格的地域之一。河南省丰富多彩的文化内涵，以及大量国宝级的文物精华，具有历史文物实体和中华古典文明代表的双重身份。让河南文明之光真正走出中原、走向世界是每个河南人的热切期望。河南文化的相关研究成果丰富，近年来对外宣传与国际化交流也取得了一定进展，但必须承认，国际视野下的研究、翻译与介绍还存在表面化、简单化、千篇一律的问题。这方面的薄弱导致河南文化的历史价值和当代意义被严重低估。作为外语研究者的我们，历史重任和文化使命在肩，深感向世界言说家乡的必要性，这便是这套丛书策划与创作的初衷所在。

　　本丛书试图从文物、文学经典、语言翻译等多个方面搭建桥梁，以宏观的视野向世界展示河南与黄河文化。分册选题整合地域独具特色的文化资源，从本土和异域文化视角构建与世界多元话语交流融通的对话体系，为中外语境中黄河文化、河南形象话语建构等提供新的素材、研究理论及实践基础。黄婕的《河洛石刻文化记忆研究》，考察了蕴含在河洛地区石刻中的历史内涵与文化记忆、大众思想与生活印记，及其对国家历史书写、华夏身份认同所产生的影响。张优的《河洛文化经典英译研究》，通过研读诞生于河洛地区的代表性典籍作品，分析了河洛文化在海外的译介范式与话语建构，探索新时期河洛文化对外译介与传播的有效途径。张喆、吕煜的《河南国际形象研究》，考察了当前英文、日文媒体中河南区域形象的基本情况，提出了优化河南形象、提高河南美誉度的策略与建议，并为古都文化具体主题的翻译实践活动提供了具体翔实的参考。岳中生、张中美的《黄河文化外宣变译研究》，从变译视域、变译环境、变译群落、变译过程等视角，论证了黄河文化外宣应遵循的翻译策略，阐明并例证了基于特定读者的特殊需求而采取的具体翻译方法。程国兴的《日本古代文学中的汉籍故事及"汉家"形象研究》，一方面从汉籍故事影响的角度重新探讨日本文学史及日本文学特质，另一方面从汉籍故事相关文本入手对中国形象进行分析，基于汉籍故事的实证分析和比较文学形象学理论探讨了中国形象在异国文学中的流变特点。总的来说，本套丛书从多元视角和跨学科交叉的研究背景入手，涵盖了河南黄河文化国际交流的几个重要面向，旨在为读者带来河南的黄河文化、古都文化等国际研究的最新动态。

外国语言文学学科的黄河文化研究学术著作亦是"河南黄河文化国际交流研究院"建设的重要内容之一，本套丛书对于拓展黄河文化国际研究的研究视野和研究方法有着重要学术参考价值，对于河南黄河文化国际研究同历史、考古等领域的跨学科研究也有重要的开创性意义。举一例说明，学界对河洛地区古代石刻的相关研究主要集中在考古、历史考证等方面，忽视了石刻文化作为一种呈现在石头上的直观语言，也是对外展示、对外交流的绝佳材料。而本丛书的第一册《河洛石刻文化记忆研究》在专家指导下选取最优秀、最具代表性石刻作为立足点，采用图文并茂、深入浅出的方式，谨慎梳理河洛地区石刻遗存现状、深入挖掘文物的历史背景和社会意义，向世界立体展示出河洛地区古代石刻的源流、特色及其所承载的历史和文化记忆。另外，本丛书亦会抽出一些版面，针对极有价值但尚未被国际社会关注到的河南文化和文物，首次推出关于它们的英文、日文材料，为相关领域提供切实的对外宣传新资料，真正将这些中华民族的文化宝藏推到海内外的公共视野中。

这套丛书系河南省重点社科研究基地"河洛文化与中华民族现代文明建设研究中心"成果，得到中央财政支持地方高校发展专项"河南黄河文化国际交流研究院"资助。我们真诚地期望，这套丛书能为黄河文化国际研究引入新视野、新方法；能够为推广河南形象的实践带来新活力、新面貌；为更多从事黄河文化国际研究的学术同仁提供参考和便利。特别期待有更多的读者能通过这套丛书真正了解河南，重新发现这片古老而又充满魅力的土地，理解它灿烂的文化与可爱的栖居者。

是为序。

张　喆

（河南科技大学教授、外国语学院院长）

2023 年 10 月

序　言

程有为先生说:"华夏文化是汉文化、中华民族文化的母体文化。华夏文化主要源自中国古代早期国家夏商周文化及更为久远的河南龙山文化。"[①] 那么,中国的上古文化即龙山文化与夏商周文化都集中于河洛地域之内。具体到河洛文化的内涵与地域范围,用李学勤引用全国政协原副主席罗豪才的话说,即"河洛文化是以洛阳为中心的古代黄河和洛水交汇地区的物质与精神文化的总和,是中原文化的核心,也是中华传统文化的精华和主流"[②]。

一　河洛文化概念

据统计,"河洛"一词在"二十四史"和《清史稿》中出现了108次,其中正文中出现105次。[③] 其含义包括三个方面,即河流、地区和图书名,而作为地名使用得最多。"河洛"作为河流名称,

---

[①] 程有为:《河洛文化概论》,河南人民出版社,2007,第505页。

[②] 李学勤:《河洛文化与汉民族散论·序二》,载陈义初主编《河洛文化与汉民族散论》,河南人民出版社,2006,第1页。

[③] 邢永川:《"河洛"初考》,载陈义初主编《河洛文化与汉民族散论》,河南人民出版社,2006,第72~73页。

是黄河与洛水的合称。作为图书名，即"河图洛书"的简称。作为地区名称，则可以归纳为三类：一是微观的，指洛阳；二是中观的，指洛阳地区，即以洛水和嵩山地区为中心，包括汝水、颍水上游地区，北起中条山，南至伏牛山；三是宏观的，指黄河与洛水交汇的地区，范围若略扩大，在某种意义上成为中原的代名词。[①] 一般认为，从自然地理讲，河洛地区位于黄土高原的东南隅，西起华山，东至豫西山地与黄河下游平原交界处，南自伏牛山、外方山，北至太岳山（又称霍太山），包括伊洛河流域、涑水流域、沁水流域及汾水下游地区。从现代行政区划来说，就是河南中西部和山西南部及陕西东部一小部分，包括河南省的三门峡市、洛阳市、郑州市、许昌市、焦作市、新乡市、鹤壁市、安阳市及开封市西部，山西省的运城市、临汾市、晋城市、长治市南部，陕西省的渭南市东部和商洛市北部。

以自然地理为基础，文化地理上的"河洛"区域划分会有一些差别。古代文化意义上的河洛地区，又可称为河洛文化圈。史称："昔三代之君（居），皆在河、洛之间。"[②] 河洛地区在中国史前和三代有着特殊的地位。朱绍侯先生说："作为河洛文化圈，实际要超过河洛区域范围。笔者认为河洛文化圈应该涵盖河南省全部，东与齐鲁文化圈相衔接，西与秦晋文化圈相衔接，南与楚文化圈相衔接，北与燕赵文化圈相衔接。"[③] 因此，河洛

---

① 邢永川：《"河洛"初考》，载陈义初主编《河洛文化与汉民族散论》，河南人民出版社，2006。

② （汉）司马迁：《史记·封禅书》，中华书局，1982，第1371页。

③ 朱绍侯：《河洛文化与河洛人、客家人》，《文史知识》1994年第3期。

地区的范围要小于中原地区，它是中原的中心区。生活在这一地区的华夏部族最先摆脱野蛮和蒙昧，迈进了文明社会的门槛，建立了夏王朝。位于黄河中游的河洛地区是我国历史最为悠久的地区之一，在中华民族文明起源中具有举足轻重的特殊地位，起到了无可替代的重要作用。

关于河洛文化的发展演变，学术界已有不少论述。如朱绍侯先生说："夏商周是河洛文化的源头，汉唐是河洛文化的鼎盛期，北宋是河洛文化发展的顶峰，并由此衰落下去。"① 徐金星、吴少珉先生认为："河洛文化起源于史前裴李岗文化时期或更早，形成于夏商周三代，发展于汉魏南北朝，鼎盛于隋唐北宋，宋以后开始衰落，新中国成立后进入复兴期。"② 程有为认为："河洛文化的发展演变，可以分为五个阶段：1. 史前的原始社会，是它的滥觞期；2. 夏商西周三代，是它的形成期；3. 春秋战国至魏晋南北朝，是它的发展期；4. 隋唐至北宋，是它的兴盛期；5. 金元明清是它的衰落期。"③

河洛地区不但是夏商周先民活动的中心地区，也是我国最早的都城所在地。由夏以降，商、西周、东周、东汉、三国魏、西晋、北魏、隋、唐、后梁、后唐、后晋均曾建都洛阳。作为国都、京师、京畿之地，诞生、成长、发展、繁荣于河洛大地的思想文化，长期占据着主导地位。根据董延寿的研究，河洛思想文化总体上包括七个方面：（1）《易经》的哲学思想；（2）周公的礼乐思

---

① 朱绍侯：《河洛文化研究之展望》，《洛阳工学院学报》（社会科学版）2001 年第 3 期。

② 徐金星、吴少珉主编《河洛文化通论》，光明日报出版社，2006，第 9 页。

③ 程有为：《河洛文化概论》，河南人民出版社，2007，第 10 页。

想；（3）老子与道家的哲学思想；（4）东汉时期的经学思想；（5）魏晋时期的玄学思想；（6）佛教禅宗的哲学思想；（7）北宋时期的理学思想。[①]

二　河洛文化特点

河洛文化虽然是一种地域性文化，但它在中国文化的早期发展阶段又代表着中央文化、国家文化、国都文化、统治文化，长期占据着主导地位，成为中国思想文化的源头和核心，具有明显的原发性、正统性和兼容性。最具代表性并在世界范围形成较大影响的莫属《易经》，它也是中国古典哲学思想的源头。《易经》的诞生和发展大多在河洛地区完成，文王为《易》作卦辞，周公作爻辞，开辟了我国哲学史上独树一帜的易学研究，成为中华民族第一部伟大的经典。春秋战国以后，在汉代及以后儒家，它一直是"五经"之首，在魏晋及以后的道家，它一直被尊为"三玄"之冠。思想互相排斥、行为迥异的道、儒两家都尊奉《易经》为本门第一，我们常说中国文化是以儒道互补为主干的文化形态，可见《易经》在中国文化中的先在性地位。几千年来，易学贯通百业，天文历算、巫医卜筮、历史地理，乃至建筑堪舆、行气导引、政治军事，等等，它渗透到了中国社会生活的方方面面，因此，"探索华夏传统思维方法的发生、研究传统思维方法的特点，离不开《周易》"[②]。春秋时期，道家学说的创始人老子在洛阳所著《道德经》一书，被称为"万经之王"，对我国政

---

① 董延寿等:《河洛思想文化研究》，河南人民出版社，2010。

② 翟廷晋主编《周易与华夏文明》，上海人民出版社，1998，第26页。

治、经济、军事、文化等的发展影响深远。他提出的"道"是中国古代哲学的重要范畴，用以说明世界的本原、本体、规律或原理，最先把"道"看作宇宙的本原和普遍规律。东汉时期，经学盛行，洛阳作为首都，经学大师云集于此。尤其是郑玄，他所创"郑学"成为官定儒经标本。北宋时期洛阳成为全国文化中心，"五星聚奎，伊洛钟秀"，洛学兴起，理学萌生。理学家邵雍、张载、程颢、程颐等在洛阳著书讲学。程颢、程颐继承周敦颐和邵雍学说，融合佛道内容，建立了一套比较完整的理学体系，被称为"洛学"，洛学奠定了宋明理学的基础，后经朱熹的发展成为封建社会的官方哲学，长期统治中国思想领域。所以，产生于河洛地区的《易经》的哲学思想、老子与道家的哲学思想，以及北宋理学的哲学思想等，成就了河洛地区中国思想文化发源地的地位。

河洛思想文化之所以影响深远，而且经久不衰，还在于它有着极大的兼容性。佛教汉传过程可以作为最有力的例证，汉明帝永平求法之后，许多僧徒相继来到洛阳，在此翻译佛经，传播佛教。摄摩腾、竺法兰翻译的《四十二章经》是中国第一部汉文佛经。之后，安世高、支娄迦谶等西域佛学者相继来到洛阳，带来并翻译了大量佛经，使印度古老的佛教开始在中国逐渐流传。尤其佛教在唐朝时期进入繁荣期，出现了一大批高僧大德，其中以玄奘最为著名。玄奘，世称"唐三藏"，洛阳偃师人，大业末年出家。唐太宗贞观三年（629），他前往印度求法，贞观十九年（645）回国，专心致力于梵文经典的翻译，前后19年间，与弟子窥基等人，译出经律论70余部，著有《大唐西域记》。

三 文化典籍外译

在任何一种文化的漫长演进过程中，典籍作为历史流传下来的用文字书写的重要文献，是后人研究这一文化思想脉络的重要依据。"典籍"一词最早见于《孟子》。《孟子·告子下》曰："诸侯之地方百里；不百里，不足以守宗庙之典籍。"赵岐注曰："谓先祖常籍法度之文也。"可见那时典籍的概念还泛指文献，未必指书册典籍。《尚书伪孔序》则谓："秦始皇灭先代典籍，焚书坑儒。"《后汉书·崔寔传》谓："少沉静，好典籍。"可见汉朝人关于典籍的概念便是泛指典册书籍、载籍。典籍是一种特殊的社会产品，它既具备物质形态，同时又具备意识形态。凡是典籍，无论是人文科学、社会科学，还是科学技术，都是人们某种意识的反映。而人们的意识，任何时候都要受社会政治、经济、文化、军事的影响，受时代的局限，受阶级、阶层及个人社会地位、生活经历的制约，受社会风尚、地域习俗的浸染。所有这些，反映到人们的头脑里，折射到典籍中，就使典籍带上了时代特色、阶级特色、地域特色和个人特色，因而也就使典籍具备了各种不同的意识形态。

中国文化典籍的对外翻译，最早可以追溯到唐代的玄奘把《老子》用梵语翻译出来宣传到国外。近代以来，比较专门的翻译则可以说自外国人始，如著名汉学家理雅各（James Legge）英译和库恩（Franz Kuhn）德译的大量中国儒家典籍，以及赛珍珠（Pearl S. Buck）用英文翻译的《水浒传》、戴维·霍克斯（David Hawkes）翻译的《红楼梦》等文学作品，都产生过重大的影响。在世界文化经典文献的书架上，《老子》和《论语》的多语种翻译和英译的多样性，已经成为国人的骄傲。在中国文化典籍外译作品中，属于哲学宗教类的老、庄、孔、孟及禅宗等理论性作品，在国外始终昌盛不衰且形成一系列研究性成果。可以看出，一方面，西方学界和教育界将这些经典作为了解中国文化的基本文献，在通过西方文化观点不断阐释和过滤的同时进行编辑和翻译，出版了若干有影响力的版本；另一方面，中国学界和翻译界有借此将中国文化推向世界的宏伟愿望，也显示了政府对于中国文化与汉语教育的国际化推进策略的肯定和推动。然而，典籍翻译在现实中还存在着一些问题，人们比较容易认可国人自己的译本，认为可靠忠实，尤其在古典小说和诗歌的翻译中，对于外国人的翻译观念和方法微词颇多，如何在认真而科学的评论中真正摆脱中国文化本位论，破除民族的、文学的、语言的偏见，仍然是一个没有解决的问题。西方人的翻译必然具有不同于国人译本的独特价值，其所反映的西方文论的观照视野和西方文学的评论角度对我们有深刻启示。进入新时期，如何用海外读者乐于接受的方式、易于理解的语言，讲述好中国故事，传播好中国声音，同样是典籍外译工作者和研究者需要努力的方向。

本书根据河洛文化的核心内涵，将河洛地区诞生的文化典籍分为哲学经典、文学经典、史学经典和理学经典，选取其中代表性典籍作品（《易经》、《道德经》、《诗经》、杜甫诗歌、《资治通鉴》、二程理学），从典籍在海外的译介过程、重点文化关键词的译法和阐释、文化思想的解读特点、译者主体性等角度，通过文献整理和文本细读，深入探讨海外汉学家翻译过程中原文思想价值在跨文化层面上认识和接受的变异与可能，以及对文化典籍进行阐释的时候，如何一方面保持原有理论形态和义理框架及表述方式（异化策略），另一方面从异域角度"以西释中"或"以西喻中"。唯其如此，才有希望在认识和实践上超越归化与异化的对立模式，构成翻译学上的创造性转化，促进东西方跨文化的交流。

张　优

洛阳　科大德园

2024 年 1 月 20 日

目　录

第一章　河洛人文经典概述 …………………………………001

　　第一节　哲学经典 …………………………………002

　　第二节　史学经典 …………………………………015

　　第三节　文学经典 …………………………………021

　　第四节　佛学经典汉译 …………………………………035

第二章　《易经》英译研究 …………………………………039

　　第一节　《易经》在西方世界的译介 …………………………………039

　　第二节　《易经》翻译之难 …………………………………070

第三章　《道德经》英译研究 …………………………………084

　　第一节　《道德经》在英语世界的译介 …………………………………084

　　第二节　《道德经》译本的副文本价值 …………………………………102

第四章　《诗经》英译研究 …………………………………146

　　第一节　《诗经》在西方的英译历程 …………………………………146

　　第二节　传统经学翻译模式：理雅各译本 …………………………………159

第三节　文学翻译模式：韦利译本 ……………… 169

第四节　创新翻译模式：庞德译本 ……………… 180

第五章　杜甫诗歌英译研究 ………………………… 187

第一节　杜甫诗在英语世界的译介 ……………… 187

第二节　杜甫诗英译策略 ………………………… 195

第三节　宇文所安《杜甫诗集》深度英译 ………… 202

第六章　《资治通鉴》英译研究 …………………… 239

第一节　译者张磊夫背景 ………………………… 239

第二节　英译本体例 ……………………………… 240

第三节　张磊夫译《资治通鉴》中的多功能译者注…… 247

第七章　二程理学英译研究 ………………………… 267

第一节　葛瑞汉译介二程思想 …………………… 267

第二节　研究思路与译介特色 …………………… 272

第三节　二程理学范畴解读 ……………………… 276

第四节　二程理学思想评述 ……………………… 303

参考文献 …………………………………………… 310

第一章

河洛人文经典概述

　　河洛地区不但是夏商周王朝的中心地区，也是我国最早的都城诞生之地。由夏以降，商、西周、东周、东汉、三国魏、西晋、北魏、隋、唐、后梁、后唐、后晋均曾建都洛阳。作为国都、京师、京畿之地，河洛大地诞生、成长、发展、繁荣的思想文化，长期占据着主导地位。古往今来的古圣先贤、文人墨客在河洛大地上留下了不可胜数的人文经典。河洛地区诞生的最早人文经典可以追溯到先秦时期，这一阶段确立的文化形态和文化品质奠定了河洛文化的核心内涵，同时也是中国先秦文学的重要组成部分。"河图""洛书"是我国原始文化的标志；文王为《易》作卦辞，周公作爻辞，开辟了我国哲学史上独树一帜的易学；周公在洛邑"制礼作乐"，创立了中国最早的礼乐文化；我国历史上的第一部诗歌总集《诗经》是我国早期文学发达的标志；老子在洛阳所写的《道德经》，对人们的思维产生了深远影响。自秦至两汉，河洛地区以独特地理位置始终处于政治、经济、文化中心区域，中国古代文学艺术的发展进入崭新阶段。贾谊的汉赋被誉为汉代骚体赋的最高成就；班固著《汉书》成为千古佳话。魏晋时期，全国各地的众多文人活跃于河洛地区，"建安七子""三曹""竹林七贤"各具风采，争奇斗艳，使洛阳成为文学艺术荟萃之都，《洛神赋》《三都赋》《文选》《洛阳伽蓝记》等为后世文学创作提供了不竭的灵感和题材。隋唐统一，推动了河洛地区的南北文学融合，众多盛唐诗人荟萃京洛，杜甫、白居易、刘禹锡、李贺等游历中原名山古刹，创作了大量经典诗词散文。宋代文学中，河洛作家取得了卓越成就，司马光在洛阳建独乐园，撰修《资治通鉴》；程颢、程颐赋予儒家思想新义，创立"洛学"思想体系，经朱熹发扬光大，发展为"程朱理学"。梳理河洛人文经典的脉络，能够领略中华五千年生生不息的精神力量和文化魅力，触摸中华文明发展的历史线索。

第一节　哲学经典

一　易学经典

伏羲在河洛创八卦后，又经夏商二代的"连山易"和"归藏易"的发展，由周文王在被殷纣王囚于羑里监狱（今河南汤阴县城附近）时推演出六十四卦，谓之"周易"。周文王演《易》在史料中有诸多记载："其囚羑里，盖益《易》之八卦为六十四卦。"[1] "周文王演三百八十四爻而天下治。"[2] "西伯拘羑里，演《周易》。"[3]《周

---

[1]（汉）司马迁：《史记·周本纪》，中华书局，1982，第119页。
[2]（汉）司马迁：《史记·日者列传》，中华书局，1982，第3218页。
[3]（汉）司马迁：《史记·太史公自序》，中华书局，1982，第3300页。

易》后被儒家奉为经典，故《周易》又称为《易经》，居《十三经》之首。实际上，《易》有三"易"：一曰"连山"；二曰"归藏"；三曰"周易"，也就是它的三个发展阶段。如果说《连山》《归藏》基本上反映了中国先民顺化自然而解决了人与自然的冲突，那么，《周易》的思想则基本上表达了他们解决人际矛盾的努力。相比于前者，《周易》的产生亦增加了人的因素，完成了中国古代思想由天向地再向人的步步转进。

诞生于河洛地区的《周易》是中华民族第一部伟大的经典，被黑格尔称为一部"包含着中国人的智慧"的千古奇书。在汉代及以后，它一直是儒家"五经"之首；在魏晋及以后的道家，它一直被尊为"三玄"之冠。思想迥异的儒、道两家都尊奉《易经》为本门第一。我们常说中国文化是以儒道互补为主干的文化形态，可见《易经》在中国文化中的先在性地位。两千多年来，易学贯通百业，天文历算、巫医卜筮、历史地理，乃至建筑堪舆、行气导引、政治军事，等等，它渗透到了中国社会生活的方方面面，因此，探索华夏传统思维方法的发生、研究传统思维方法的特点，离不开《周易》。

《周易》又被称为《易经》，被儒家列为五经之首，其内涵博大精深。《周易》中六十四卦的经文和传，有不少文字内蕴深奥的哲学思想。《周易》的宇宙观，一是承认天、地、万物的客观世界的存在而且总是不断变化着。所谓"方以类聚，物以群分，吉凶生矣。在天成象，在地成形，变化见矣"[①]。二是客观事物是矛盾对立

---

① 杨天才译注《周易》，中华书局，2016，第 333 页。

和相反相成的，如阴阳、高低、刚柔、吉凶、善恶、长短、动静、冷热等。三是客观事物变化有一定规律。所谓"动静有常"。承认这个客观变化规律是占卦的前提，因为占卦必须根据事物变化垂象而知吉凶，"天生神物，圣人则之：天地变化，圣人效之：天垂象，见吉凶，圣人象之"[①]。如果天地万物变化没有规律，不可认识，如何能从垂象中见吉凶呢？不过，《周易》中的哲学也有唯心主义的成分，因为其中掺杂阴阳学说和金、木、水、火、土五物相生相克的"五行"学说，往往会陷入循环怪圈，而不能认清事物的本质。所以研究者还要剔除其消极的思想部分，发扬其合乎科学的思想理论。

《周易》所暗含的中华民族上古时期对自然的探索历程与西方人对世界的认识方式存在很大不同。《周易》是初民对四季更替、万物盛衰、天道周旋等自然律动从"时"的维度上的直观掌握，它仅是对事物的出生、生长以卦象的形式做外观的现象性描述，大自然运行的"时"的节律化如一年四季、十二月、七十二候等都是对自然运行的掌握形式，它并不对其内在的因果链条做客观的揭示，做思辨的理性分析。因此，《周易》的思想带有以"时"度物的直观经验性，这也是整个中国思想的根本特征之一。荣格通过对《易经》的研究，发现了支配中国人信念的基本原则——"共时性原理"。他说：

《易经》中的科学根据不是因果原理，而是一种我们不熟悉因而迄今尚未命名的原理，我曾试图命名为同步原理（synchronistic

---

① 杨天才译注《周易》，中华书局，2016，第358页。

principle），这一术语，仿佛时间远不是一种抽象，而是一个具体的闭联集合体（continuum），它具有这样一些性质和基本条件，能够以一种非因果的平等对应方式，在不同的地点同时表现出来，就像我们在那些同时发生的同一思想、象征或心理状态中发现的那样。"[1]

在荣格看来，"古代中国人心理沉思宇宙的态度，在某点上可以和现代物理学家媲美，他不能否认他的世界模型确确实实是心理—物理的架构"[2]。在中国人的宇宙观里，心理、物理是一体的，巧合事件正是心、物在同一情境的对应出现，所以，"《易经》六十四卦是种象征性的工具，它们决定了六十四种不同而各有代表性的情境，这种诠释与因果性的解释可以互相比垮。因果性的连结可经由统计决定，而且，可经由实验控制，但情境却是独一无二、不能重复的，在正常的情况下，要用同时性来实验，似乎不可能。《易经》认为要使同时性有效的唯一法门，乃在于观察者要认定卦爻辞确实可以呈显他的心灵状态"[3]。实际上，卦象与心象本来就是《易经》的基本形成原因，它以肯定心象与物象的统一为基础。

《易经》的整体有机主义、自然主义观念沉潜为中华民族的潜意识，而成为中华民族的基本精神原型，它包含了中华民族"自强不息"的刚健精神、"厚德载物"的人道主义精神、"保合太和"的和合精神。可以说，不言"易"，不足以理解中国文化。易学中有着中华

---

[1] 荣格:《心理学与文学》，冯川、苏克译，生活·读书·新知三联书店，1987，第251页。

[2] 荣格:《东洋冥想的心理学——从易经到禅》，杨儒宾译，社会科学文献出版社，2000，第209页。

[3] 荣格:《东洋冥想的心理学——从易经到禅》，杨儒宾译，社会科学文献出版社，2000，第209~210页。

民族丰富的精神原型，成为我们民族的精神基因，融进了我们的血液，成为我们精神的潜意识，自觉不自觉地驱动着我们民族的行为。

二 道家经典

老子是道家的创始人。根据《史记》，"老子者，楚苦县厉乡曲仁里人也，姓李氏，名耳，字聃，周守藏室之史也"[①]。老子在洛阳生活了很久，后因周室衰微，他身骑青牛，西出函谷关而去，不知所终，著有《道德经》一书。《道德经》又名《老子》，分《道经》和《德经》两篇，共五千余言，传为老子路过函谷关（今河南灵宝坡头北）时所作。关于老子出关著书的事情，《史记》载：老子西游，"至关。关令尹喜曰：'子将隐矣，强为我著书。'于是老子乃著书上下篇，言道德之意五千余言而去，莫知其所终"[②]。《史记》上所说的"关"，一般认为是函谷关。高亨在《老子正诂》中说："盖秦末汉初，关字为专名，通指函谷关。"[③]汪中在《述学》中说"秦函谷关在灵宝县，正当周适秦之道"。[④]"关令尹喜"，先秦诸子称其"关尹"或"关尹子"，"关尹"为守关之官职名。其时人姓名已隐，遂以官职称之，后世亦称其"尹喜"。关尹求老子著书，老子乃著书上下篇，言道德之意五千余言而去。关尹对老子成书起着重要的作用。但从老子"自隐无名"的人格和当时"述而不作"的风尚来看，老子在这里执笔著书的可能性不大，而应该是

---

① （汉）司马迁:《史记·老子韩非列传》，中华书局，1982，第2139页。

② （汉）司马迁:《史记·老子韩非列传》，中华书局，1982，第2141页。

③ 高亨:《老子正诂》，清华大学出版社，2011，第124页。

④ （清）汪中:《述学》，辽宁教育出版社，2000，第104页。

老子在这里将自己大半生的人生经验、社会阅历、哲学见解总结后口述给关尹，老子出关后，关尹将其笔录下来。《太平广记》对此事的记载较为可信：尹喜"执弟子之礼，（老子）具以长生之事授喜。喜又请教诫，老子语之五千言。喜退而书之，名曰《道德经》焉"①。

老子流传下来的著作仅有《道德经》，也叫《老子》。它是用韵文写成的一部哲理诗，又是道家的主要经典著作，同时也是研究老子哲学思想最直接、最重要的材料。"道"是中国古代哲学的重要范畴，用以说明世界的本原、本体、规律或原理。在中国哲学史上，"道"这一范畴为道家首先提出。道的原始含义指道路、坦途，以后逐渐发展为道理，用以表达事物发展的规律。春秋时期，老子最先把道看作宇宙的本原和普遍规律，成为道家的创始人。老子的哲学思想主要包括："道生万物"的哲学史观；"负阴抱阳"的辩证思想；"贵柔"思想。老子思想的核心是"道"，认为"道"是宇宙的本源，也是宇宙中一切运动的法则。《道德经》最大的特点，是把"道"置于至高无上的地位，著名的道家学派的名称即由此而来。《道德经》一书74次对"道"做了重要的表述，集中明确地表述了"道生万物"的观点，回答了世界的本源问题。

《道德经》的另一主要内容是提出了"无为"的思想。"无为"是道家的一个重要概念，《文子·自然》引用老子的话，对"无为"做了解释：老子曰："所谓无为者，非谓其引之不来，推之不去，迫而不应，感而不动，坚滞而不流，卷握而不散。"②老子在《道德

---

① （宋）李昉：《太平广记》卷一，中华书局，1961，第4页。
② （战国）文子：《文子校释》，上海古籍出版社，2016，第329页。

经》中多次使用这一概念，"是以圣人处无为之事，行不言之教，万物作焉而不辞，生而不有，为而不恃，功成而弗居"①。"上德无为而无以为，下德为之而有以为。"② 又曰："道常无为而无不为。"③ 又曰："损之又损，以至于无为。无为而无不为。"④

老子的《道德经》问世以来，流传的版本比较多，不同的版本有比较大的差异。当代历史学家、哲学家、东方学家朱谦之在《老子校释·序文》中指出，《老子》本，"流传最广者，有河上公、王弼二种，文句简古"；"王本属文人系统，文笔晓畅"。⑤ 后世注本大多依此两大系统。《道德经》是中国文化宝藏中关于中国哲学本体论的第一名著，其内容博大精深，涉及哲学、文学、兵学、美学、医学、社会学、伦理学、天文学、养生学等，被称为"东方圣学"和百科全书。它的学说已经成为一种文化基因，2500多年来，一直影响着中国人的世界观、人生观、价值观、审美观、生死观等各种文化观念，渗透到人们的生存方式、生活方式和思维方式中。它也被世界各国的学者推崇，成为世界性的重要哲学著作之一。从古至今，《道德经》有注释者3000多家，先后多次被翻译成各种文字出版，形成了全球性的"老子热"，甚至形成了一门学科——老学。目前，老学研究空前火热，近十多年来，中国的一些地方如鹿邑、西安、北京、河南等及德国等国家连续召开国际性的老子学术研讨会，这标志着老学的研究进入一个新的阶段，达到了一个新的

① 楼宇烈校释《老子道德经注》，中华书局，2011，第7页。
② 楼宇烈校释《老子道德经注》，中华书局，2011，第98页。
③ 楼宇烈校释《老子道德经注》，中华书局，2011，第95页。
④ 楼宇烈校释《老子道德经注》，中华书局，2011，第132页。
⑤ 朱谦之：《老子校释》，中华书局，1984。

水平。

老子的著作、思想已成为世界历史文化遗产中的宝贵财富。欧洲从 19 世纪初就开始对《道德经》进行研究，到 20 世纪四五十年代，欧洲已有 60 多种《道德经》的译文。德国哲学家黑格尔、尼采，俄罗斯大文豪托尔斯泰等都对《道德经》有比较深入的研究，并有许多论著问世。黑格尔曾把中国哲学中的道家看作一个特异的宗派，这一派以思辨为特性，他们的主要概念是"道"，也就是理性，这派哲学及与哲学密切联系的生活方式的发挥者是老子。尼采也认为老子《道德经》像一个永不枯竭的井泉，存满宝藏，放下汲桶，唾手可得。

英国科学家李约瑟一生研究中国，对中国文化情有独钟，著有多卷本《中国科学技术史》。他曾把中国文化比作一棵参天大树，而这棵参天大树的根在道家。李约瑟越研究中国，越认识到老子、道家在中国文化中的重要地位，越发相信老子学说，越来越按照老子的学说去做，他晚年干脆自称"名誉道家""十宿道人"。李约瑟对中国文化的研究取得了比较大的成就，是国际上知名的汉学家，而他的最大贡献之一就是发现了道家思想的现代意义，从而为 20 世纪后半叶世界形成的"老子热"做出了历史性的贡献。

目前，西方国家如美国、英国、德国、法国等相继出现了研究老子的热潮，《道德经》在这些国家被多次再版。有的国家在已有多种版本的情况下，还在不断出版新的版本。20 世纪末，据联合国教科文组织统计，在世界文化名著中，译成外国文字出版发行量最大的是《圣经》，排名第二的就是《道德经》。美国的一些杂志，按照在世界上影响的大小，将《道德经》列为世界十大名著之首。

三　理学经典

1. 二程洛学

北宋儒学的主流哲学思想及典型形态就是程颢、程颐兄弟倡导、建构、传播的思想体系，因为其思想体系以"天理"或"理"作为基础和核心的观念，故称"理学"。因二程兄弟均为洛阳人，又长期在洛阳讲学，故二程之理学，又被称为"洛学"。

程颢（1032~1085），字伯淳，学者称明道先生，河南伊川（洛阳以南伊水之地）人。其家历代仕宦，其父程珦官至太中大夫。程颢自幼深受家学熏陶，在政治思想上尤受其父程珦的影响。

程颐（1033~1107），字正叔，学者称伊川先生，程颢之胞弟。幼承家学，其政治思想亦受父亲程珦之影响。历官汝州团练推官、西京国子监教授。与其胞兄程颢共创"洛学"，奠定了宋明理学的基础。

二程的言论和著作，后人编为《二程全书》，包括《二程遗书》《二程外书》《明道先生文集》《伊川先生文集》《伊川易传》《程氏经说》《二程粹言》等。《二程全书》记载程颐、程颢二人之言论，或有标明出于何人，大多却并未标明，今亦难以区分。关于二程思想体系中作为基础和核心观念范畴的"天理"或"理"，程颢曾不无自负地说："吾学虽有所受，天理二字却是自家体贴出来。"① 这说明他们对此有着真切的体会和深刻的感悟，由此亦可见二程对"天理"观念的特别重视，也因此，学者有将二程理学思想体系称为

---

① （宋）程颢、程颐：《二程集》外书卷十二，中华书局，2004，第424页。

"理本论"者。

"理"是什么？在二程看来，"理"是世界万事万物的根本性、总法则，是物质世界"所以然"的规定性，还是事物存在和发展之根据。"理则天下只是一个理，故推至四海而准。须是质诸天地，考诸三王不易之理。"①所以谓万物一体者，皆有此理，只为从那里来。"生生之谓易"，生则一时生，皆完此理。所谓"天下只是一个理"及"万物一体者，皆有此理"，即说明"理"是世界万事万物的根本性、总法则。"天下物皆可以理照，有物必有则，一物须有一理。"②"凡眼前无非是物，物物皆有理，如火之所以热，水之所以寒，至于君臣父子间皆是理。"③

程颢还曾提出"天者理也"，直接把"天"与"理"对等。二程认为，万物"之所以然"者，都可以通过分析其"理"而得以了解，所以，"万物皆是一理，至如一物一事，虽小，皆有是理"，"天下之物皆能穷，只是一理"，"物理须是要穷，若言天地之所以高深，鬼神之所以幽显。若只言天只是高，地只是深，只是已辞，更有甚？"④总之，二程认为，"理"或"天理"，是包括宇宙自然和社会人事在内的整个世界的最高根源和唯一根源。

"性理"论，是二程"天理"论在"心性"问题上的展开。二程曾细致地考察分析了先秦儒家的心性论，并阐发自己的见解。程颐说："凡言性处，须看他立意如何。且如言'人性善'，性之本

① （宋）程颢、程颐：《二程集》遗书卷二上，中华书局，2004，第 38 页。
② （宋）程颢、程颐：《二程集》遗书卷十八，中华书局，2004，第 193 页。
③ （宋）程颢、程颐：《二程集》遗书卷十九，中华书局，2004，第 247 页。
④ （宋）程颢、程颐：《二程集》遗书卷十五，中华书局，2004，第 157 页。

也。'生之谓性'，论其所禀也。孔子言'性相近'，若论其本，岂可言相近？只论其所禀也。"①"'生之谓性'与'天命之谓性'同乎？性字不可一概论。'生之谓性'，止训所禀受也；'天命之谓性'，此言性之理也。"②

程颐提出"性即理也"的命题，"性即理也，所谓理，性是也"③。程颢也说："道即性也，若道外寻性，性外寻道，便不是。"④"天命之谓性"的"性"就是"理"，也就是"仁义礼智信"之"五常"："自性而行，皆善也，圣人因其善也，则为仁义礼智信以名之。"⑤亦即认为"仁义礼智信"之"五常"是一切人固有的先天本性，是绝对的根源性的"天理"赋予人的固有的东西。

既然人性固有"仁义礼智信"之"五常"，为何表现出来的人性的现象并不完美？二程认为，这就是气的影响，因为气有清浊之分，于是人的思想感情、性格行为就有善有恶。程颢说："生之谓性，性即气，气即性，生之谓也。人生气禀，理有善恶，然不是性中元有此两物相对而生也，有自幼而善，有自幼而恶，是气禀有然也。善固性也，然恶亦不可不谓之性也。盖生之谓性，人生而静以上不容说，才说性时，便已不是性也。"⑥

在程颢看来，就本原而言，"性即气，气即性"，这是一种混沌状态，无法言说，故而本无所谓善恶之分：就气禀而言，性既有

① （宋）程颢、程颐：《二程集》遗书卷十八，中华书局，2004，第207页。
② （宋）程颢、程颐：《二程集》遗书卷二四，中华书局，2004，第313页。
③ （宋）程颢、程颐：《二程集》遗书卷二二上，中华书局，2004，第292页。
④ （宋）程颢、程颐：《二程集》遗书卷一，中华书局，2004，第1页。
⑤ （宋）程颢、程颐：《二程集》遗书卷二五，中华书局，2004，第318页。
⑥ （宋）程颢、程颐：《二程集》遗书卷一，中华书局，2004，第10页。

善的，又有恶的，这是理所当然的。至于人出生后的"性"就兼有气禀而有善恶之分，但这并不是性之本体。

程颐更通过充分地肯定孟子的性善论，来确认"性即理也"之命题，又引入"才"的辅助性概念来与"性"相对，以解释人之贤愚清浊，他的论说更为明晰：

"孟子言人性善是也。虽荀、杨亦不知性。孟子所以独出诸儒者，以能明性也。性无不善，而有不善者，才也。性即是理。理则自尧舜至于途人，一也。才禀于气，气有清浊，禀其清者为贤，禀其浊者为愚。"①

"性出于天，才出于气，气清则才清，气浊则才浊。譬犹木焉，曲直者性也，可以为栋梁、可以为榱桷者才也。才则有善与不善，性则无不善。"②

虽然因为人受"气禀"的影响而有清浊、贤愚、善恶之分，但从本质上看，仍然是美善的。程颢说："圣贤论天德，盖谓自家元是天然完全自足之物，若无所污坏，即当直而行之；若小有污坏，即敬以治之，使复如旧。所以能使如旧者，盖为自家本质元是完足之物。"③

程颢认为，人若是美善之"性"完美无缺，就可以依"天理"而直行，若是"性"有"污坏"，只要"敬以治之"，就能复转为原有的美善，这是因为，人性之本体"元是完足之物"。他还认为，修养的最高境界是"仁"。他所谓的仁就是"万物一体"的体

① （宋）程颢、程颐：《二程集》遗书卷十八，中华书局，2004，第204页。
② （宋）程颢、程颐：《二程集》遗书卷十九，中华书局，2004，第252页。
③ （宋）程颢、程颐：《二程集》遗书卷一，中华书局，2004，第1页。

验境界，在这个境界中觉得自己和万物合而为一，觉得对万物无有不爱。程颢说："仁者浑然与物同体。"[①]"若夫至仁，则天地为一身，而天地之间品物万形为四肢百体。夫人岂有视四肢百体而不爱者哉？圣人仁之至也，独能体是心而已。"[②] 他强调要以天地为大我，要泛爱万物，认为这是"至仁"的境界。

随着南宋政权退避于南方，二程所创立的"洛学"也经历了南传，其学术中心从洛阳、开封等河洛之地，几经后继者的传承，最后移于以福建北部武夷山为中心的东南地区，后由朱熹发扬光大。后世将时代相隔近百年的二程、朱熹的理学思想称为"程朱理学"，自有其逻辑上的合理性，也反映出学理上的系统性。

2. 邵雍先天象数学

邵雍，字尧夫，自号安乐先生，范阳（今河北涿州）人，幼年随父迁居共城（今河南辉县），后来定居洛阳。他死后，宋哲宗赐号康节，故后人称他为邵康节。主要著作有《皇极经世》《伊川击壤集》等。邵雍是北宋著名哲学家，他的哲学主要是先天象数学，讲的是宇宙的先天模式和演化。他的《八卦先天图》渊源于道家的方士，邵雍认为，《八卦先天图》所显示的象数系列能够演示宇宙的发生过程。他所说的《八卦先天图》，就是把《周易》的六十四卦绘制成方图、圆图及《伏羲八卦方位图》《卦气图》。《八卦先天图》体现了邵雍的先天象数学思想，也就是运用符号、卦象及数字关系来推算宇宙变化的学说。

邵雍的象数之学，是中国易学史乃至中国思想文化史上极具鲜

---

① （宋）程颢、程颐:《二程集》遗书卷二，中华书局，2004，第13页。
② （宋）程颢、程颐:《二程集》遗书卷四，中华书局，2004，第126页。

明特色的学说。张善文先生曾论述邵雍先天象数学之概况，其略云：
"北宋邵雍所倡扬的先天之学（又称先天象数学），主旨以《周易》
思想为基础，推衍、探究大自然万物产生及发展过程的奥秘，形成
一套独具特色、影响广泛、讲求心法的象数哲学体系。又因为有
'先天'立本、'后天'致用之说，故随之又产生与之相附属的'后
天之学'的概念。其说发端于五代末宋初的陈抟，经种放、穆修、
李之才等人迭相传授，至邵雍而集大成，并创许多自得之见。基本
理论集中于邵氏所著《皇极经世书》及各种图说。"①

第二节　史学经典

一　司马光与《资治通鉴》

1. 司马光编《资治通鉴》背景

司马光（1019~1086），初字公实，后更字君实，晚号迂叟。
陕州夏县（今属山西省夏县）涑水乡人，世称涑水先生。后世又
常以温公、温国公、温国文正公尊称之。宋神宗即位，擢为翰林学
士。因反对王安石变法，出判西京御史台，居洛阳十五年。著有
《资治通鉴》《资治通鉴考异》《稽古录》等。司马光是北宋著名的
政治家、史学家、文学家，历仕仁宗、英宗、神宗、哲宗四朝。其
为人质朴醇厚、温良谦恭，为官刚正不阿、忠清爱民，为学严谨致
用，尤长史学。其人格堪称儒学教化之典范，其《资治通鉴》堪称
中国文化之瑰宝。

----

① 张善文编著《周易辞典》，上海古籍出版社，1992，第266~267页。

北宋的建立，结束了中唐以后的战乱局面，再一次实现了国家的统一。然而，北宋的君主、大臣都十分清楚，于内，国家政治积弊甚多；于外，边疆地区又极不稳定。对此，司马光、范祖禹等大臣心急如焚，他们试图用回顾历史、总结经验教训的方式，找到解决现实问题的出路。治平三年（1066），司马光撰成一部战国至秦共 8 卷本的编年史，名为《通志》，即《资治通鉴》的前身。该书记述了从周威烈王二十三年（公元前 403 年）到秦二世三年（公元前 207 年），共 195 年的历史，讲述了秦、楚、齐、燕、韩、赵、魏等七国的兴亡。司马光希望宋英宗能够从这本书中得到治世启发。宋英宗对《通志》非常满意，遂命司马光写作《历代君臣事迹》。为此，他特地下诏设置书局拨出专款，要司马光自选助手，专事编写，并允许司马光阅览皇家图书。刘恕、刘攽与司马康参与其事，他们在东京开封以五年时间撰成《周纪》、《汉纪》和《魏纪》共 75 卷。熙宁三年（1070）九月以后，司马光外放，知永兴军（今陕西西安），次年退居洛阳，专心编撰《资治通鉴》，至元丰七年（1084）成书。从治平三年算起，前后共用了 18 年的时间。

不过，宋神宗并没有沿用当年英宗所定的书名，而是以鉴于往事，有资治道之意，为该书定名"资治通鉴"。由于这个缘故，《资治通鉴》的选材非常讲究，正如司马光在叙述编写《资治通鉴》的目的时所说："删削冗长，举撮机要，专取关国家盛衰，系生民休戚……先后有伦，精粗不杂。"[1] 即使不抱任何目的地阅读它，人们

---

[1] （宋）司马光：《资治通鉴·进书表》，中华书局，1956，第 9607 页。

也会在不知不觉中，形成自己的历史观，以善为法，以恶为戒。而其在叙事之后，还有议论，人们可以通过这些议论了解司马光所在时代的价值观。

司马光治平社会建设的思想是中国思想史上的宝贵财富，具有良好的整体性和系统性，具有朴素的以人为本精神和重礼尚德的特点。同时，它还表现为一个预防和化解社会矛盾的过程，它正视历史，直面黑暗，重微崇谏，以远谋为立论出发点，以务实为立论归宿，区分轻重缓急处理社会矛盾，追本溯源，穷探社会治理根本之道。苟能躬行并落实之，则政治别有一番景象，而社会将清朗如绘矣。故其思想值得深入发掘和借鉴。

2.《资治通鉴》的内容特点

《资治通鉴》全书约 300 万字，以时间为纲，事件为目，内容涵盖了政治、军事、民族、经济、文化、人物评价等多个方面。其所取材料除了正史以外，还有不少稗官野史、百家谱录、正集、别集、墓志、碑碣、行状、别传……周密而完备。

《资治通鉴》成书后受到中国古代历朝统治者的青睐和赞誉，成为他们常看不厌、常看常新的案头必备的治政为人的教材。马上皇帝元世祖忽必烈非常重视《资治通鉴》，专请儒士为他讲解其中的治国之道，并下令用蒙古语写了《通鉴节要》作为教材。明太祖朱元璋更对此书倍加推崇，他每天清晨早起研读《资治通鉴》，并常常以此训诫左右大臣。清圣祖康熙对《资治通鉴》更是达到了痴迷的程度，经常翻阅。

无论是在史学史，还是在文学史上，《资治通鉴》都占有举足轻重的地位，其和司马迁的《史记》并称"史学双璧"。宋元之交的史学家胡三省称它:"为人君而不知《通鉴》,则欲治而不知自治之源,恶乱而不知防乱之术。为人臣而不知《通鉴》,则上无以事君,下无以治民。为人子而不知《通鉴》,则谋身必至于辱先,作事不足以垂后。"[1]

二 班固与《汉书》

1. 班固编《汉书》背景

班固字孟坚,扶风安陵(今陕西咸阳市东)人。班固出身于一个既显贵又充满学术氛围的儒学之家,受家学影响很大。父亲班彪,字叔皮,官至望都长,才高而好述作,且专心于史籍,从事过续补《史记》的工作,写出《后传》六十五篇,这些著述成为班固后来写作《汉书》的重要依据。班固从小好学,九岁就能诵读诗赋和做文章,十六岁至二十三岁在洛阳太学读书学习,博览儒学经籍及诸子百家之言,所学无常师,不拘于章句,只求领略文章大义,这为著述《汉书》打下了良好的基础。班固虽博学多才,但性情宽和,能够容人,因此受到当时读书人的敬佩。

汉明帝永平元年(58),班固开始编撰《汉书》。明帝很赏识班固的才学,就召他到京师洛阳,任命他为兰台令史,后升迁为郎官,典校秘书。兰台是汉代皇家藏书的地方,有令史六名,掌管图籍,校定图书。在此后的二十余年中,班固潜精积思,专心于《汉书》的写作。和帝永元元年(89),班固以中护军身份随车骑将军窦宪出征北匈奴,登燕然山,窦宪"刻石勒功,纪汉威德"的铭

---

① (元)胡三省:《新注资治通鉴序》,载王仲荦等编注《资治通鉴选》,中华书局,1965,第391页。

文，由班固写成。永元四年（92），窦宪图谋叛乱，事败自杀。班
固因此失势免官，后为仇家洛阳令种兢逮捕入狱，死在狱中，时年
六十一岁。班固死时，《汉书》大部分篇意已经成稿，只剩八表和
《天文志》没有作成，和帝就命令他的妹妹班昭替他补作，又命他
的同郡人马续帮助班昭写成《天文志》。前后经历三四十年，一部
史学名著终于完成了。

2.《汉书》的内容特点

《汉书》是我国第一部纪传体断代史，东汉班固所撰。全书共
一百篇，后人析为一百二十卷，计八十余万字，由四个部分组成：
帝纪十二篇，表八篇，志十篇，列传七十篇。帝纪按照年月记载西
汉高帝至平帝年间的军国政事。表分别记录了汉代有关诸侯王、王
子侯、功臣、外戚恩泽侯、百官公卿以及古代的众多历史人物。志
记述了古代到汉代的典章制度和经济、文化的发展演变。列传记叙
了汉代三百多个人物的生平事迹以及边疆各族和邻国的历史情况。
《汉书》在历史思想上是推崇大一统的，班固从时间、地域、人事、
思想文化诸方面详细地记述西汉统一，给统一的汉代政权和多民族
统一的国家以应有的历史地位，歌颂汉的一统帝业。

《汉书》在体例上承袭《史记》而又有所变化，《史记》是本
纪、表、书、世家、列传五体，《汉书》则是纪、表、志、传四体，
改"书"为"志"，取消"世家"而并入"列传"。它最大的特点
是纪传体断代史，断代为史始于班固，以后列朝的所谓"正史"循
例多作断代，为我国"正史"定下了格局，成为后世正史不祧之宗。

《汉书》中占篇幅最多的是帝纪和列传两部分。十二帝纪中，
班固补写了《惠帝纪》并续写了武帝以下的七篇帝纪，按照时间顺

序脉络清晰地记载了发生的重要历史事件，他还增补了许多重要的诏令、奏疏，大大丰富了汉代史的内容。《汉书》在武帝以前的记载，大都沿用了《史记》的文字，但班固也补充了不少内容，做了些修改。如《高帝纪》就并不全都是《史记》的原文，而是根据《史记》的《高祖本纪》和《项羽本纪》加工整理成的。此外，他还在一些纪传中增补了很多诏令、奏疏、诗赋、文章等历史资料。武帝以后一个多世纪的历史记录，则是班固以其父班彪的《后传》和褚少孙、刘向、扬雄等各家所续《史记》作为依据，再加上当时他能看到的其他记载写成的。

至于列传，内容就更为丰富了。班固在修补与《史记》相重的西汉前期的历史人物传记以外，又新写了一百多个人物的传记，把西汉历史连为了一体。这些人物包括贵族王侯和政治家、军事家、外交家、思想家、文学家、经学家、军士、隐士、说客、酷吏循吏、货殖豪强、游侠、佞幸、外戚等，这些形形色色的人物及其活动，可以帮助我们了解西汉社会各方面的情况。

《汉书》的八表，有六个王侯表是从《史记》中的汉王侯表发展而来的，而新增武帝以后王侯官吏沿革情况；《百官公卿表》比《汉兴以来将相名臣年表》丰富得多，既叙述秦汉官制演变，又记录汉代三公九卿的任免升黜情况；《古今人表》把远古至秦末的人物列为九等，但其中未列汉代人物，这突破了断代体例，补充了《史记》的不足。

《汉书》十志的内容也很丰富详赡。班固把《史记》的《礼书》《乐书》合为《礼乐志》，把《律书》《历书》合为《律历志》，把《平准书》改为《食货志》，把《封禅书》改为《郊祀志》，把《天官书》改为《天文志》，把《河渠书》改为《沟洫志》。他在《史记》八书的基础上进行了扩充补写，内容更加周详丰富，此外他还创造性地增写了《刑法志》、《地理志》、《五行志》和《艺文志》，为史书的书写开拓了新的领域，对社会发展情况的记述更加完备。

《汉书》同《史记》一样，也有文史合一的特点，它是继《史记》之后出现的又一部史传文学典范之作。班固在写作人物纪传时，都以"实录"精神从实描写。他还善于根据真实的材料，选择典型的事例，并于每篇传记中抓住一个主题，进行细致、深刻的描写，使人物和事件能够生动、形象地再现出来，有些人物形象逼真，呼之欲出，使《汉书》成为一部优秀的传记文学作品。

班固的《汉书》虽没有司马迁的《史记》在文风上的生动活泼，但他笔法谨严，结构严密，显示出了他自己的特色。由于班固本人是写作辞赋的能手，所以《汉书》的文字很讲究，词汇丰富，句法灵活，有一种整饰、铺张的倾向。作为传记文学的《汉书》在中国文学史上有着突出的地位，它对后代的散文有很大的影响，如唐朝文学家柳宗元、宋代苏轼和黄庭坚都对《汉书》有较高的评价。此外，值得一提的还有《汉书》中汇集了许多西汉作者的政论和辞赋文章，为后人保存了珍贵的文学资料。

第三节 文学经典

一 先秦时期

河洛地区最早的文学作品应属《诗经》。《诗经》的十五国风中，反映河洛地区的诗篇有《周南》《召南》《王风》《郑风》《桧风》《邶风》《鄘风》《卫风》《唐风》《魏风》等。《诗经》中有半数作品出自河洛地区。东周都城洛阳的周围地区为王畿，即今河南洛阳、焦作市辖境，《王风》即出自此地。《王风》中的诗篇反映平王东迁后王室衰微，但又不失泱泱大国之风度，许多诗篇有深刻的反思。"周南"则是汝颍上游和汉水以北地区，"召南"系指渭河下游秦岭南麓一带。《周南》的第一篇《关雎》是一篇描写当地青年男女炽热爱情的民歌，数千年来一直脍炙人口。郑国位于今河南中部，桧地位于外方山以北、荥泽以南的溱、洧之间，与郑国接壤。《郑风》是郑国的诗篇，其中许多篇章是反映青年男女恋情的佳作。如《将仲子》是一位热恋中的少女写给她心上人的优美情诗。邶、鄘、卫三地在黄河以北漳水以南，与今豫北地区大体相当。三地的民歌也可统称为"卫风"，其中有丰富的情感抒发，又有深刻的理性批判。《卫风·氓》的主人公是一位善良、温柔又富于反抗精神的妇女，诗作以简洁的笔触勾勒了她的悲剧人生，是我国最早的叙事诗。

二 秦汉时期

汉代河洛地区散文创作呈现繁荣之势，以贾谊、晁错为代表的政论文大放异彩。贾谊，河南郡洛阳人，以文才出众知名郡中。年方二十多就被朝廷召为博士，很快迁为太中大夫。因遭人嫉妒诽谤，被贬长沙，再迁梁王太傅。梁王坠马死，自以为失职，抑郁而死。贾谊的政论文以《过秦论》、《陈政事疏》和《论积贮疏》最为脍炙人口。晁错，颍川郡（治今河南禹州）人，西汉景帝时任御史大夫，推行重农抑商的经济政策，著有《论贵粟疏》《言兵事疏》《贤良对策》《守边劝农疏》等。其政论文语言简练，辞意明畅，逻辑严密，论述深刻，显示了政论家的明快大度。鲁迅评论贾谊、晁错二人"为文皆疏直激切，尽所欲言"，而贾文"尤有文采，而沉实稍逊"。他们的政论文"皆为西汉鸿文，沾溉后人，其泽甚远"①。

汉赋是由楚辞发展而来的一种长篇论文。贾谊、张衡、蔡邕等是汉代河洛地区辞赋的代表作家，留下了不少辞赋名篇。张衡的《二京赋》、蔡邕的《述行赋》，则是辞赋的名篇。

汉初的骚体赋，还有《离骚》的韵味。贾谊的《吊屈原赋》是骚体赋的代表作。他以《离骚》的余韵，表达自己与屈原类似的愤懑心情。他的《鹏鸟赋》以赋明理，以理遣情，开创了汉赋中的散体赋，对汉赋尤其是散体大赋的发展有积极的影响。东汉中叶散体小赋应运而生，成为文学家讥讽时事、抒情咏物的有力武器。此时主要的汉赋作家有张衡、蔡邕等人。

张衡，字平子，南阳西鄂（今河南南阳市北）人，长期在洛阳做官。他的辞赋代表作是《二京赋》《归田赋》等。《二京赋》包括《西京赋》和《东京赋》，分别描写长安和洛阳的风物，并抒发胸臆。赋中不仅有对京城景物和百戏精彩、生动的描绘，而且对统治者的荒淫无耻行为进行有力的鞭挞，规劝他们切不可"好剿民以偷乐，忘民怨之为仇"。此赋被称为"长篇之极轨"。《归田赋》分别写了归田的原因和归隐之乐趣，表现了作者"纵心物外"的超凡

---

① 鲁迅:《汉文学史纲要》第七篇《贾谊与晁错》,《鲁迅全集》第9卷, 人民文学出版社, 1981, 第391页。

脱俗态度。它是抒情小赋的典型作品，拓宽了汉赋的发展道路，后人争相仿效。

蔡邕也是汉赋的重要作家，《述行赋》可谓其代表作。赋中描写统治者争权夺利的情景："贵宠煽以弥炽兮，金守利而不戢；前车覆而未远兮，后乘驱而竞及。"① 同时揭露了统治者的骄奢和人民生活的痛苦："穷变巧于台榭兮，民露处而寝洼；消嘉谷于禽兽兮，下糠秕而无粒。"② 真实地反映了当时的社会现实。

汉代河洛地区产生了大量歌谣。这些歌谣有些被乐府采集，有些仅流传于民间。东汉的都城洛阳流传的歌谣较多。这些歌谣具有鲜明的时代性和强烈的批判性，内容多是对统治者的揭露和鞭挞。例如《后汉书·五行志》中记录了后汉顺帝和桓帝时期的《京都童谣》："直如弦，死道边。曲如钩，反封侯。"③ 讽刺外戚梁冀专横跋扈，朝政日非，正直的官员李固死在路边，投机倾轧的胡广等人反而封侯。"举秀才，不知书。察孝廉，父别居。寒素清白浊如泥，高第良将怯如鸡。"④ 揭露了东汉后期人才选拔完全名不副实的状况，是对当时察举制度严重扭曲的极大讽刺。桓帝时的《小麦谣》："小麦青青大麦枯，谁当获者妇与姑。丈夫何在西击胡。吏买马，君具车，请为诸君鼓咙胡。"⑤ 揭露统治者连年用兵，造成田地无人耕作和赋役不均的社会现实，表达了人民群众的愤怒和抗议。这些歌谣内容丰富，有很高的艺术性，对后世文人诗作有一定影响。

---

① 费振刚等校释《全汉赋》，广东教育出版社，2006，第692页。
② 费振刚等校释《全汉赋》，广东教育出版社，2006，第692页。
③ （南朝宋）范晔:《后汉书·五行志》，中华书局，1965，第3281页。
④ 杨明照:《抱朴子外篇校笺》，中华书局，1991，第393页。
⑤ （南朝宋）范晔:《后汉书·五行志》，中华书局，1965，第3281页。

三 魏晋时期

汉魏之际的建安年间（196~220），河洛地区出现了极大的社会动荡和战乱，改变了文人学士的生活和思想。他们继承汉乐府的现实主义精神，采用五言诗的形式，反映当时的社会生活，作品具有"慷慨悲凉"的时代风格，形成了后代称作"建安风骨"的优良传统。建安年间，"三曹"（曹操、曹丕和曹植）和"七子"（王粲、孔融、徐干、应玚、阮瑀、陈琳、刘桢）以及女诗人蔡琰等主要在许县（今河南许昌）和邺城（今河北临漳西南）一带生活和创作，他们的作品反映了社会的动乱和百姓的疾苦，也表现了统一天下的理想和壮志。

曹操是建安文学的主将和开创者。他的许多诗篇描写了中原地区遭受战乱的凄惨景象。其《薤露行》抒发了目睹遭受董卓之乱后洛阳成为一片废墟的哀伤心情。"建安之杰"曹植的《送应氏》写道："步登北邙阪，遥望洛阳山。洛阳何寂寞，宫室尽烧焚。垣墙皆顿擗，荆棘上参天。不见旧耆老，但睹新少年。侧足无行径，荒畴不复田。……念我平常居，气结不能言。"[1]曹植长期在河洛地区生活，写有一些脍炙人口的诗篇。如《名都篇》言："名都多妖女，京洛出少年。宝剑直千金，被服丽且鲜。斗鸡东郊道，走马长楸间。驰骋未能半，双兔过我前。揽弓捷鸣镝，长驱上南山……我归宴平乐，美酒斗十千。"[2]揭露了纨绔子弟斗鸡走马的荒淫生活。曹植不仅以诗文著称，辞赋也很出色。著名的《洛神赋》，就是黄初

---

[1] 余冠英选注《汉魏六朝诗选》，中华书局，2012，第150页。

[2] （三国魏）曹植著，赵幼文校注《曹植集校注》，中华书局，2016，第721页。

三年（222）他到京师洛阳朝觐，返回封地途中渡洛水时，想起洛神的传说而作。这篇抒情小赋熔铸神话体裁，通过梦幻境界，描写了一个人神恋爱的悲剧。他以惊人之笔着力描绘洛神的容貌、姿态和装束之美："其形也，翩若惊鸿，婉若游龙。荣曜秋菊，华茂春松。仿佛兮若轻云之蔽月，飘飖兮若流风之回雪。远而望之，皎若太阳升朝霞；迫而察之，灼若芙蕖出渌波。"①

嵇康字叔夜，谯国铚县（今安徽宿州）人，长期在洛阳、河内（今河南焦作一带）生活。他在政治上属于拥曹派，对掌握曹魏政权的司马氏极为不满。他喜欢写四言诗。其《太师箴》云："骄盈肆志，阻兵擅权，矜威纵虐，祸崇丘山。刑本惩暴，今以胁贤。昔为天下，今为一身。"②揭露魏之季世的政治状况，痛斥司马氏的恐怖统治。他后因友人吕安事牵连，被捕入狱。在洛阳狱中写的《忧愤诗》称自己"托好老庄，贱物贵身。志在守朴，养素全真"③。但由于"好善暗人""显明臧否"而贾祸，虽"澡身沧浪"也难以洗清，想"颐性养寿"而不可得。诗中自怨自艾之情若隐若现。

西晋太康、元康年间，全国统一，社会出现了小康的局面。士族阶层歌咏升平，形式主义的诗风得以发展。太康年间活跃在河洛地区诗坛的有三张（张载、张协、张亢）、二潘（潘岳、潘尼）、二陆（陆机、陆云）和一左（左思）。西晋时期河洛地区的赋作家以潘岳和左思最为著名。潘岳的赋作很多，有《籍田赋》《射雉

① （三国魏）曹植著，赵幼文校注《曹植集校注》，中华书局，2016，第 420 页。
② （三国魏）嵇康著，戴明扬校注《嵇康集校注》，中华书局，2014，第 534 页。
③ （三国魏）嵇康著，戴明扬校注《嵇康集校注》，中华书局，2014，第 38 页。

赋》《西征赋》《秋兴赋》《闲居赋》等。《籍田赋》歌颂泰始四年（268）正月晋武帝初行籍田仪式以劝农之事，《西征赋》乃潘岳任长安令西去，作赋述其经历，论沿途的山水人物，为赋中之长篇。《秋兴赋》述秋天的景色和作者的心情。《闲居赋》写仕进之途不畅，不愿闻知时事，闲居洛郊田园的情景。其赋作内容广泛，各有特色。左思的《三都赋》是西晋赋作中的鸿篇巨制，由蜀都、吴都、魏都三篇构成，独立而相互关联。它在形式上继承了汉代班固、张衡京都大赋的套路，但在写一地物产、山川、人物时更为求实，是其十年精心构思之作。赋中通过三个假设人物——孙吴的王孙、刘蜀的公子和曹魏的先生之间的叙谈，将三座名都做了淋漓尽致的描绘。从经济到政治，以及历史地理、风土人情和特产等应有尽有。写成之后，著名学者皇甫谧为之作序，张载、刘逵为之作注，复经张华的赞扬，得以蜚声文坛。豪富之家竞相传写，洛阳为之纸贵。

四 唐代文学

唐代河洛地区诗歌散文创作成就辉煌。

杜甫，字子美，河南巩县（今巩义）人。他用形式多样的诗篇，继承和发扬《诗经》以来现实主义的优秀传统并达到空前的高度，被后人誉为"诗圣"。他的作品有博大浩瀚的思想内容，善于选择具有普遍意义的题材，广泛反映社会现实，深刻揭露社会矛盾，显示出唐代由开元盛世转向分裂衰微的历史过程，因此被称为"诗史"。安史之乱中杜甫接连写出了一连串不朽的名篇，例如《哀王孙》《悲陈陶》《悲青坂》《春望》《喜达行在所三首》《述怀》《羌村》《北征》等，把现实主义的诗歌创作发展到顶点。他的"三吏"、"三别"和《兵车行》等篇，描绘了战争给人民带来的灾难，诗句"朱门酒肉臭，路有冻死骨""穷年忧黎元，叹息肠内热"，表现了他对统治阶级骄奢淫逸等罪行的不满、对人民痛苦生活的同情。杜甫在艺术上有多方面的才能，无论是五言、七言，古体、近体，无不卓然成章。他在创作风格上深沉凝重，语言精工、稳重、有力而又出人意料，还善于运用民间口头语言和方言。杜甫的诗歌对唐代诗歌的发展有很大的推动作用，对后世也产生了极为深远的影响。人们把他与伟大的浪漫主义诗人李白并列，称为"李杜"，历代文人无不把他的诗歌作为学习的最高典范。

中唐时期，河洛地区涌现大量著名散文家，如韩愈、柳宗元、刘禹锡、白居易、元稹等。

韩愈，字退之，河阳（今河南孟州）人。他不仅提出了古文运动的理论，还写出不少优秀作品。韩愈不仅是古文运动的倡导者，也是杰出的古文家，著有文集 40 卷。他把新型的"古文"广泛地用于政论、书启、赠序、杂说乃至祭文、墓志铭等各种体裁的写作。韩愈的记叙文，写人、记事、状物都很重视形象的鲜明和完整。他写人物善于选择最典型的事件来突出人物的性格，在客观的叙述中，寄寓强烈的爱憎之情。如《张中丞传后叙》写张巡、许远等英勇善战的事迹，可歌可泣；以《柳子厚墓志铭》为代表的墓志铭文多姿多彩，情文并茂。与叙事紧密结合是韩愈长篇抒情散文的特点，《祭十二郎文》一反传统祭文的固定格套，用自由的散体抒写悼念亡侄的哀痛。《杂说》是韩愈论说文中具有文学价值的散文，表达了对知识分子怀才不遇的感慨。

柳宗元，字子厚，河东（今山西永济）人，贞元年间参加了王叔文集团，被任命为礼部员外郎，积极参与革新。不久革新失败，被贬为永州司马，十年后改柳州刺史，死于任所。柳宗元一生文学作品丰富。重要作品多在被贬放后写成，主要包括寓言讽刺小品、传记散文和山水游记。柳宗元的寓言讽刺小品文章短小，含意深远，语言锋利简洁，风格严峻沉郁。最为著名的《三戒》，深刻有力地讽刺了封建剥削阶级丑恶的人情世态。他的传记散文，以《捕蛇者说》、《种树郭橐驼传》和《童区寄传》为代表，往往借题发挥，通过对某些下层人物的描写，反映中唐时代人民的悲惨生活，揭露尖锐的阶级矛盾。柳宗元的散文以山水游记最为著名，文笔清新秀美，富有诗情画意。《永州八记》为其代表作。

刘禹锡，字梦得，籍贯河南洛阳，生于河南荥阳，自述"家本荥上，籍占洛阳"。他的散文以论说文成就最高。最著名的《天论》，表述了他对天的理解，探讨了天命论产生的根源。其他一些论文多有很强的针对性，征引丰富，说理充分，具有严密的逻辑性和强烈的感染力。刘禹锡因事而发的杂文，论叙结合，笔法灵活，或借题发挥，或托古讽今，以针砭时弊。著名的《陋室铭》通过写陋室环境和主人的文化生活，表现了作者对自身道德完善和情调高雅的人生追求，层次井然，结构严谨，多用对偶句，全文押韵，富于节奏感，可谓一首精美的散文诗。他去世前一年写于洛阳的《秋声赋》表现出一种"烈士暮年，壮心不已"的情操和乐观向上的精神，是一篇凄怆感慨而又文采斐然的抒情文。

白居易，字乐天，下邽（今陕西渭南）人，出生于河南新郑。曾任翰林学士、左拾遗、江州司马、杭州刺史等职。晚年的白居易大多在洛阳的履道里第度过，与刘禹锡唱和，时常游历于龙门一带，晚年闲居洛阳香山寺，自号香山居士。武宗会昌六年（846）八月十四日，白居易去世于洛阳，享年75岁，赠尚书右仆射，谥号"文"，葬于洛阳香山。白居易提出了现实主义的文学主张。他认为诗歌能"补察时政"和"泄导人情"，写诗要于"时"于"事"起讽喻作用。他强调诗歌应该反映人民的痛苦，指摘时政的弊病。他还强调诗的真实性，主张文辞真实。他不仅创立了符合现实主义的诗歌理论，而且在创作实践中形成了平易通俗、周明详直的诗风。白居易的诗作可分为讽喻诗、闲适诗、感伤诗、杂律几类。白居易最重视讽喻诗，认为它能"救济人病，裨补时阙"。他写了170多首讽喻诗。他以深邃的目光洞察社会，"遇事托讽"，以收"美刺比兴"之功。在其50首"新乐府诗"中，以揭露宫市制度的《卖炭翁》、谴责对南诏不义战争的《新丰折臂翁》和暴露统治阶级昏暴的《缚戎人》等成就最高。这些诗刻画人物形象鲜明突出，谋篇布局注意故事情节，脉络联系，前后照应，曲折感人。感伤诗主要是写他"随感遇"的咏叹，著名的有《长恨歌》和《琵琶行》。前者取材于唐玄宗和杨贵妃的民间传说，通过丰富的想象加以充实和渲染，成为浪漫主义的杰作。故事完整，情节富于变化，描写细致，抒情气氛浓厚，博得人们永久传诵。后者是作者被贬为江州司马时所作。它借沦落天涯的琵琶女一生的遭遇抒发自己被黜的牢骚。"同是天涯沦落人，相逢何必曾相识"，是作者感触的深切表白。白居易存诗3800多首，在唐代诗人中首屈一指。其诗作以通俗浅白为世所称道。不仅在国内传布很广，而且在他生前，已经传播到日本、高丽等国。

元稹，字微之，河南洛阳人。穆宗时官至宰相。其诗作流传至今的有800余首。他的乐府诗创作受到王建、张籍的影响。元和四年（809）他读了李绅写的20首"新题乐府"诗后，针对当时的社会现实，写了12首和诗，如《上阳白发人》写宫女的幽禁之苦，《法曲》表达了对"安史之乱"后习俗变化的不满。比较而言，他在元和十二年（817）写的19首"古题乐府"更为精彩。这些诗都是"寓意古题，刺美见事"的讽喻诗，其中以《田家词》和《织妇词》较有代表性。前者反映了农民的苦难，表达了对朝廷长期向外用兵带来灾难的怨恨；后者写劳动妇女因有纺织技术而被官府限制不许嫁人，反映了她们的痛苦和悲哀。《连昌宫词》可谓元稹的代表作。这是一篇长篇叙事诗。它采用对话的形式，借宫旁老翁之口，通过对连昌宫兴废变迁的叙述，探究"安史之乱"前后朝政变乱的原因，表达了希望治理朝政以实现国家和平安定的心愿。元稹的传奇《莺莺传》是唐代爱情小说中负有盛名的作品，对后世文学的影响极大。李绅据此写出诗歌《莺莺歌》，宋代的赵令畤把它谱成鼓子词《商调蝶恋花》，元代的王实甫又将其改写为杂剧《西厢记》。

唐中后期，河洛地区还诞生了多位著名诗人，如有"诗豪"之称的刘禹锡、有"诗鬼"之称的李贺、与杜牧合称"小李杜"的李商隐等。其中，洛阳人刘禹锡还是"古文运动"的积极参与者，他的散文以论说文成就最高。

唐玄奘,俗姓陈,名祎,是河南洛州缑氏县人,被称为"唐三藏",是唐代高僧,也是汉传佛教译经史上最伟大的人物之一,同时也是中国佛教法相宗的创始人。《大唐西域记》为玄奘口述、门人辩机奉唐太宗之敕令笔受编集而成,共12卷,成书于唐贞观二十年(646),为玄奘游历天竺和西域19年间的见闻录。《大唐西域记》具有很高的文学价值,表现在写人记事的描写技巧和记录风俗历史的叙述手法。其骈散结合、优美简练的语言和比喻、夸张等修辞手法,以及题材内容和思想倾向等,对唐传奇和宋话本的创作都产生了深远影响。《大唐西域记》为后世文学提供丰富神奇的题材,还体现在像《西游记》和《聊斋志异》这样的古典小说巅峰之作中。①

《大唐西域记》中所转述的故事传说,情节较为完整,具有民间口头文学特征,比汉译佛经书面传入的印度故事更为生动活泼。有相当一部分是借用民间文学材料附会加工而成的。佛本生故事可看作染上宗教色彩的民间文学,转述的无宗教色彩故事,表现了古代中亚、南亚地区的世俗生活与人们的心理状态,值得珍视。《大唐西域记》中以动物为主要角色的佛本生故事,以兔、鹿、象和雉鸟为主人公,附会成为佛祖本生之事,是玄奘实地游览佛寺遗迹时采录的。它们篇幅虽短,文字叙述比佛经所载更生动活泼,富有口头文学的情趣和魅力。

《大唐西域记》所收录的印度民间传说或寓言故事,是闻所未

---

① 何红艳:《〈大唐西域记〉与唐五代小说的创作》,《内蒙古民族大学学报》(社会科学版)2003年第6期。

闻的外来传说，十分新鲜有趣。经文人传录，附会成篇加以传播，对唐五代小说的创作产生了重要的影响，一些小说直接取材于《大唐西域记》所收录故事或对其稍加变化。如段成式《酉阳杂俎》部分故事题材源于《大唐西域记》。唐代大量龙女故事产生，与《大唐西域记》所录龙女故事有一定关系。《法苑珠林》有部分利用《大唐西域记》材料。从书中收录故事题材看，其中不少被唐五代小说继承，成为有中国特色的故事。

虽然《大唐西域记》在历史、地理和佛教史上的价值远远高于其文学价值，有些佛本生故事和传说在其前也传入我国，但《大唐西域记》更加系统全面，忠实记述，再加上异国风情和民俗地理，使这些故事题材经久不衰，焕发着一部经典著作的艺术魅力。作为东方文学传统的一条支脉，其衍生的文学母题具有独特的文化价值。其独特性经广泛流传和不断再创造，对后世文学作品产生了深远影响。

五 宋代文学

北宋时大批文人墨客游学访友，往来于汴京，他们的创作在题材和技巧方面推动了宋代文学的进一步发展。由于这个时期出现了北宋和南宋交替的社会大动荡，河洛地区文人名家不多，但也留下不少脍炙人口的作品。

岳飞，字鹏举，相州汤阴（今属河南安阳）人，是人们熟知的抗金英雄。他出身于农民家庭，从士兵一步步成长为统军将领，屡屡打败金兵。绍兴十一年（1141）被害于临安（今浙江杭州）。他一生戎马倥偬，但其所作无论是散文，还是诗歌，均属上乘之作。

他的作品大都收录于其孙岳珂所编的《金佗粹编》中。他留下的词只有两首《满江红》和一首《小重山》，共三首。最能代表他的思想感情的是《满江红·怒发冲冠》："怒发冲冠，凭栏处，潇潇雨歇。抬望眼，仰天长啸，壮怀激烈。三十功名尘与土，八千里路云和月，莫等闲，白了少年头，空悲切。 靖康耻，犹未雪，臣子恨，何时灭？驾长车，踏破贺兰山缺。壮志饥餐胡虏肉，笑谈渴饮匈奴血。待从头，收拾旧山河，朝天阙。"① 这首传诵千古的名作激昂慷慨，豪放悲壮，对朝廷的忠贞、洗雪耻辱的决心、恢复大好河山的雄心壮志都体现在其中。

孟元老，号幽兰居士，北宋时居汴京（今河南开封），宋代散文家。孟元老跟着父母于崇宁二年（1103）来到京城，卜居于城西金梁桥西夹道之南，在开封居住了 20 多年。为了不使谈论东京风俗者失于事实，让后人开卷能睹东京当时之盛况，孟元老提笔追忆东京当年繁华，编次成集，于南宋绍兴十七年（1147）撰成《东京梦华录》。《东京梦华录》所记大多是宋徽宗崇宁到宣和年间北宋都城东京开封的情况，大致包括这几方面的内容：京城的外城、内城及河道桥梁，皇宫内外官署衙门的分布及位置，城内的街巷坊市、店铺酒楼，朝廷朝会、郊祭大典，东京的民风习俗、时令节日，当时的饮食起居、歌舞百戏，等等，几乎无所不包。与同时代的画家张择端所作的《清明上河图》一样，为我们描绘了这一历史时期居住在东京的上至王公贵族、下及庶民百姓的日常生活情景，是研究北宋都市社会生活、经济文化的一部极其重要的历史文献。

---

① 吕明涛、谷学彝编注《宋词三百首》，中华书局，2016，第 200 页。

他为《东京梦华录》写的序是一篇令人神往的文字："正当辇毂之下。太平日久，人物繁阜，垂髫之童，但习鼓舞，班白之老，不识干戈。时节相次，各有观赏：灯宵月夕，雪际花时，乞巧登高，教池游苑。举目则青楼画阁，绣户珠帘，雕车竞驻于天街，宝马争驰于御路，金翠耀目，罗绮飘香。新声巧笑于柳陌花衢，按管调弦于茶坊酒肆。八荒争凑，万国咸通。集四海之珍奇，皆归市易；会寰区之异味，悉在庖厨。花光满路，何限春游；箫鼓喧空，几家夜宴……"[①] 作者以细腻的笔触，为我们描绘出了一幅繁华无比、美不胜收的太平盛世画卷！

第四节 佛学经典汉译

佛教在汉朝传入中国后，由汉明帝正式兴建的官方第一座寺院白马寺便成为佛教在辽阔的中华大地赖以繁荣发展的第一座菩提道场，这座寺院被佛教界称为"释源"和"祖庭"。"释源"即佛教之发源地，"祖庭"即祖师之庭院。

汉明帝"永平求法"，两位印度高僧摄摩腾、竺法兰带来了六十万言的佛经原本——梵文"贝叶经"。梵文，即古印度的文字；"贝叶经"，是写在贝多罗树叶上的佛经。他们入华后，学会了汉语。白马寺建成后，受汉明帝礼遇的两位高僧就移居于白马寺翻译佛典，讲经说法。摄摩腾、竺法兰在汉明帝时共同翻译了《四十二章经》。《四十二章经》又名《汉孝明帝四十二章》，因全书经文共

---

① （宋）孟元老撰，邓之诚注《东京梦华录注》，中华书局，1982，第4页。

有四十二章（段）而得名。《四十二章经》的内容，属于佛教中的小乘，是《阿含经》（佛教早期经典）中部分章节的编译。它的基本教义是人生无常和爱欲之弊。摄摩腾、竺法兰翻译的《四十二章经》是第一部汉文佛经。《高僧传》说："汉地见存诸经，唯此为始也。"①据说，两位高僧还翻译了《十住断结经》《佛本生经》《法海藏经》《佛本行经》等，但因后来都城洛阳贼寇作乱，这四部经书毁损而未能流传于世，只有《四十二章经》留存至今。《四十二章经》翻译出来后，汉明帝非常珍视这部宝典，下令将其藏于兰台石室（当时的皇家图书馆）第十四间。由于佛教在中国的弘传是和佛经的翻译事业分不开的，因而这部早期佛典，对于佛法在中土初兴具有十分重要的意义。

自从汉明帝永平求法之后，许多僧徒相继来到洛阳，在此翻译佛经传播佛教。继摄摩腾、竺法兰之后，安世高、支娄迦谶等西域佛教学者相继来到洛阳，带来并翻译了大量的佛经，使印度古老的佛教开始在中国由宫廷向民间逐渐流传。

安世高，原名安清，安息国（今伊朗）太子。汉桓帝建和二年（148）来到洛阳，从事佛经翻译。灵帝末年，北方战乱，他到南方避乱，最后死在会稽。安世高在洛阳20多年间，共翻译佛经40卷，主要有《阴持入经》《安般守意经》《大十二门经》《小十二门经》等。安世高精通的是禅经和阿毗昙学，所传的是佛教的禅数之学，对中国佛学的发展产生了一定影响。

支娄迦谶，简称支谶，月氏国（今阿富汗及中亚地区）人，在

---

① （梁）释慧皎:《高僧传》，中华书局，1992，第3页。

汉桓帝永康元年（167）来到洛阳。不久就通晓汉语，译出了《道行般若经》《般舟三昧经》《首楞严三昧经》等27卷佛经。佛教强调，菩萨理想胜过阿罗汉，宣称人皆具菩提心可以成佛，倡导慈悲一切众生，力主以功德回报他人等。

天竺律学沙门昙柯迦罗在白马寺译出第一部汉文佛律《僧祇戒心》，昙柯迦罗被后世佛徒尊为"中国律宗之祖"。随着佛经翻译的兴起，佛经得到广泛传播。魏晋南北朝时期，后赵统治者石勒、石虎，前秦君主苻坚，后秦君主姚兴，齐武帝萧赜，梁武帝萧衍等，为了巩固自己的统治，都大力倡导佛教，客观上也促进了佛教的发展。道安、鸠摩罗什、慧远等是此时期佛教的代表人物。

隋朝是我国佛教跨越性发展的时期。隋炀帝杨广在洛阳上林园内创设翻经馆，广纳翻译人才，保障供给，继续开展译经事业。达摩笈多应诏移住翻经馆，译有《大方等大集菩萨念佛三昧经》《摄大乘论释》等46卷。

唐朝除唐武宗等个别皇帝外，大都采取提倡和利用佛教的政策，如太宗、高宗、睿宗等，武则天统治时期，佛教备受崇奉，使唐代佛教达到极盛。这个时期的高僧中，当以玄奘最为著名。唐太宗贞观三年（629），玄奘前往印度求法，贞观十九年（645）回国，带回佛舍利150粒，金檀佛像7尊，经论657部。之后，又专心致力于梵文经典的翻译，前后19年间，与弟子窥基等人，译出经律论70余部，其中主要有《大般若经》《解深密经》《大菩萨藏经》《瑜伽师地论》《大毗婆沙论》《成唯识论》《俱舍论》等。他还曾把《老子》和《大乘起信论》译为梵文，传入印度。他对佛教在中国的发展，做出了重大贡献。唐武宗时，施行废佛政策。宋以后，佛教各大宗派逐渐走向融合。元明时期，中国佛教失去了昔日的辉煌，开始走向衰落。统治者对佛教大都采取利用和限制并用的政策，抑制了佛教的发展。

第二章
《易经》英译研究

第一节 《易经》在西方世界的译介

根据中国学术界对《易经》在国际传播的研究结论来看，学者普遍认为，西方在 16、17 世纪开始与《易经》接触并进行研究，其中耶稣会传教士起到了主要推动作用，直到 18 世纪《易经》才真正传入西方。同时，近年来一些学者通过新的史料和证据试图证明易学在近代之前就以不同形式传播至西方。尽管这些材料仍受到一些学者的质疑，需要进一步考证，但这些观点足以证明易学的西方传播已经超越了特定的历史阶段和学术领域，逐渐成为东西方文化交融的见证。

对于《易经》在西方的传播阶段，国内外学者有不同的学术划分，根据林金水先生的研究，大致可分为两个阶段：第一阶段自 17 世纪末至 19 世纪 30 年代，是《易经》传入西方之始；第二阶段自 19 世纪 70 年代至 1949 年，是《易经》在西方传播的兴盛时期。这两个阶段是与中西文化交流史上出现的两个高潮相一致的。[①]蓝仁哲认为早在 17 世纪,《易经》已引起西方人士的浓厚兴趣和注意了。《易经》在欧洲传播主要有三个时期:从欧洲来华传教士开始译介《易经》(即 17 世纪中叶)到 18 世纪末叶,可以看作《易经》在欧洲传播的第一个时期,前后延续 150 年左右;第二个时期(19 世纪初至 20 世纪初)以更多更完整的《易经》译本的出现为鲜明特点;第三个时期以卫礼贤(Richard Wilhelm)的德文译本的出现(1924 年)为开端到 21 世纪。[②]美国纽约州立大学珍妮斯奥分校(SUNY Geneseo)历史系的韩子奇教授认为,西方易学的发展主要经历了三个时期:明清时期以传教士为主,其中尤以耶稣会传教士的成就最为突出,柏应理(Philippe Couplet, 1623~1693)、白晋(Joachim Bouvet, 1656~1730)、雷孝思(Jean-Baptiste Régis, 1663~1738)等人向西方传播了《易经》的知识并引起一定反响;清末民初以汉学家为主,理雅各和卫礼贤为这一阶段的翘楚;第二次世界大战后则以欧美盛行的"东亚研究"为驱动,代表人物有夏含夷(Edward Shaughnessy)、林理璋(Richard Lynn)等人。

一　早期译介

从符号学的角度来看,《易经》可以被视为中国符号学的经典文本。符号学研究的基本共识是:人类本质上是解释和运用符号

---

① 林金水:《〈易经〉传入西方考略》,《文史》第 29 辑,中华书局,1988,第 367 页。
② 蓝仁哲:《〈易经〉在欧洲的传播——兼评利雅格和卫礼贤的〈易经〉译本》,《四川外语学院学报》1991 年第 2 期,第 1~9+18 页。

的动物。换言之，人类是一种使用符号来构建和理解世界的生物。《易经》中的符号包括真实符号（具体形象）和非真实符号（抽象符号、虚幻符号）。具体形象又包括物质符号（物体形象、指示符号、征兆）和模仿符号（类似形象、象征符号）。《易经》告诉我们，社会生活和文明不仅反映了人类对外部世界的认知，也是人类创造新符号的产物。这种对世界的认知是人类早期共有的生活体验，因此，《易经》的卦象符号具有更普遍的人类认知世界的特点。

1986 年 12 月 24 日纽约《世界日报》报道，美国《易经》考古学会会长洪天水十多年来从中国大陆、美洲、南太平洋、欧洲等地区搜集而来的一千多件古物中，有三百余件与《易经》卦画有关。一件 3200 年前古希腊所遗留的陶盆河图，底部有中文古篆铭文"连山八卦图，中国的历数，在遥远的东方"。黎凯旋与洪天水据此认为，此文物不但可以证明中国在商代同时使用连山、归藏两易，《易经》与"历数"的确有密切关系，同时也可证明中华文化或中国的易学，远在 3200 多年前便已由中国西北传入西方的希腊，比英国《大众数学》一书中所说的"中国上古传下来的洛书，在两千四百年前便已传入希腊"之说，还早了约一千年。[①] 从东西方交流史上来看，这种观点并不是没有道理的，公元 2 世纪，以《易经》为首的"五经"已构成中国正统儒学的基础，随着儒学传入西方，易学的某些信息有可能以某种碎片形式西传。当然，即便《易经》的一些核心观念确实传到了处于希腊罗马文明时期的西方，由

---

① 黎凯旋：《美国〈易经〉考古记》，《中华易学》1988 年第 1 期。

于西方重理智的正统文化和宗教，易学很可能只是以一种文化潜流或潜在的观念因素进行了传递。

二　近代译介

虽然《周易》在西方的传播很早，但直到17世纪西方学者才开始对《周易》展开直接而系统的研究，最初的一批研究者就是来华传教的欧洲耶稣会传教士。《周易》的西译始自17世纪来华传教士的拉丁文翻译，而《周易》的英译至今只有约140年的历史。根据成中英的研究，西方的易学研究可大略分为四个阶段。①

第一阶段发生于17、18世纪，随着《周易》传入西方，西方学者展开了初步的研究。这一时期正值西方文化思想史上的启蒙时代，各主要国家都对中华历史文化怀有极大的热情，致力于了解、介绍和研究。为了促进西方人对中国思想和古老文化传统的理解，一些来到中国的耶稣会传教士开始对《周易》进行翻译。这个阶段的《周易》翻译实践已经形成了一些翻译准则和范例。耶稣会传教士在研究和翻译《周易》时，倾向于运用索隐法寻找《圣经》和基督的印证。通过对汉字的分析，他们进行了基督教化的解读，将《易经》的卦象与上帝的神圣启示相结合，以确立中国经学与基督教的关联。②

第二阶段发生在19世纪。该时期的《周易》翻译和研究具有明显的汉学特征，属于西方汉学体系的一部分。研究者试图通过

---

① 〔美〕成中英：《易学本体论》，北京大学出版社，2006，第267~290页。
② 杨平：《耶稣会传教士〈易经〉的索隐法诠释》，《周易研究》2013年第4期。

分析中国文化和传统的历史背景来深入探讨《周易》。在 19 世纪上半叶,西方汉学的重要学术刊物《中国丛报》(1832~1851)对《周易》进行了介绍。虽然直接涉及《易经》内容的文章较少,但其中一些论文对《易经》中的诸如"天""鬼""帝"等概念进行了一定的研究。

第三阶段是 20 世纪初至 60 年代。对于《周易》的全面深入理解和阐释始于 20 世纪上半叶的卫礼贤。与理雅各重视《易经》文字解读和历史性研究的倾向不同,卫礼贤的工作展现了德国哲学独特的思辨精神。他与贝恩斯(Cary F. Baynes)合作完成的翻译版本至今在西方世界仍然广泛流传,并对西方理解《易经》产生了规范作用。在此阶段以及之前,主要的英文翻译版本是理雅各的版本和卫礼贤与贝恩斯合作的版本,前者被称为《易经》翻译中的"旧约全书",后者则被称为"新约全书"。有研究者将这两部译作所产生的 19 世纪末和 20 世纪上半叶称为《易经》英译史上的"轴心时代"。①

第四阶段是 20 世纪 60 年代至今。西方对《易经》的研究呈现出两个显著的特点。首先,一些一流的现代科学家开始认识和重新发现《易经》在科学意义上的重要性,他们从事基础科学研究并将其运用于《易经》的解读。其次,科学家们根据现代科学的研究成果,在宇宙观整体以及内在结构层次上,开始探索现代科学所揭示的宇宙图景与《易经》的宇宙观和宇宙变化图式之间的关系,从而对《易经》进行了新的解释。从 20 世纪 70 年代开始,西方学者日

---

① 王晓农:《〈易经〉英译的符号学研究》,中国社会科学出版社,2016,第 21 页。

益关注《易经》的文本研究。与此同时，他们对现有的翻译成就感到不满，开始尝试新的翻译方法。近几十年来，西方出现了大量新的英文翻译版本。

三 西方《易经》译介代表人物

1. 利玛窦

利玛窦（Matteo Ricci, 1552~1610），号西泰，又号清泰、西江，意大利天主教耶稣会传教士、学者。利玛窦是天主教在中国传教的最早开拓者之一，也是第一位阅读中国文学并对中国典籍进行钻研的西方学者。根据林金水先生的研究，西方传教士最早学习《易经》的要推利玛窦，在《天主实义》一书中，利玛窦为了解释天主就是先儒所说的上帝，曾引用《易经》内容："《易》曰：'帝出乎震'。夫帝也者，非天之谓，苍天者，抱八方，何能出于一乎？"[1]足见他应熟悉《易经》这部经典。甚至当时的理学家邹元标专门给他写信，谈学《易》一事，"令门下二三兄弟，欲以天主学行中国，此其意良厚。仆尝窥其奥，与吾国圣人语不异。吾国圣人及诸儒发挥更详尽无余，门下肯信其无异乎？中微有不同者，则习尚之不同耳。门下取《易经》读之，乾即曰统天，敝邦人未始不知在，不知门下以为然否？"[2]利玛窦来到中国后，出版了第一份中文世界地图，而且给第三版中文世界地图取名为《两仪玄览图》，可以看出，这个名字取自《易经》中的"太极生两仪"，以及陆机《文赋》"伫中区以玄览"。利玛窦十分推崇中国早期的经典，去世前一年，他

① 林金水：《利玛窦与中国》，中国社会科学出版社，1996，第225页。

② 邹元标：《愿学集》，转引自陈垣《陈垣学术论文集》第一集，中华书局，1980，第210页。

在致巴范济神父的书简中写道："事实上，在儒士们最古老的、成为权威的著作中，他们仅仅崇拜天、地及它们二者之主。如果我们仔细研究一下所有这些著作（指《易经》《书经》等经书——引者），那我们就会从中发现只有很少的内容与智慧之光相反，互相符合的内容则甚多，他们的自然哲学家们比任何人都不逊色。"①

2. 金尼阁

金尼阁（Nicolas Trigault, 1577~1628），字四表，原名尼古拉·特里戈，1577年3月3日生于今法国的杜埃城。万历四十八年（1620）金尼阁与22位耶稣会传教士，携带教宗赠书7000余部前往中国。先后在南昌、杭州、太原、西安等地传教，并翻译印制中西书籍，著名的有他在1626年翻译出版的包括《易经》在内的"五经"拉丁文译本 *Pentabilion Sinense*——这使他成为第一个将译成西文的中国典籍付诸出版的西方人。他还在中国学者王徵等人协助下，用西方语音学探讨整理汉语音韵规律写成《西儒耳目资》，西文名"汉字西语拼音词典"，这是最早的汉字拉丁字母注音书籍之一。编写此书的目的，主要是帮助来华传教士认读汉字，同时也是为让中国人了解西文。

3. 曾德昭

曾德昭（Alvaro Semedo, 1585~1658），葡萄牙人，明末来华天主教传教士。万历四十一年（1613）来南京学习汉文，取名谢务禄，后改名曾德昭。曾于浙江、江西、江苏、陕西等地传教。他的《大中国志》（*The History of That Great and Renowned*

---

① 〔意〕汾屠立编《利玛窦神父历史著作集》第二卷，香港公教真理学会，1970。

Monarchy of China)① 于 1641 年在马德里以葡萄牙文出版，随后十年内《大中国志》被翻译为意大利文、法文、英文与荷兰文，是 17 世纪末欧洲一部重要的介绍中国政治、制度、工艺、文化、文字的著作。书中曾德昭说《易经》是一部论述自然哲学的著作，通过一些自然原则来预测未来，测算旦夕祸福；中国早期的圣人们正是通过《易经》中的"奇数和偶数，……拼合文字和书写符号"来发展道德和思辨的科学，同时他认为这部书又是"道德和政治的融合"。

4. 马尔蒂诺·马尔蒂尼（中文名：卫匡国）

马尔蒂诺·马尔蒂尼（Martino Martini, 1614~1661），意大利人，西方早期汉学的奠基人物之一，中国明清交替之际来华的耶稣会传教士，欧洲早期著名汉学家、地理学家、历史学家和神学家。他在中国历史学和地理学研究方面取得了卓越的成绩，是继马可·波罗和利玛窦之后，对中国和意大利两国之间友好关系和科学文化交流做出杰出贡献的一位重要历史人物。他在 1654 年的《鞑靼战纪》（*Debello Tartarico Historia*）和 1658 年的《中国上古史》（*Sinicae Historiae Decas Prima*）两部书里都讲到《易经》。他为西方读者介绍了《周易》的基本内容，包括"阴""阳"，以及这两种符号构成的"三重符号"（trigrams），即代表着天、地、雷、风、水、火、山、泽。他认为这是中国最古老的书，并且依据中国上古史的年表和事实，提出《易经》是中国第一部科学数学著作。他还第一次在书中讲解了六十四卦图，他被这些卦的变化深深

---

① Alvaro Semedo, *The History of That Great and Renowned Monarchy of China*, London: Printed by E. Tyler for I. Crook, 1655.

吸引，通过对《易经》的研究，他发现，中国古代的哲学家大都认为所有的事物都是从混沌开始的，精神的现象是从属于物质的东西的，《易经》就是这一过程的典型化。

5. 柏应理

柏应理（1623~1693），字信末，比利时耶稣会传教士，最早向西方介绍《易经》之人。1656 年随传教士卜弥格（Michel Boym, 1612~1659）来华，先后在江西、福建、湖广、浙江、江南等地传教。与在华耶稣会传教士恩理格（Chirstian Herdtricht, 1625~1684）、殷铎泽（Prospero Intorcetta, 1625~1696）等共同翻译了《西文四书直解》，拉丁文书名为"中国哲学家孔子"（*Confucius Sinarum Philosophus*），此书 1687 年在巴黎出版。但实际上，该书只是把《大学》《中庸》《论语》译成拉丁文，缺失了《孟子》。它是 17 世纪欧洲介绍孔子及儒家经典最完备的图书。译者在书中的"缘起与宗旨"（PROEMIALIS DECLARATIO）部分，提供了《伏羲八卦次序图》和《伏羲八卦方位图》，在第 43 页和第 45 页之间的插页还附有《周文王六十四卦图》（Tabula Sexaginata quatuor Figurarum），按照乾、坤、屯、蒙、需、讼、师……次序排列，在每个经卦上用拉丁文字标明其象征意义，即八卦中每卦所代表的自然现象。柏应理所介绍的易图，内容系统，方面甚广，它不仅包含《伏羲八卦次序图》和《伏羲八卦方位图》两张图，还有《周文王六十四卦图》。引人关注的是，柏应理在《伏羲八卦次序图》、《伏羲八卦方位图》和《周文王六十四卦图》中均标有阿拉伯数字。

6. 白晋

白晋（1656~1730），字明远。1656 年 7 月 18 日生于法国勒芒市。年轻时即入耶稣会学校就读，接受了包括神学、语言学、哲学和自然科学的全面教育，作为清初来华的耶稣会传教士，他是中西文化交流史上的一个重要人物。在《易经》西传史上，白晋的作用尤为重要。白晋作为易学"索隐派"（Figurism）的开创人物，他的形象理论的建立，直接得益于对《易经》的系统研究。1697年白晋在巴黎做了一次关于《易经》的演讲，演讲中，他把《易经》视为与柏拉图、亚里士多德学说比肩的合理、完美的哲学，他说："虽然……这个主张不能被认为是我们耶稣会传教士的观点，这是因为大部分耶稣会传教士至今认为《易经》这本书充斥着迷信的东西，其学说没有丝毫牢靠的基础……然而我敢说这个被 M. Maigrot 所诘难的主张是非常真实的，因为我相信我有幸发现了一条让众人了解中国哲学正确原理的可靠道路。中国哲学是合理的，至少同柏拉图或亚里士多德的哲学同样完美。我想通过分析《易经》这本书中种种令人迷惑的表象论证（这个主张的）真实性。《易经》这本书中蕴涵了中国君主政体的第一个创造者和中国的第一位哲学家伏羲的（哲学）原理。再说，除了中国了解我们的宗教同他们那古代的合理的哲学独创多么一致外（因为我承认其现代哲学不是完美的），我不相信在这个世界还有什么方法更能促使中国人的思想及心灵去理解我们神圣的宗教。"[①] 据史料记载，白晋对《易经》的研究曾受到对西方科学感兴趣的康熙皇帝的大力支持，梵蒂冈图书馆就收藏有一件白晋研究《易经》的日程表及康熙读白晋研究论文后的御批。根据张西平的研究，康熙之所以对白晋研究《易经》给予

---

① 转引自林金水《〈易经〉传入西方考略》，《文史》第29辑，中华书局，1988，第367页。

支持，是想通过白晋的《易经》研究给传教士树立个榜样，让他们遵守利玛窦的规矩，知道"欲议论中国道理，必须深通中国文理，读尽中国诗书，方可辩论"[①]。

可以说，作为索隐派创始人，白晋主要是从中国的古籍中寻找基督教的遗迹，因此，一方面，他承认中国传统文化的合理性，及其与基督教的共同点，从而能被中国当时的清政府接受；另一方面，他凭借索隐考据的特长，试图将中国文化纳于基督教文化之中，这样就能获得欧洲教廷的支持。

7. 雷孝思

雷孝思（1663~1738），字永维，法国耶稣会会士，地理学家、历史学家、博物学家。1698 年 3 月 6 日随同白晋等传教士一起来华。雷孝思的拉丁文译本《易经》共两册三卷，于 1723 年完成，但直到他逝世后约一百年的 1834 年和 1839 年才在德国斯图加特和蒂宾根两地出版，该书拉丁文标题为《〈易经〉：用拉丁文译出的最古老的书籍》[②]。此译本是《易经》在西方的第一个西文全译本。该书第一卷为概述，序言就长达十一章，介绍了《易经》的作者、来源、写作目的及各类注疏，第一卷收录了八篇文章，前七篇主要论述了伏羲八卦、各种卦符及其变化，最后一篇讲述了"五经"之间的关系。第二卷为《易经》原文与注疏的译文。第三卷为《易经》的注释和译者的评

---

① 张西平:《中西文化的一次对话：清初传教士与〈易经〉研究》,《历史研究》2006 年第 3 期, 第 79 页。

② J. Regis, *Y-King, Antiquissimus Sinarum Liber quem ex LatinaInterpretatione*, Stuttgartiae et Tubingae: J. G. Cottae, 1834.

论。雷孝思的拉丁文译本利用了传教士冯秉正的译文并用满文译本作为对照，参以传教士汤尚贤的解释，首次为西方全面认识和研究《易经》提供了原始资料，并且为后来《易经》其他欧洲语种的翻译提供了参考和借鉴。"全书除了译文，还包括大量注释、考证和各种长篇论述，其中掺杂有引证其他拉丁经典作家们的内容，讨论了《性理大全》以及周敦颐的《太极图说》和《通书》、张载的《西铭》和《正蒙》、邵雍的《皇极经世》等。"[①] 雷孝思在译本中所表现出的汉语造诣，受到了后来著名汉学家理雅各的高度评价，认为"这是迄今为止已经出版的最有价值的译本"[②]。雷慕沙也对该译本有很高评价："是为中国诸经中之最古、最珍、最不明确和最难解者。雷孝思神父利用冯秉正神父之译文并用满文译本对照，参以汤尚贤神父之解释，由是其义较明。"除了该译本，雷孝思还著有拉丁文的《易经注疏第一卷评论》（*Dissertationes et Notao criticae in primam partem commentru Y-King*）。

8. 麦格基

麦格基（Thomas McClatchie, 1813~1885），英国圣公会传教士。1844 年来到中国，在上海传教三十七年，曾任三一会堂牧师。1876 年，麦格基在伦敦由美国长老会出版社（Presbyterian Mission Press）出版了西方第一个《易经》英译本——《儒家〈易经〉译

---

① 克劳德·伦德贝克：《理学在欧洲的传播过程》，《中国史研究动态》1988 年第 7 期。

② C. W. Allan, *Jesuit at the Court of Peking*, Shanghai: Kelly and Walsh Limited, 1935, p.213.

本——附注释与附录》①。该译本由正文《经》和附录《传》两部分组成，附录《传》第一、第二和第四部分分散在正文《经》之中。麦氏译本主要依照《儒家宇宙论》的观点来理解《易经》，因此，译文玄奥难解。其译本随意性较大，以至于后来理雅各在自译序中写道："我曾逐段逐句地研读过麦格基的译文，但发现他的译文对我毫无用处。"② 而且还指出麦格基在书中的一些观点有失客观，如麦氏在导论中提出："《易经》是中国最古老的典籍文献，中国人对它有着一种特别的崇拜。"③ 理雅各对此提出了反驳："《尚书》应该是中国最古老的典籍，涵盖了比周文王还要早一千多年的文献。即使《诗经》里也有一些篇章早于《易经》，因此，从年代上来说，《易经》在中国历史上也只能排在第三的位置。"④ 由此可见，西方的学者很早就发现了麦氏译本不够严谨，部分原因是麦格基依据《儒家宇宙论》的观点来理解和翻译《易经》，更主要的原因是他在翻译一些核心概念时使用了十分不恰当的词汇，这些语言是他随意杜撰出来的，如把"文言"译为"Confucius"，把"系辞"译作"commentary by Confucius"，等等，这就极大影响了译本的权威性和可靠性。

9. 晁德莅

晁德莅（Angelo Zottoli, 1826~1902），意大利耶稣会传教士、

---

① Thomas McClatchie, *A Translation of the Confucian Yi-king*, Shanghai: American Presbyterian Mission Press, 1876.

② James Legge, "Preface", in *The Yi King, The Sacred Books of the East*, vol.xvi, Oxford: The Clarendon Press,1882, p.xvii.

③ Ibid, p.7

④ Ibid.

汉学家。晁德莅在 1880 年编著了拉丁文、中文双语《中国文化教程》(*Cursus Litteraturae Sinicae*)，全书共五卷，这套教程从儒家经典到《圣谕广训》，再到八股文的作法，涵盖的内容丰富，介绍精要，翻译简约准确，元杂剧、小说、诗歌、散文、碑铭、歇后语、典故等都有拉丁文介绍和选篇翻译。其中第三卷约有一百页是对《易经》的翻译。这个拉丁文版本比麦格基的译本有了很大改进，但是晁德莅只翻译了八卦中第一、第二卦的文本，以及《易传》的第一、第二和第四部分，八卦中其他六卦配以文王解释和《大象传》；剩下的五十六卦则仅做了简略概述；《易传》第三、第五、第六和第七部分提供了详细解读。

10. 拉古贝里

拉古贝里（Albert Etienne Jean Terrien de Lacouperie, 1845~1894），法国汉学家，自幼在香港长大，后前往英国，曾任大英博物馆馆员和伦敦大学汉语教授。他的英译本《易经》《中国最古老的典籍——〈易经〉及其作者》① 首先在 1882 年和 1883 年的《皇家亚洲学会会刊》(*Journal of the Royal Asiatic Society*) 上发表，1892 年又在伦敦出版。受到当时人类学研究中的巴比伦学说影响，拉古贝里研究《易经》的目的是为这一学说寻找根据，他坚信中国人种、文明自西而来，发源于巴比伦，认为中国的卦象类似于巴比伦的楔形文字，甚至提出《易经》并非源出中国，而是公元前 2280 年在大禹治世时由"巴克"人带进中国的。因此，拉古贝里在《易经》的翻译过程中出现较多的自话自说，抛弃了传统的注释批注，

---

① A. Terrien de Lacouperie, *The Oldest Book of the Chinese, the Yh-king, and Its Authors*, London: D. Nutt, 1892.

把《易经》视为一部辞典，按六十四卦辞分别列出治国处世的言论。他在书中对中国的注疏传统和西方汉学家的传播表示出极大不满，认为雷孝思的译本"令人失望，不知所云"；麦格基的译本体现了译者机械照搬中国注疏；霍道生的译本具有明显的象征手法，而且译者的臆想毫无根据；理雅各的译本晦涩难懂。后来，理雅各也评价拉古贝里的译本说："拉古贝里对《易经》的内容不甚了解，他的译本很不成功。"①

11. 宋君荣

宋君荣（Antoine Gaubil, 1689~1759），法国盖拉克城人，18世纪来华的法国耶稣会传教士。1722年宋君荣来华传教，研究中国文化，在中国科技史、古代史、边疆民族史、中外关系史等方面，都卓有成就。他翻译和注释的《书经》、《易经》和《礼记》，都受到很高的评价，他有关中国的著、译作达80部之多，他对中国问题的研究，在材料的掌握和熟悉程度上，甚至令中国学者感到吃惊，故有"18世纪最伟大的汉学家""耶稣会中最博学者"之称。1728年，宋君荣翻译的《书经》在巴黎出版，后收入《东方经典》(Les livres sacrés de l'Orient)中。他还曾这样记录了自己翻译《易经》的过程，"余在此所见《易经》译文，似由一主要部分未寄达欧洲，即孔子撰文王、周公两篇之注释，此注甚为重要，如巴黎有译文，余不知其出于何人手；如无译文，我有译文可以补其阙。"②

① James Legge, "Preface", in *The Yi King*, *The Sacred Books of the East*, vol.xvi, Oxford: The Clarendon Press,1882, p.xix.

② 〔法〕费赖之：《在华耶稣会士列传及书目》，冯承钧译，中华书局，1995，第205页。

12. 霍道生

霍道生（Paul-Louis-Félix Philastre, 1837~1902），法国海军军官、安南学专家。霍道生是首个将《易经》译成法文的学者。他翻译的法文《易经》第一部分发表在 1885 年的《基梅博物馆年刊》(*Annales du Musée Guimet*) 第八期上，名为:《周易首次法译本——附程子和朱熹的全部传统的注疏及主要注释家的注释摘要》(Tsheou yi: Le Yi-King. Ou livre des changements de la dynastie des Tsheou, traduit pour la première fois du chinois en français, avec les commentaires traditionnels complets de Tshèng Tsé et de Tshou-hi et des extraits des principaux commentateurs)。八年之后，即 1893 年，第二部分在《基梅博物馆年刊》第二十三期发表。霍氏翻译的《易经》与理雅各的译本一样，都受到中国宋朝理学家二程、朱熹观点的影响。该译本被视为标准的法文译本，不仅有《易经》的全文翻译，还翻译了程颐和朱熹等注家的注疏。此译本后收入法译《五经》(*Les Cinq Livres canoniques ou Grands Kings*) 之中，前有儒莲写作的序言。

13. 哈雷兹

哈雷兹（Charles-Joseph de Harlez de Deulin, 1832~1899），比利时东方学家，鲁汶大学教授。1887~1898 年先后发表了近十篇有关《易经》的译著与论文。1887 年他首先在《亚洲学报》(*Journal Asiatique*) 第六期上发表《易经原文》(*Le texte originaire du Yih-King, sa nature et son interprétation*)，后在巴黎单独出版。1889 年，他的正式《易经》法译本:《〈易经〉:复原、翻译与注释》(*Le Yih-king: texte primitif rétabli, traduit et commenté*)，在比利

时布鲁塞尔出版。1896 年，瓦尔·德雷毛（J. P. Vol d'Eremao）又将该译本翻译为英文：*The Yih-king, A New Translation from the Original Chinese*，由英国沃金东方大学研究院（Published in Working by Oriental University Institute）出版。为了便于读者更好理解他的译文，1896 年哈雷兹在《通报》第七期上发表了《易经注解》（*L'Enterpretation du Yi King*）。哈雷兹的《易经》翻译受到了雷慕斯、拉古贝里、理雅各、菲拉斯特等译文的影响，前二者的影响尤其显著，他倾向性地选择了一些《易经》的传统注疏——或综合或打乱原本独立的"文言""系辞""象""象""序卦""说卦"等，有时也依据汉唐旧注，重新对特殊语项做出注释。除此之外，哈雷兹还发表了多篇研究《易经》的学术论文，如《易经的真实性与解释》（The True Nature and Interpretation of the Yi-King）、《中国古代占卜书》（The Ancient Chinese Book of Divination）、《易经的象意符号》（Les Figures Symboliques du Yi-King）。

14. 理雅各

理雅各（1814~1897），英国传教士，近代最著名的西方汉学家之一。清朝时来华传教，在华居住三十余年，致力于儒家经典的英译工作。他翻译的《中国经典》（*The Chinese Classics*）（包括《论语》《大学》《中庸》《孟子》《尚书》《诗经》《春秋左传》）在 1875 年获法兰西铭文与美文学术院（Academie des Inscriptions et Belles-Lettres）第一届儒莲奖金，被视为中国儒家经典的标准译本。理雅各翻译的《易经》收录在缪勒（M. Müller）主编的《东方圣典》（*The Sacred Books of the East*）第十六卷《中国圣典：儒家卷》中，此译本被称为西方易学史上的"旧约全书"。早在 1854~1855 年间，理雅各就已将《易经》的经文、彖传、象传和易传译成英文，但并没有出版，到了1874年，他又重译了《易经》，并认为这次翻译抓住了《易经》的精髓，而自己二十年前的译文则一文不值。[①] 理氏译本主要参考了宋朝理学家的易注，把"经"与"传"分开，强调如果不分为两个独立的部分，就很难理解《易经》。[②] 该译本和后来卫礼贤的译本堪称西方学者研究《易经》的必读书。

15. 卫礼贤

卫礼贤（或为尉礼贤，1873~1930），生于德国图宾根，原名为理查德·威廉，1899年被魏玛同善会派往青岛传教，来中国后取名卫希圣，字礼贤。1913年春天，他在国学大师劳乃宣（1843~1921）指导下开始翻译《易经》，可以说，卫礼贤有关《易经》的知识均来自劳乃宣的系统讲解。1924年两人合译的《易经》德译本在德国出版。该译本除了前言（Vorrede）和导论（Einleitung）之外，正文分为三个部分。第一部分为经文（Erstes Buch: Der Text），不仅有每一卦的解释，也包括了《易传》中《大象》的译文和解说；第二部分为文献（Zweites Buch: Das Material），包括《十翼》中的《说卦》和《系辞》的译文和解释；第三部分为注疏（Drittes Buch: Die Kommentare），将各卦、爻与其相关的《经》《彖》《象》《文言》《序卦》《杂卦》的内容重新组合，进行翻译和解说。他的译文风格与其他翻译派汉学大师，如译

---

① James Legge, "Preface", in *The Yi King, The Sacred Books of the East*, vol.xvi, Oxford: The Clarendon Press,1882, p.xiii.

② Derk Bodde, "Review of Book: The I Ching or Book of Changes. The Richard Wilhelm Translation. Rendered into English by Cary F. Baynes," *Journal of the American Oriental Society*, no.2, 1950, pp, 326-327.

笔简洁流畅的翟理斯（Herbert Allen Giles）和忠实可靠的理雅各相比，不但毫不逊色，而且信、达、雅兼备。他翻译的这部《易经》的特点是"简明、自由、想象，比理雅各译本更能把握住原著的精神与意思"①。由于卫氏译本在西方受到了高度评价，美国博林金基金会（Bollingen Foundation）专门聘请美国最优秀的德译英专家、著名心理分析学家荣格的学生贝恩斯将卫译《易经》翻译成英文，并于 1950 年在纽约出版，书名为：*The I Ching, or Book of Changes*②，共两册，这部英译本成为当今英语世界通用的"标准译本"，一再被重印。③ 荣格在 1948 年为此英译本所写的前言中阐述了卫礼贤译本的特点：

"截至目前唯一的理雅各英译本，并没有做到让西方人的心灵更容易理解。相比之下，卫礼贤的努力却打开了理解这个文本象征意义的大门。他之所以能做到这一点，离不开劳乃宣向他讲说的《易经》哲学，多年来他也在实践方面以其固有的技艺从事这部占卜书的研究，他也有能力从事这项工作，这一切当然都赋予他另外一种完全不同的可能性，亦即他能发展出对文本生机勃勃意蕴的感受力，这远远超过了仅仅是字面翻译所带来的东西。"④

这本由德语转译的英译本《易经》成为当今西方英语国家研

---

① Derk Bodde, "Review of Book: The I Ching or Book of Changes. The Richard Wilhelm Translation. Rendered into English by Cary F. Baynes," *Journal of the American Oriental Society*, no.2, 1950, pp, 326-327.

② Richard Wilhelm, Forword by C. G. Jung in *The I Ching, or Book of Changes*, Princeton: Princeton University Press, 1950.

③ 林金水：《〈易经〉传入西方考略》，《文史》第 29 期，中华书局，1988。

④ Richard Wilhelm, Forword by C. G. Jung in *The I Ching, or Book of Changes*, Princeton: Princeton University Press, 1950, pp.1-2.

究易学的标准译本，在半个多世纪里发行了一百多万册，足以证明该译本被英语世界接受的广泛度。然而，根据卜德（Derk Bodde）的研究，卫译《易经》存在两个方面的不足之处。一是体例混杂，如第一册内容的顺序是"经文"、"传文二"、译者注释、"传文五"、"传文三"；第二册则是"经文"、"传文二"、"传文一"、"传文四"、"传文六"和"传文七"。二是译本坚持了传统的《易》为文王、周公所作，《传》为孔子所作的观点。① 除此之外，他的译本过于侧重讲解《易经》的占筮，这让西方人在阅读译本时不免会片面地接受他对《易经》占筮意义的解说。

16. 亚瑟·韦利

亚瑟·韦利（Arthur Waley, 1889~1966），英国汉学家、文学翻译家。精通汉文、满文、蒙文、梵文、日文和西班牙文等语言。他一生撰著和译著共 200 余种，其中大部分与中国文化有关。他英译的《易经》（*The Book of Changes*）发表在 1933 年的《远东考古博物馆馆刊》（*Bulletin of the Museum of Far Eastern Antiquities*）第五期。该译本最大的特点是对《易经》中那些难解和有歧义的卦辞、爻辞都做了注解和翻译。他认为《易经》是由两个独立部分组成的，即预言和卜筮。他的理解受到了中国近代易学家李镜池的影响，把书中的爻辞视为占卜。韦利认为《易经》是一部占卜之书，蕴含了深刻的哲学道理。美国宾夕法尼亚大学中国科技史专家席文（Nathan Sivin）曾评论韦利的译文"虽然简单，但却不可

① Richard Wilhelm, Forword by C. G. Jung in *The I Ching, or Book of Changes*, Princeton: Princeton University Press, 1950, pp.1-2.

多得"①。

17. 蒲乐道

蒲乐道（John Blofeld，1913~1987），英国佛学家。中年曾到过中国，由于对理雅各、卫礼贤的译本不满意，他基于占筮需要翻译了《易经》②，目的是让任何讲英语的读者都能够通过一种正确的方式趋吉避凶。该英译本1965年在伦敦出版。译本第一部分是由德裔印籍佛学家戈文达（Lama Anagarika Govinda）撰写的"前言"。第二部分为译者写的"自序"，介绍了《易经》的来龙去脉。第三部分为"导论"，译者在这部分提到翻译《易经》的目的，即用尽可能简洁的语言来讲解如何占卜，只要读者真诚而理智地去研究它，就可以凭借这个可靠的方法来趋利避害。第四部分"解释章"（Explanatory Chapters），分为六个部分："《易经》的阅读方法"（An Approach to the Book of Change）、"《易经》的背景"（The Background of the Book of Change）、"《易经》的象征"（The Symbolical Basis of the Book of Change）、"占卜法"（The Method of Divination）、"解释指南"（A Guide to Interpretation）和"使用方法"（A Summary of Instruction）。第五部分为《易经》的译文，分上经、下经和附言，《乾》《坤》两卦译文各包括卦象、卦题译文，卦爻辞译文和《象传》《大象》《文言》《小象》译文，其中《文言》《大象》译文把与各爻有关的文辞分别置于有关爻辞译文下，其他每卦译文包括除《文言》外的其他

---

① Nathan Sivin, "A Review on The Book of Change by John Blofeld," *Harvard Journal of Asiatic Studies*, vol.26, 1966, p.294.

② John Blofeld, *The Book of Change: A New Translation of the Ancient Chinese I Ching*, London: George Allen & Unwin, 1965, pp.15-16.

部分。第六部分为附录，译者提供了帮助读者理解《易经》的图表（Tables and Diagrams for Assisting Interpretation）。此外，每卦译文还附注释。

蒲乐道在书中提到了他的译本与卫礼贤译本的区别：他的译本比卫氏译本更简短；他的译本侧重《易经》中的占卜，而卫氏译本更像是一本教科书，解释卦图的含义；他的译本更容易理解，而卫氏译本许多内容无法理解。

18. 奈吉尔·里士蒙德

奈吉尔·里士蒙德（Nigel Richmond, 1922~2005），英国一位名不见经传的木工。他的第一部《易经》研究著作 Language of the Lines 于 1977 年在 Wildwood House 出版，书中详细介绍了《易经》的六十四卦卦辞。在此基础上，他完成了《易经》译本 The I Ching Oracle，虽然先后联系了六家出版社，但最终没能出版。他便在 1985 年自行印刷了几百本，虽然没有正式发行，但他的译本体例简练，排版清晰，在仅有 165 页的书中，不仅为读者提供了阅读《易经》必备的基本知识讲解，在必要之处还配以手绘图画加以说明，六十四卦的译文也通俗易懂，因此，整个译本更像是一本《易经》口袋书，受到普通读者的青睐。其译本在西方多家易学网络平台得到推介，如"蓍草网"（http://www.russellcottrell.com/VirtualYarrowStalks/index.asp）和"易经道"（https://www.biroco.com/yijing/richmond.htm）。

19. 托马斯·柯立瑞

托马斯·柯立瑞（Thomas Cleary, 1949~2021），美国著名典籍翻译家。他根据明代释智旭的《周易禅解》、清代著名内丹家刘一明的《易理阐真》和程颐的《周易程式传》分别于 1986 年、1987 年和 1988 年翻译并出版了《道家易经解》[①]、《佛家易经解》[②]和《易经：致治之书》(*I Ching: The Tao of Organization*)，之后又在 1992 年出版了口袋书《易经》英译本 *I Ching: The Book of Changes*[③]，作为便于携带、语言简洁的袖珍读本，此译本在卦爻的解释和翻译语言上更凸显了大众普及读物的特点。

20. 林理璋

林理璋（Richard John Lynn），加拿大多伦多大学东亚研究教授。1994 年在哥伦比亚大学出版社出版了《易经：王弼注〈易经〉新译》[④]，译本包括致谢、导论、王弼《周易略例》、《系辞》上、《系辞》下、《序卦》、《杂卦》、《说卦》、《六十四卦》、《象传》《象传》、《文言传》译文，后附有参考文献、术语汇编、专有名词表和索引。译者对王弼的《周易注》的内容编排进行了调整，将《系辞》《序卦》《杂卦》《说卦》皆置于经文之前，译文均包含王弼注在内，后者用不同字体置于大括号内，译者将《系辞》《文言》《序卦》《杂卦》中有关各卦的译文穿插于经文各卦译文之中，略有重复。译文中文原注者夹注置于方括号内，译文注释采用每篇、每卦尾注的形式。译文中音译部分，林译本采用了现代汉语拼音系统。《系辞》《序卦》《杂卦》《说卦》及其王弼注英译注解非常详尽，但也带来了烦冗重复的弊端。

① Thomas Cleary, *The Taoist I Ching*, Boston: Shambhala, 1986.

② Thomas Cleary, *The Buddhist I Ching*, Boston: Shambhala, 1987.

③ Thomas Cleary, *I Ching: The Book of Changes*, Boston: Shambhala, 1992.

④ Richard John Lynn, *The Classic of Changes: A New Translation of the I Ching as Interpreted by Wang Bi,* New York: Columbia University Press, 1994.

由于林理璋对王弼的著作研究透彻，在翻译《道德经》和《易经》时均采用了王弼注本为底本，他的译本出版后得到了很多西方汉学家的积极评论，如施罗德（J. Lee Schroeder）认为林译的王弼注的《易经》应该是英语世界的第一次翻译，因为其中许多材料之前并无英文翻译。著名汉学家宇文所安（Stephen Owen）也指出，林译《易经》的副标题是"A New Translation of the I Ching as Interpreted by Wang Bi"，意味着这个译本与之前的所有译本不同之处就在于采用了王弼注的《易经》。同时，林译本还提供了比之前卫礼贤更准确的翻译，英语读者在阅读林译本时，可以如同中国人阅读《易经》一样觉得文字言之有理，从这点来看，林译本要优于卫译本。除了采用的底本不同外，从林译本中确实能够看出他与众不同的理解，如他把"元亨利贞"翻译为"Qian consists of fundamentality（yuan），prevalence（heng），fitness（li），and constancy（zhen）"，与理雅各和卫礼贤等人的翻译完全不同，在理解上也有别于其他西方译者。

21. 利策玛

利策玛（Rudolf Ritsema, 1918~2006），欧洲著名学术中心爱诺思基金会前任主席，他曾耗费40余年心血从心理学角度研究《易经》，与斯提芬·卡赫（Stephen Karcher）合作在1989年以《爱诺思年鉴》形式发表了爱诺思译本《易经》第一版，取名为《周易：包罗万象的启迪》。1994年，英国基础出版公司（Elements Books）正式出版了爱诺思译本《易经：中国的经典，变化的启示》[1]。此译

---

① Rudolf Ritsema, Stephen Karcher, *I Ching: The Classic Chinese Oracle of Change*, London: Elements Book, 1994.

本的最大特点是首次采用了语料库的形式来翻译《易经》，因此，译本更像是一本《易经》字典，非常便于读者或《易经》爱好者查询书中的关键词。

22. 夏含夷

夏含夷，美国汉学家、历史学家，芝加哥大学教授。1996 年他翻译的《易经：马王堆帛书易经》[①] 在纽约巴兰坦图书出版集团出版，全书共分八个章节，包括"致谢"《易经》起源及早期发展""马王堆《易经》手稿""翻译原则""译本体例""帛书《周易》译文""注释""参考文献"。其中译文包括六部分，分别是《周易》(*The Zhouyi*)、《二三子问》(*The Several Disciples Asked*)、《系辞传》(*Appended Statement*)、《易之义》(*The Properties of the Changes*)、《要》(*The Essential*) 以及《缪和》(*Mu He*) 和《昭力》(*Zhao Li*)。该译本的最大特点是以 1984 年《文物》杂志首次公开的马王堆汉墓出土帛书《易经》为底本，这是西方第一次采用这个版本。为了便于读者了解两者的区别，译本在译文前附了一份帛书《易经》和通行本《易经》卦序的对比图。夏含夷在书中提出，译者需要注意古汉语中的"同音假借"，这种现象并不能赋予译者自由改变原稿的权力，因此，译者要想在这种情况下实现"忠实"，最好的办法就是按原作者的意图重现原稿。

2014 年，夏含夷基于新近出土的《易经》文献出版了具有浓厚考古色彩的《易经》释文译本[②]，其中包括七个部分："卜筮过去，卜

---

① Edward L. Shaughnessy, *I Ching: the Classic of Changes*, New York: Ballantine Books, 1996.

② Edward L. Shaughnessy, *Unearthing the Changes: Recently Discovered Manuscripts of and Relating to the Yi Ching*, New York: Columbia University Press, 2014.

筮未来:《易经》考古与挖掘"（Divining the Past, Divining the Future: Archaeology and the Rediscovery of the *Changes*）、"上海博物馆藏竹书《周易》背景内容与价值"（The Context, Content, and Significance of the Shanghai Museum Manuscript of the *Zhou Yi*）、"上海博物馆藏竹书《周易》释文译文"（Translation of the Shanghai Museum Manuscript of the *Zhou Yi*）、"王家台出土竹简《归藏》释文"（The Wangjiatai Bamboo-strip Manuscripts of the *Gui cang*）、"竹简《归藏》译文"（Translation of the *Gui cang* Fragements）、"阜阳出土汉简《周易》释文"（The Fuyang *Zhou Yi* Manuscript）、"阜阳出土汉简《周易》释文译文"（Translation of the Fuyang *Zhou Yi* Manuscript）。此书具有鲜明的双重性，既是一个崭新的《易经》译本，同时也是一本《易经》考古研究著作。从翻译模式来看，这个译本延续了马王堆出土帛书《易经》译本的翻译方法，同样提供了出土《易经》释文和通行本的对比，其目的是为读者展示不同时期《易经》版本的异同，由此了解《易经》在发展过程中发生的演变。

23. 闵福德

闵福德（John Minford），英国汉学家。他从 2002 年开始、耗时 12 年翻译的《易经》（*The Book of Change*）由纽约企鹅出版集团下的维京出版社于 2014 年出版，全书共 928 页。该书分成两部分，第一部分是"智慧之书"（Book of Wisdom），用传统方式解读《易经》及其注疏；第二部分是"卜卦"（Oracle），回归《易经》最初的用途——青铜器时代的占卜手册。他曾这样评价自己的翻译特点："我的翻译更'中国化'。有人翻译《易经》会提及《圣经》或德国诗人歌德；基督徒理雅各从基督教的角度解析《易经》。我更多地引用中国文人的点评，尽量不涉及西方人对《易经》的点评和解析。"① 在他翻译的《易经》中，除了英文，还用了拉丁文，之所以在译文中使用拉丁文，他解释有两个原因："一、拉丁文给人一种很古老的感觉，看到拉丁文马上会联想到过去，想到一些不可知的东西。二、现在大部分读者不懂拉丁文，所以我故意用它。每个人都会'构建'自己的《易经》，我用拉丁文也是在提醒大家，我们也不知道这本书真正的意思。好像是你步入一所旧式教堂，听到神父在念叨一段拉丁文，没几个人能明白它。我希望给读者类似的感觉。你没有必要理解它们——旁边都有英文释义。"②

24. 布莱恩·布朗·沃克

布莱恩·布朗·沃克（Brian Browne Walker），美国自由学者。1992 年在纽约 St. Martin's Griffin 出版社出版了英译本《易经》③。在导论部分，译者说明了《易经》是一部关于中国智慧与哲学的书，更是一本能够给人们在生活转折点提供完美指引的书，因此，译者对《易经》内容的翻译和阐释更倾向于接近普通大众的生活，在每章的卦辞题目中赋予其现代解释，如"乾／创造性"（The Creative）、"坤／包容性"（The Receptive）、"屯／初始之困"（Difficulty at the beginning）、"蒙／年轻人的荒唐"（Youthful Folly）等。为了利用现代技术推广《易经》，沃克在 2014 年首创制作了译本的 App 应用软件，受到了众多西方读者的好评。而且，

---

① 崔莹：《英国学者 12 年译完〈易经〉》，"翻译教学与研究"公众号，2016 年 5 月 31 日。

② 崔莹：《英国学者 12 年译完〈易经〉》，"翻译教学与研究"公众号，2016 年 5 月 31 日。

③ Brian Browne Walker, *The I Ching or Book of Changes: A Guide to Life's Turning Points*, New York: St. Martin's Press,1992.

他还将这种形式应用于他翻译的其他中国典籍，包括《道德经》《孙子兵法》《老子化胡经》。

25. 彭马田

彭马田（Martin Palmer），英国汉学家，原英国爱丁堡公爵菲利普亲王特别顾问。他曾在剑桥大学主修神学宗教研究和中国古文。1995 年他根据易学研究最新成果，将《易经》翻译成英文。[①]该译本最独特之处是以诗歌形式阐释了卦爻辞的义理，凸显了译本的创新思路。译本附有较长的序言、导论和学术评注，具有很强的学术性。彭马田对于翻译中国古代典籍有着自己的理解，他并不认为自己是在翻译，而是在解读。他的观点是："一种文化是不能被翻译成另一种文化的，我们能做的是将一种文化向另一种文化进行解读。不同文化间也会因此加深对彼此的了解。"[②]

26. 茹特

茹特（Richard Rutt, 1925~2011），韩语名卢大荣，英国罗马天主教牧师，韩国研究专家，早年曾在韩国传教 20 多年。退休后，投身于《易经》的翻译，并于 1996 年出版《周易新译》。[③]全书共 500 多页，分为三部分。第一部分为长达 200 页的导论，其中介绍了《易经》的最新研究信息，以及《左传》中所有关于《周易》的文献和欧洲译介《周易》的历史概况。第二部分为《周易》译文，茹特的翻译带有明显"现代学派"的风格，卦辞和爻辞均用

① Martin Palmer, Jay Ramsey and Zhao Xiaomin, *I Ching: The Shamanic Oracle of Change*, New York: Thorsons Publishers, 1995.

② 王碧薇:《我为什么热衷于翻译〈尚书〉——访英国汉学家 Martin Palmer（彭马田）》,《党建》2015 年第 11 期。

③ Richard Rutt, *Zhou Yi: The Book of Changes*, Richmond, Surrey: Curzon Press, 1996.

不同字体加以区分，甚至还给关键词配注甲骨文，译文试图使用英文的发音来保持中文的韵文节奏，如将"见龙在田，利见大人"翻译为"Lo, on the fields a dragon bides, To meet with great men well betides"，将"鸿渐于磐，饮食衎衎"译为"Wild geese settling on the rocks, feed and drink in honking flocks"。第三部分为附录，由《十翼》译文组成。

27. 斯提芬·卡赫

斯提芬·卡赫，当代美国心理学家，出版了多部《易经》译本，包括：2003 年由英国 Time Warner 出版了《易经全解：变革神话》（*Total I Ching: Myths for Change*）；由 Thorsons 出版了 *Way of the I Ching*；以及《易经——变化之典籍》（*I Ching: The Classic Chinese Oracle of Change*）（2002）、《易经简本》（*I Ching: Plain and Simple*）（2009）、《易经大全》（*The I Ching Kit*）（2005）等。

28. 裴松梅

裴松梅（Margaret J. Pearson），美国斯基德莫尔学院（Skidmore College）历史系教授。依据马王堆出土的帛书《周易》，在参考卫礼贤、夏含夷、林理璋等人译本的基础上，于 2011 年出版了一个号称"忠实于最古老《易经》文本"的通俗译本《原始易经》①，含六十四卦译文，每卦提供卦象、汉字卦名及其汉语拼音、英译卦名、爻辞译文，并在每卦译文后增加《易传》中《大象》部分的译文及译者对卦象和部分卦爻辞的解释（斜体）。译文正文前有致谢、引言（《易经》小史、英译缘起）、《易经》介绍、译文说明、《易经》使

---

① Margaret J. Pearson，*The Original I Ching: An Authentic Translation of the Book of Changes,* Tuttle Publishing, 2011.

用介绍，正文后是《易经》"原文"等附录。裴译本依据的《易经》原文是她据夏含夷译本的两个《易经》原文即通行本和帛本修订、确定的。她按通行本卦序排列，据帛本修改了一些卦名、卦爻辞文字，并附加了《易传》中各卦的《大象》。因此该译本的原文是与众不同的，即它既不是今本经文，也不是帛本经文，而是译者根据自己的理解和意图，以今本为主，将二者结合的结果。

作为西方第一个翻译《易经》的女性译者，裴松梅从女性视角重新审视了《易经》的翻译问题。例如，她发现很多译者都把《易经》中的中性词翻译成带有男性色彩的词汇，如第四十四卦中的"姤"翻译为"prince"，而她认为，在中国商朝王室女性也参与占卜，古体字"姤"就表示待产的女子。而且马王堆汉墓也可以证明，即使在汉朝，女性也非常重视卜筮。因此，她非常认可夏含夷在翻译《易经》时遵循的原作，希望能还原作品最古老的意思。

29. 戴维·辛顿

戴维·辛顿（David Hinton），美国汉学家，翻译家。曾获哈罗德·莫顿·兰登翻译奖（Harold Morton Landon Translation Award）、笔会翻译奖（PEN Translation Prize），以及美国艺术与文学学院终身成就奖——桑顿·威尔德奖（Thornton Wilder Prize）。2015 年他在纽约出版了英译本《易经》。[①] 该译本除了提供《易经》的英译，还为读者讲解了使用《易经》进行占卜的两种方法——卜筮和钱币占卜，并且介绍了具体操作步骤。

本章主要研究《易经》在西方的译介传播，重点梳理西方汉学

---

① David Hinton, *I Ching: the Book of Change*, New York: Farrar, Staus and Giroux, 2015.

家和译者在不同时期翻译《易经》的历史进程。这只是《易经》对外传播的一个侧面，还有更多西方学者从不同学科和领域投入易学的研究，如当代英国科学史家李约瑟在其巨著《中国科学技术史》中对《易经》的论述，内容之充实、涉及问题之广泛，远远超出一般专门译著。他认为《易经》有一种原科学思维（Proto-Scientific thinking），而且从近代科学思想层面分析了《易经》与中西数学的关系，在比较科学史的研究成果后证明了《易经》的多重学术意义。

海克（Edward Hacker）、莫尔（Steve Moore）和帕斯卡（Lorraine Patsco）三人合著的 *I Ching: An Annotated Bibliography*（2002）是一本详尽全面的英语世界《易经》研究文献目录，涉及各类文献资料，包括博士学位论文、研究专著等。该书主体包括三个部分，第一部分是 502 种《易经》译本和研究著作，第二部分是 486 篇期刊文章，第三部分是 59 种视频音频资料、软盘光盘资料、电脑程序软件、占卦操作程序和工具箱描述等。该书介绍了相当一部分非学术性译本、著作和文章以及一些据《易经》创作的音乐、影像、小说等资料。从该书来看，许多西方译者和学者把《易经》首先视为占卦手册，体现在数量庞大、种类繁多的占卦指导手册及各种介绍性著作，其他译本也多在副本中附有进行占卦操作的说明和演示。

从《易经》在西方译介的整个历史进程中可以看出，自 19 世纪至 21 世纪，西方学者出版和发表的《易经》译本达 20 种以上。代表性的英文译者有麦格基、理雅各、贝恩斯、蒲乐道、柯立瑞、林理璋、夏含夷、闵福德等，拉丁语译者有雷孝思，法文译者有霍道生、哈雷兹等，德文译者有卫礼贤。这些西方译者之所以在《易经》传播上付出巨大的精力和代价，有着各种不同的原因，既有初期

"礼仪之争"的需要，也有后期文化侵略的目的，不同时期的历史文化背景影响着这些译者对《易经》的传播，也可以说，《易经》正是在一种复杂的矛盾运动中传播到西方的。

对于《易经》这么一部"百科全书"式的古代典籍，西方译者和学者从自身的利益、学术、兴趣、生活等方面出发，在《易经》中找到了自己想要的东西。哲学家在《易经》中看到了丰富和完美的东方哲理；科学家看到了数学、天文学等自然学科的原理；宗教家看到了一套完整的宗教体系；神秘学家看到了东方的占卜术。这些立场和方法以不同方式体现在《易经》译本中，反映了这部"五经"之首在不同文化和社会体制下解读的多维性，值得国内易学研究者借鉴和参考。

第二节　《易经》翻译之难

作为中国古代一部伟大的文化经典，儒家称《易经》为"群经之首"，道家奉之为"三玄之冠"，其独特的语言形式和表达方式蕴藏着对人生和自然的理性思考。《易经》不仅有诗一般的语言，也有深奥的哲理名句，触及宇宙、自然、人生的奥秘。这种多元化的独特语篇特征对于致力于要向世界传播《易经》文化思想的译者来说，无形中在语义理解、字词解读、文化阐释、形式转换等层面形成了多重屏障。这是本土译者和西方译者要共同面对的难题，也是造成国内外《易经》译本出现各种问题的主要原因。

1. 独特的古典诗歌艺术形式

《易经》经文句式简洁、音韵和谐、节奏明快，具有诗歌般优美的艺术形式。从句式来看，《易经》经文主要采用三言和四言的基本结构，同时也有杂用二言、五言、六言等的情况。[①] 如："含章可贞，或从王事，无成有终（坤·六三）。龙战于野，其血玄黄（坤·上六）。包蒙，吉。纳妇，吉。子克家（蒙·九二）。"[②] 又如："坤，元亨，利牝马之贞。君子有攸往，先迷；后得主，利。西南得朋，东北丧朋，安贞吉（坤·卦辞）。"[③]《易经》经文句式简短，读起来简洁明快，富有强烈的节奏感。

从音韵来看，《易经》经文中的爻辞多是用韵文写的，而且有不少是有诗意的。[④]《易经》对音韵的使用十分灵活，主要有叠音、叠韵、押韵和复沓等多种形式。叠音如"乾乾，央央，逐逐，蹇蹇"；叠韵如"盘桓，振恒，号咷，既济，汔既"；押韵有同一句爻辞内部押韵的，如"鼎有实，我仇有疾，不我能即，吉"（鼎·九二）。另外，如果去掉爻辞中表示吉凶祸福的占断辞，那么相邻的爻辞之间也有押韵的情况，如《乾卦》："九二，见龙在田，利见大人。九三，君子终日乾乾，夕惕若厉，无咎。九四，或跃在渊，无咎。九五，飞龙在天，利见大人。"[⑤] 这几句爻辞中"田、乾、渊、天"同属一个韵部。复沓也是《易经》常用的一种结构，即从初爻到上爻反复使用同一个字或相同的句式，而且呈层层递进的态势，如《需卦》："初九，需于郊……九二，需于沙……

① 任运忠：《〈易经〉的文学性及其在译文中的重构》，《四川教育学院学报》2007年第1期。
② 杨天才译注《周易》，中华书局，2016。
③ 杨天才译注《周易》，中华书局，2016。
④ 郭沫若：《郭沫若全集·历史篇》第1卷，人民出版社，1982。
⑤ 杨天才译注《周易》，中华书局，2016。

九三，需于泥……六四，需于血……九五，需于酒食……"①由于《易经》成书年代久远，随着古汉语发音的变化，有些卦爻辞现在已经失去了最初的音韵特征，但细心的读者经过潜心研究和考证，仍然能够体会到《易经》卦爻辞中和谐优美的音韵感。

《易经》经文诗歌般的艺术形式给人以美的享受，然而当前的《易经》英译本很少能再现原文的艺术风格，以理雅各译本②、卫礼贤和贝恩斯译本③、汪榕培和任秀桦译本④英译"乾卦第二、三、四、五爻"为例。

原文：九二，见龙在田，利见大人。

理雅各译本：

In the second line, undivided, （we see its subject as） the dragon appearing in the field. It will be advantageous to meet with the great man.

卫礼贤、贝恩斯译本：

Nine in the second place means:

Dragon appearing in the field.

It furthers one to see the great man.

① 杨天才译注《周易》，中华书局，2016。

② James Legge, trans., *The Yi King*, Delhi：Motilal Banarsidass, 1977.

③ Richard Wilhelm, Cary F. Baynes, trans., *The I Ching or Book of Change*, New Jersey：Princeton University Press, 1997.

④ 汪榕培、任秀桦译《英译易经》，上海外语教育出版社，1993。

汪榕培、任秀桦译本：

The dragon appears in the fields.

It is time for the great man to emerge from obscurity.

原文：九三，君子终日乾乾，夕惕若厉，无咎。

理雅各译本：

In the third line, undivided, （we see its subject as）the superior man active and vigilant all the day, and in the evening still careful and apprehensive.（The position is）dangerous, but there will be no mistake.

卫礼贤、贝恩斯译本：

Nine in the third place means:

All day long the superior man is creatively active.

At nightfall his mind is still beset with cares.

Danger. No blame.

汪榕培、任秀桦译本：

The gentleman strives hard all day long.

He is vigilant even at night time.

By so doing, he will be safe in times of danger.

原文：九四，或跃在渊，无咎。

理雅各译本：

In the fourth line, undivided, (we see its subject as) the dragon looking as if he were leaping up, but still in the deep. There will be no mistake.

卫礼贤、贝恩斯译本：

Nine in the fourth place means:

Wavering flight over the depths.

No blame.

汪榕培、任秀桦译本：

The dragon will either soar to the sky or remain in the deep.

There is nothing to blame in either case.

原文：九五，飞龙在天，利见大人。

理雅各译本：

In the fifth line, undivided,（we see its subject as）the dragon on the wing in the sky. It will be advantageous to meet with the great man.

卫礼贤、贝恩斯译本：

Nine in the fifth place means：
Flying dragon in the heavens.
It furthers one to see the great man.

汪榕培、任秀桦译本：

The dragon is flying in the sky.
It is time for the great man to come to the fore.

首先，这几句爻辞之间在"田""乾""渊""天"的用词上采用了押韵，且各句基本上都是四言格式，极富诗歌特征。而且，《乾卦》九三爻"君子终日乾乾……"明显使用了叠词的修辞手法，"乾乾"生动地刻画了君子自强不息、事事勤勉的圣人形象。从理雅各译本来看，句式用爻位作主语，在括号中补充了原文没有明确表达的隐含意义，将爻辞用一个宾语从句译出，行文规范而严谨，但显得冗长而又呆板，"乾乾"叠词仅从语义角度解读为 active and vigilant，缺失了叠韵的效果，整句与《易经》简洁洗练的语言风格明显不符，原文的对称性艺术特征在理雅各本译文中消失殆尽。卫礼贤、贝恩斯译本采用了诗歌体的形式，并且将"乾乾"译为"creatively active"，译者用叠韵的方式再现了原文叠词所达到的艺术效果，但遗憾的是译者在每句爻辞之间加入了大量的阐释性文字，大大降低了译文的诗歌韵味，从而影响了译文的艺术美感。汪榕培、任秀桦译本也采用诗歌体的形式，只译经文，且没有任何注释或阐释，行文简洁而流畅，但对"乾乾"的处理过于平淡，只用"strives hard"译出了原文的意思，却忽略了形式。卫礼贤、贝恩斯译本和汪榕培、任秀桦译本在一定程度上还原了原文的诗歌特征，但在用"韵"方面却明显不如原文。

2. 独特的文化意象

文化意象属于文艺美学中的概念，大多凝聚着各个民族的智慧和历史文化，是由物象和寓意两部分构成的，也就是用具体的物象来表现抽象的寓意。据《系辞上传》："圣人立象以尽意"，即圣人创立意象来完整地表达思想。又据《系辞下传》："古者包牺氏之王天下也。仰则观象于天，俯则观法于地，观鸟兽之文与地之宜，近取诸身，远取诸物，于是始作八卦，以通神明之德，以类万物之情。"① 这段话的意思是说，古时候伏羲治理天下，他抬头观察天文气象，俯身观察地理形状，观察飞禽走兽的纹理，以及适宜在地上生长的草木，近的取法人的身体，远的取象各种物形，于是开始创作八卦，用来会通天地之性质，分类万物之情状。② 由此可见，《易经》的基本构成单位"卦"实际上是对自然法则的临摹和

① 杨天才译注《周易》，中华书局，2016。
② 李申主编《周易经传译注》，湖南教育出版社，2004。

效仿。以"乾卦"为例，据《说卦》："乾为天，为圜，为君，为父，为玉，为金，为寒，为冰，为大赤，为良马，为老马，为瘠马，为驳马，为木果。"①"乾"所代表的事物涉及动植物、社会生活和伦理等方方面面，那么应该将"乾"译为"sky""circle"，还是"father""jade"，或是别的什么呢？其实"卦"代表的并不是某种具体的事物，而是从具体事物中抽象出来的具有普遍意义的性质，这种性质是不变的，可以代表任何事物，但"卦"本身什么也不是。②换句话说，尽管"卦"所代表的物象千差万别，而其所蕴涵的寓意却是固定不变的。"卦"主要采取意象手法，凭借具体事物的物象来表达与之相近似的寓意，因此对每卦的翻译只有立足于对其寓意的阐释，才能揭示其特有的意象，并体现原文的文化价值。

当前的《易经》英译本对其意象的翻译是不够准确的，以"乾卦"的卦名"乾"为例："乾"字意为草木初生时冲破阻力掀开泥土的刚健通达之壮。③《象传》曰："大哉乾元，万物资始，乃统天。"④即万物由"乾"开始，又统帅于"乾"。于其寓意层来看，据《说卦》"乾，健也"，又据《象传》"天行健，君子以自强不息"，"乾"象征着刚健中正、盛大光明、自强不息、应时变化之圣王品格。⑤理雅各译本将"乾"音译为"Khien"，且没有任何注释，普通的西方读者很难从中了解到"乾"所包含的丰富内涵，

---

① 杨天才译注《周易》，中华书局，2016。
② 胡昌善编著《八卦之谜——〈周易〉通解》，中国城市经济社会出版社，1990。
③ 邓球柏：《白话易经》，岳麓书社，1993。
④ 杨天才译注《周易》，中华书局，2016。
⑤ 谢祥荣：《周易见龙》，巴蜀书社，2000。

理雅各译文无疑是一种典型的欠额翻译（undertranslation）。汪榕培、任秀桦译本采取的是音译解释法，将"乾"音译为"Qian"，然后在括号中解释为"the symbol of heaven"，而"heaven"在英语中的意思是"place believed to be the home of God and the angles and of good people after death"[①]，即上帝和众天使居住的地方，以及心善之人死后的归宿之处，这与"乾"的寓意大相径庭。卫礼贤、贝恩斯译本采用了音译、意译和阐释相结合的办法，将"乾"译为"Ch'ien/The Creative"。该译本选用"The Creative"，显然是受到了《圣经》中"创世记"（the Creation）的影响，这无疑会给读者造成误解，以为《易经》和《圣经》同出一辙，况且"The Creative"只译出了"乾"的字面意义，与其寓意则差得太远，因此译者对"乾"的寓意做了进一步的阐释："The power represented by the hexagram is to be interpreted in a dual sense—in terms of its action on the universe and of its action on the world of men. In relation to the universe, the hexagram expresses the strong, creative action of the Deity. In relation to the human world, it denotes the creative action of the holy man or sage, of the ruler or leader of men, who through his power awakens and develops their higher nature."[②] 卫礼贤、贝恩斯译本从物事和人事两个方面阐释了"乾"的寓意，特别强调了圣人奋发向上、刚健有为的高尚情怀，却忽略了圣人

① A.S. Hornby, *Oxford Advanced Learner's English-Chinese Dictionary* (extended fourth edition), The Commercial Press, Oxford University Press, 2002.
② Richard Wilhelm, Cary F. Baynes, trans., *The I Ching or Book of Change*, New Jersey: Princeton University Press, 1997.

"应时变化"的品格，而"应时变化"正是《易经》的根本所在，因此卫礼贤、贝恩斯译本对"乾"的阐释是不全面的。鉴于汉语和英语分属两大不同的语系，且文化背景相去甚远，在翻译中出现词汇空缺（lexical gap）的现象在所难免。《易经》中的特殊文化意象难以在英语中找到对等的词汇，因此对于"乾"这类极具文化特色的词语宜采取音译加注的办法。

3. 独特的文言用词

《易经》原文中存在大量特殊的文言表达形式，译者如果没有足够的古文阅读能力，则会很容易因理解偏差产生误译。这些文言表达形式包括通假字、词语的本义与引申义、句读、成分省略和语序颠倒。[①]

（1）通假字。《易经》文本中有大量的通假字，译者应辨明原文的通假字并在译文中译出其对应的本字。如《否卦》卦辞："否之匪人，不利君子贞。"卫礼贤、贝恩斯译本将其翻译为："Evil people do not further the perseverance of the superior man."[②] 如果将卫礼贤、贝恩斯译文回译成汉语，即"恶人不会发扬君子坚贞的品格"。《否卦》讲"去否求泰"之道。"否"是指"闭塞不顺畅"，即《象传》所讲"天地不交而万物不通也"的景象。于社会层面来讲，此时君子之正气得不到伸张，而小人的邪气却在不断生长，"否之匪人"指"受到闭塞的是不该闭塞的人"。从《否卦》的意义看，"匪"应当是否定词"非"的通假字，而并不是

---

① 任运忠、曾绪:《〈易经〉卦爻辞辨及其英译》,《周易研究》2009 年第 3 期。

② Richard Wilhelm, Cary F. Baynes, trans., *The I Ching or Book of Change*, New Jersey: Princeton University Press, 1997.

"恶人"。"匪"通"非"是《易经》卦爻辞中常见的现象,如:"匪我求童蒙,童蒙求我"(蒙·卦辞),"王臣蹇蹇,匪躬之故"(蹇·六二)。《易经》卦爻辞将为非作歹的恶人称为"寇",如"需于泥,致寇至"(需·九三),"不利为寇,利御寇"(蒙·上九)。译者将"匪人"译作"evil people"(恶人),译出的是原文的通假字,而非其本字,与原文意义不符。

（2）词语的本义与引申义。语言具有鲜明的时代性,它随着时代的变迁而发展变化,《易经》中的词汇有的取其本义,有的取其引申义,译者应详细考证词汇在具体环境中的特殊意义,切不可望文生义,错解经旨。如《困卦》六三:"困于石,据于蒺藜,入于其宫,不见其妻,凶。"理雅各将"入于其宫,不见其妻"译为:"He enters his palace, and does not see his wife."[1] 将理雅各译文回译为汉语,即"他进入宫殿,见不到他的妻子。"据《说文解字》:"宫,室也。"[2] 又据《经典释文》:"古者贵贱同称宫。秦汉以来,惟王者所居称宫焉。"[3] 由此可见,"宫"之本义乃"房屋、房室"的统称,自秦汉以后才特指古代帝王居住的宫殿。《易经》文本大致成书于殷末周初,距秦汉甚远,因此英译原文时当取其本义。理雅各译文取"宫"之引申义,译为"palace"(宫殿),实为不妥。

（3）句读。我国古代的文献典籍往往没有标点,不同的句读会对同一原文产生迥然各异的理解,即便是本土读者对《易经》文

---

① James Legge, *The Yi King, The Sacred Books of the East*, Vol. xvi, Oxford: The Clarendon Press, 1882, p.162.

② （汉）许慎撰,（宋）徐铉校定,王宏源新勘《说文解字（现代版）》,社会科学文献出版社,2005。

③ （唐）陆德明:《经典释文》,中华书局,1983。

本的句读也会经常产生分歧，因此，译者对任何一句话的歧异句读都可能会导致语义的天差地别。如《小过卦》九三："弗过防之从或戕之凶"。卫礼贤、贝恩斯译本："If one is not extremely careful, somebody may come up from behind and strike him."① 意为："一个人若非极其小心谨慎，别人便会从后面攻击他。"《小过卦》讲批评的道理，小过，即小有过失，但如果不及时制止，极有可能铸成大错。据李镜池《周易通义》："从，通纵。戕，伤害（卫礼贤、贝恩斯译本采用）。暂时不批评的，也要防止他错误的发展，如果放纵不理，反而害了他。"② 该爻充分体现了防微杜渐的思想。根据该爻的意思，原文正确的句读应该是："弗过，防之。从，或戕之，凶。"而由卫礼贤、贝恩斯译文可以看出，译者将原文读为："弗'过防之'，从，或戕之，凶。"卫礼贤、贝恩斯将"过防"译为"extremely careful"（极其小心谨慎），采取过度的防备措施有违"易道尚中"的观念。

（4）成分省略。"省略"是古汉语中一种常见的句式，如果译者不能正确辨别或补充原文的省略成分，很容易造成误译。如《随卦》六三："系丈夫，失小子。随有求，得。"汪榕培和任秀桦译文："If you cling to a superior man, you will lose the company of an inferior man. Although you may get what you seek after, you'd better stick to yourself."③ 意为："如果你紧随君子，便会失去小人陪伴。尽管你可能得到你追求的东西，但最好是坚守自我。"《随

① Richard Wilhelm, Cary F. Baynes, trans., *The I Ching or Book of Change*, New Jersey: Princeton University Press, 1997.

② 转引自周振甫译注《周易译注》，中华书局，1991。

③ 汪榕培、任秀桦译《英译易经》，上海外语教育出版社，1993。

卦》论随从之道，《象传》曰："随时之义大矣哉！"人们应该认清时务，适时而随。但随从并不是毫无目的的盲从，人们必须坚守正道，选择正确的追随方向。"系丈夫，失小子"意思是告诫人们在随从之时要有一个恰当的抉择，即追随前者，而远离后者。"丈夫"本义指成年男子，在本爻借指思想成熟、目光远大的人物。"小子"本义指未成年的男孩，在本爻中借指思想幼稚、目光短浅之辈。原文"随"承前省略宾语"丈夫"，"随（丈夫）有求，得"意思是只有追随那些具有远见卓识的大人物才能有所收获。汪榕培、任秀桦译文不仅没有补充原文省略的宾语，而且漏译原文中不可或缺的"随"字，读者很难通过译文理解原文的真谛。

（5）语序颠倒。《易经》文本中有大量语序颠倒的变式句，译者往往不能厘清原文的成分结构而产生误解和误译。如《损卦》上九："弗损，益之。无咎，贞吉。利有攸往。得臣无家。"卫礼贤、贝恩斯将"得臣无家"译为："One obtains servants but no longer has a separate home."[1] 意为："一个人得到了一些仆人，却再也没有一个单独的家。"《损卦》阐述了"损"和"益"的辩证道理。该爻位于《损卦》的最高位，表明损削的行为已至于极点，此时不但不能继续损削于下，应反而有所增益。于其社会层面来看，当政者非但不能继续有损于民，应反而为民谋福，多做有益于民的事情，如此才能得到人民的拥戴。"'得臣'谓得天下人心归服。'无家'谓归服的人很多，不分远近内外。"[2] 显然原文中"无家"应视为

① Richard Wilhelm, Cary F. Baynes, trans., *The I Ching or Book of Change*, New Jersey: Princeton University Press, 1997.

② 金景芳、吕绍纲:《周易全解》（修订本），上海古籍出版社，2005。

"臣"的后置定语，但卫礼贤、贝恩斯译文将"无家"当作了"得臣"的并列谓语，误解了原意。

纵观中国经史子集的历史发展，不难发现，自古解《易》者"最多"，同时"最难"者亦为解《易》，《易》无达旨早已成定论，正是由于其思想的深奥、语言表达的独特，不同的学者会从不同的角度去解读《易经》，甚至会得出完全不同的结论。对于《易经》的翻译，由于中外译者不同的文化背景和对文言文理解的差异，必然会存在不同的文本解读角度和深度，但是，每一位译者都应该在译文中尽量重构《易经》的审美价值，保存经文中的文化意象，对经文的解读做到与时俱进，译文尽量通俗化，使普通的西方读者能够认识和了解《易经》的文化精神。《易经》强大的生命力来自各个时代的文人学者赋予它的与时俱进的时代意义。

第三章

《道德经》英译研究

第一节 《道德经》在英语世界的译介

《道德经》英译最早始于 1868 年约翰·查莫斯（John Chalmers）在英国出版的《对古代哲学家老子关于形而上学、政体和道德的思考》（*The Speculations on Metaphysics, Polity and Morality of The Old Philosopher Lau Tsze*），在之后的近两个世纪中，英译本已超过一百种。本章将对历史上出版的具有影响力的《道德经》英译本中的副文本现象进行线性梳理，以向读者展示西方世界《道德经》英译者们对这本中国经典的不同解读方式。有国内学者研究发现，《道德经》在英语世界的文本行旅中出现过三次大的翻译高潮：第一次翻译高潮为 1868~1905 年；第二次翻译高潮为 1934~1963 年；第三次翻译高潮为 1972~2004 年。[1] 根据作者

---

① 辛红娟、高圣兵:《追寻老子的踪迹——〈道德经〉英语译本的历时描述》,《南京农业大学学报》(社会科学版) 2008 年第 1 期, 第 81 页。

观察，从《道德经》译本出现的形式和数量来看，2007 年至今正经历第四次翻译高潮。

1. 第一次翻译高潮（1868~1905）

1868 年，约翰·查莫斯的《对古代哲学家老子关于形而上学、政体和道德的思考》在英国伦敦出版①，书的扉页尤其与众不同，译者引用了《道德经》第六十七章的"我有三宝，持而保之。一曰慈，二曰俭，三曰不敢为天下先"（Three precious things I prize and hold fast—Humility, Compassion, and Economy），下一页注有"献给尊敬的理雅各"字样。查莫斯在该书的"导论"中对《道德经》蕴含的关键思想进行了简单的介绍，其中涉及"道"的三重意思（The Way, Reason, The Word）、"无为"以及"虚""无"等概念。在"导论"之后，查莫斯特意写了一个"第三十八页注解"（Note to Page 38），提供了《道德经》第五十章的一个新译文，并表示这个译文或许比第 38 页的译文更好。②该书中只有部分章节配有简洁的注释或说明，但译者根据自己的理解为各章添加了标题。

1884 年，弗雷德里克·巴尔弗（Frederic Henry Balfour）出版了《道家伦理的、政治的以及思辨的经典》③。该书开篇的"导论"是译者于 1880 年在皇家亚洲学会华北分会上宣读的论文④，文中对

---

① John Chalmers, trans., *The Speculations on Metaphysics, Polity and Morality of The Old Philosopher Lao Tsze*, London: Trubner & Co., 1868.

② Ibid., p.1.

③ Frederic Henry Balfour, trans., *Taoist Texts, Ethical, Political and Speculative*, Shanghai: Kelly & Walsh, 1884.

④ Ibid., p.i.

"道"和"无为"进行了详尽的解读。该书译文部分选用了竖排的中文格式，英译内容夹杂着译者标示的中英文注释进行补充说明。除了对《道德经》做了英译之外，该书还附加了多部道家经典作品的英译，如《阴符经》《胎息经》《心印经》《赤文洞古经》《清静经》《鸿烈传第一段》《素书》《太上感应篇》。

1895 年，亚历山大（G. G. Alexander）的《伟大的思想家老子以及对他关于自然和上帝之表现观的英译》在英国出版。[①] 译者在该书的"前言"部分分析了先前译本对"道"的解读，并明确表达了不同意见。在"前言"之后，译者还另撰写了两篇文章《起源与祖先》《老子及其所处的时代》介绍《道德经》的历史背景。《道德经》译文之后，译者以"附录"的形式为读者提供了该书书名和 81 章内容的简要介绍。

1898 年，保罗·卡卢斯（Paul Carus）在美国出版了《老子〈道德经〉》[②]。译者在"前言"中对老子、《道德经》和书名进行了介绍，为了进一步使读者深入了解老子的思想，译者在"导论"中对老子最喜欢的 15 个观点做了详细评价。译者不仅有意为读者提供了中文《道德经》原文，还增加了 81 个章节的标题。

1905 年，梅德赫斯特·斯珀吉翁（Medhurst C. Spurgeon）在美国芝加哥出版了《道德经：比较宗教浅析》[③]。译者在该书"前言"

---

① G. G. Alexander, *Lao-Tsze The Great Thinker: With a Translation of His Thoughts on the Nature and Manifestations of God*, London: Kegan Paul, 1895.

② Paul Carus, trans., *The Canon of Reason and Virtue, Being Lao-tze's Tao Teh King*, Chicago: The Open Court Publishing Company, 1898.

③ Medhurst C. Spurgeon, *The Tao Teh King: A Short Study in Comparative Religion*, Chicago: Theosophical Book Concern, 1905.

中列出了自己在翻译过程中参考的之前出版的《道德经》译本，包括理雅各译本、巴尔弗译本、翟理斯译本、卡卢斯译本、瓦尔德译本等，而且向他们表示了感谢。译者在"前言"中还解释了将原文本分为"Metaphysical"和"Moral"两个部分的原因，并且引用了查莫斯、理雅各等的观点。译者重点介绍了"Confucianism and Taoism""Tao""The Sage""Government""Ethics"。

1919 年，德怀特·戈达德（Dwight Goddard）翻译的《老子的道与无为》①在美国加利福尼亚的 Santa Barbara 出版社出版。身为一位试图开创美国佛教运动的基督教传教士，戈达德还与铃木大拙合作完成了《楞伽经》的翻译，并出版了第一版《佛教圣经》，因此，他的《道德经》译本明显受到佛经翻译的影响，而且译本中还收录了亨利·鲍雷尔（Henri Borel）的评论（Interpretive Essays）。

2. 第二次翻译高潮（1934~1963）

1934 年，亚瑟·韦利在美国出版了《道及其力量：〈道德经〉及其在中国思想中的地位研究》②。韦利在"前言"中评价了《道德经》的几个译本，认为最好的是卫礼贤的译本，其次是卡卢斯的译本。该书长达 84 页的"导论"包含《道德经》成书的历史背景"、"享乐主义者"、"寂静无为"、"道家学说"、"语言危机"、"现实主义者"、"现实主义的神秘基础"以及"《道德经》"、"圣"、"《道德经》中的文学方法"、"作者"等内容。该书每一章之后都有译者对该章的释义，可以供读者参考。译者还在书后补

① Dwight Goddard, *Laotzu's Tao and Wu-Wei*, California: Santa Barbara, 1919.

② Arthur Waley, trans., *The Way and its Power: A Study of the Tao Te Ching and its Place in Chinese Thought*, New York: MacMillan Press, 1934.

充了六个附录，包括"中国早期的作者"、"对外影响力"、"道家瑜伽"、"时间、文本及评注"、"中国史前历史的形成"和"时间存疑"。

1944 年，威特·宾纳（Witter Bynner）在美国出版了《老子的生活之道》①。译者在该书中仅对老子及其思想做了简单介绍，译文也主要采取意译的方式，译者为每章拟了中文标题，但与内容并不是完全一致，如第二章取名为"同意"，第十一章为"太平"，第二十一章为"所有"，第三十三章为"知道"，而且有些章节题名重复，因此，这些题名可能会对读者造成困扰。

1945 年，楚大高（Chu Ta-Kao）在美国出版了《道德经新译》②。翟理斯为该书撰写了"前言"，他批评了之前的大多数《道德经》英译本，指出"尽管睿智，但偏离原文本意旨太远"。同时，他对这本首次由华裔出版的译著给予了充分肯定："如大道本身，朴实、流利，没有误入歧途。尽可能向读者展现老子的思想，让读者自己去对其深层意义进行判断。"③

1948 年，林语堂在美国纽约出版了《老子的智慧》④。译者在译文前不仅提供了"导论"，还别出心裁地增加了庄子的"前言：思想的主流"（"Prolegomena: The Main Currents of Thought" by Chuangtse）⑤。该书中，译者将译文分为七个部分（Seven Books），

① Witter Bynner, trans., *The Way of Life According to Laotzu*, New York: John Day Company, 1944.

② Chu Ta-Kao, trans., *Tao Te Ching: A new translation*, London: The Buddhist Society, 1945.

③ Ibid., p.10.

④ Lin Yutang, trans. and ed., *The Wisdom of Laotse, with an introduction and notes*, New York: Random House, 1948.

⑤ Ibid., pp. XXVIIII-XL.

每一章节译文后都配有重要观点和疑难语句的解释及评论。该书最新颖的是在译文后虚构了"老子与孔子的谈话"（Imaginary Conversations between Laotse and Confucius）[①]。

1955 年，雷蒙德·布兰克利（Raymond Bernard Blankney）在美国纽约出版了《生活之道：〈道德经〉新译》[②]。译者在该书"导论"中全面介绍了《诗经》、孔子、墨翟、商鞅与守法主义者、阴阳、《道德经》、中国的神秘主义者、《道德经》核心概念等。译文中，译者将《道德经》译为 The Poems（诗），用汉语拼音和英文为各章添加了标题。译文每一章均配有释义或评论。

3. 第三次翻译高潮（1972~2004）

1972 年，冯家福（Feng Gia-fu）与英格里希（Jane English）联合在美国纽约出版了《老子道德经新译》[③]。该书 1989 年再版时雅各布·尼德曼为其撰写了"导论"，并对《道德经》中的"道"和"德"以及其他主要概念如"无""无为""阴与阳""隐""圣""王"等做了系统阐释。每章译文后都有"注释、评论和回应"（Notes, Comments, and Echoes）。该书于 1997 年又进行了 25 周年纪念再版，英格里希为该书增添了非常多的图片和书法，使译本更具有艺术欣赏价值。

1977 年，保罗·林（Paul J. Lin）在美国出版了《老子〈道

---

① Lin Yutang, trans. and ed., *The Wisdom of Laotse, with an introduction and notes*, New York: Random House, 1948, pp.259-266.

② Raymond Bernard Blankney, trans., *The Way of Life: A New Translation of the Tao Te Ching*, New York: New American Library, 1955.

③ Feng Gia-fu, Jane English trans., *Tao Te Ching*, New York: Vintage Books, 1972.

德经〉及王弼注英译》^①。译者在该书的"导论"中比较了不同的
英译本，并指出由于对原文本的不同理解、不同句读方式或对同
一汉字的不同读音导致多种理解，《道德经》英译中误译现象很
多。^② 该译本按照王弼注本分为两个部分（第一章至第三十七章为
Book One；第三十八章至第八十一章为 Book Two），每章译文后
配有注释说明。译者还在该书的附录部分提供了司马迁的《老子
传》（The Collective Biography of Lao tzu by Ssu-ma Ch'ien）、何
劭的《王弼传》（The Biography of Wang Pi by Ho Shao）和王弼
注本与马王堆汉墓出土帛书本的主要区别（The Major Differences
between Wang Pi's Edition and the Ma-Wang-Tui Edition A and B）。

1979 年，倪清和在美国加利福尼亚出版了《老子全书》英译
本。^③ 与其他译者不同的是，译者在该书中英译了《道德经》和
《老子化胡经》，在"导论"中译者介绍了这两本经书的影响，但
译本没有注释和评论。

1981 年，本杰明·霍夫（Benjamin Hoff）在美国纽约出版了
《生活之道：〈道德经〉之精髓》^④。该书是《道德经》的摘译本，译
者没有按原章节英译，只摘选了 81 章中的 50 章内容，在选译之
后，译者还为读者提供了"道之法则今用"讲解，介绍了《道德
经》中的六个主要术语："源"、"朴"、"谷神"、"无为"、"智"

① Paul J. Lin, *A Translation of Lao Tzu's Tao Te Ching and Wang Pi's Commentary*, Ann Arbor: Center for Chinese Studies, University of Michigan, 1977.

② Ibid., pp.ix-xxiv.

③ Ni Hua-Ching, trans., *The Complete Works of Lao Tzu: Tao Teh Ching and Hua Hu Ching*, California: The Shrine of the Eternal Breath of Tao, 1979.

④ Benjamin Hoff, *The Way to Life: At the Heart of the Tao Te Ching*, New York: Weatherhill, 1981.

和"道"。

1982 年，刘殿爵（D. C. Lau）在中国香港中文大学出版了《中国经典〈道德经〉》①。译者在该书中为读者提供了两个译本，第一部分是王弼《老子注》的英译，第二部分是马王堆帛书本的英译。两部分都配有中文及中文注释。译者还在附录中讲解了"作者的问题"和"文本的本质"。

1985 年，奥斯特瓦尔德（H. G. Ostwald）在英国伦敦出版了《〈道德经〉：意义与生活之书》②。该书是 1910 年德国汉学家卫礼贤德语译本的英译。该书收录了 1910 年卫礼贤写于青岛的"前言"。译者在"导论"中介绍了《道德经》的作者、文本、历史背景、内容，还在译文后提供了几篇评论文章，包括"对老子教义的评论""论道的获得""处世智慧""国家与社会""老子以后的道家思想"。

1988 年，斯蒂芬·米切尔（Stephen Mitchell）在美国纽约出版了《带前言和注释的〈道德经〉》③。译者在"前言"中谈到《道德经》书名的翻译时，认为可以译为"The Book of the Immanence of the Way"， 或"The Book of the Way and of How It Manifests Itself in the World"， 或"The Book of the Way"，但考虑到原中文名已被广泛接受，便仍采用了"Tao Te Ching"作为译本书名。"前言"中译者还介绍了该译本的翻译方法，其中提到在翻译过程中借

---

① D. C. Lau, *Chinese Classic Tao Te Ching*, Hong Kong: The Chinese University Press, 1982.

② Richard Wihelm, *Tao Te Ching: The Book of Meaning and Life*（1910）, translated into English from German edition by H. G. Ostwald, London: Arkana, 1985.

③ Stephen Mitchell, *Tao Te Ching, with foreword and notes*, New York: Harper & Row, 1988.

鉴了《道德经》的十几种英译本、德译本和法译本，并以保罗·卡卢斯的译本为主要参照。译者还认为最诗意的、自由的翻译有时是最真实的，因此在翻译过程使用了释义、阐释和解读等方法。其译文中带有的明显禅宗思想虽然是译者的一种自我解读，但给当代西方读者带来了新的体验，并获得大量读者好评。

1989年，陈张婉莘（Ellen Marie Chen）在美国纽约出版了《〈道德经〉新译评》[1]。在该书"《道德经》简介"中，译者介绍了"《道德经》的成书时间和作者"、"作为宗教文本的《道德经》"和"《道德经》的使用和翻译"。在"《道德经》译评"部分，译者不仅在每章英译后提供了总体评论（General Comment）和详细评论（Detailed Comment），还对中文关键术语提供了英译和拼音，便于读者理解。

1989年，韩禄伯（Robert G. Henricks）在美国纽约出版了《老子〈道德经〉：以新出土马王堆〈道德经〉帛书本为底本的注译与评论》[2]。该书在扉页部分提供了费正清和陈荣捷对该书的评价："Professor Henrick's new volume has two special merits for the general reader. One is that he succinctly explains the most recent discoveries in texts of the famous classic by 'Lao-tzu.' …The second merit of the Henrick's translation is its sophistication and simplicity… [Mr.henrick's] presents a version of each line which makes comparative sense out of

---

① Ellen Marie Chen, *The Tao Te Ching, A New Translation with Commentary*, New York: Paragon House, 1989.

② Robert G. Henricks, *Te-Tao Ching: A New Translation Based on the Recent Discovered Ma-wang-tui Texts*, New York: Ballentine Books, 1989.

phraseology that to some translators has seemed incomprehensible and inscrutable." 译者在"导论"部分介绍了"马王堆出土的《道德经》帛书本"、"马王堆《道德经》帛书本与其他《道德经》文本"以及"老子的哲学"。在译文之后,译者附有中文文本、译者的评论和注释。该书在1990年和1993年分别又在英国伦敦和美国纽约现代图书公司出版了新版本。

1990年,维克多·梅尔(Victor H. Mair)在美国纽约出版了《〈道德经〉:德与道之经典》①。该书的扉页上引用了三个国家的经典之语:古印度瑜伽文献《薄伽梵歌》最后一章的核心话语"舍弃会带来至上完美的无为"、出自《道德经》第十章的"专气致柔,能如婴儿乎?"以及德国谚语"离开了正确的方向,跑得快有什么用呢?"(What is the use of running when we are not on the right way)。译者还在该书"后记"中为读者介绍"老子真的存在吗?""《道德经》及其口传背景""《道德经》书名的意思及其核心术语""道家思想和瑜伽对比""翻译原则"等内容。

1992年,迈克尔·拉法格(Michael LaFargue)在美国纽约出版了《〈道德经〉之道:英译与评论》②。译者在该书中对《道德经》原文本做了重新安排,并在"前言:读这本书的方法"中进行了说明,为了便于读者查找原文本,译者在附录中做了章节对照表。译者还在附录"阐释:解读道德经的详尽方法"中介绍了《道德经》

---

① Victor H. Mair, tarns., *Tao Te Ching: The Classic Book of Integrity and the Way*, New York: Bantam Books, 1990.

② Michael LaFargue, *The Tao of the Tao Te Ching: A Translation and Commentary*, New York: State University of New York Press, 1992.

的成书背景，分析了老子的教诲、老子思想体系和八十五个核心术语。

1993 年，斯蒂芬·阿迪斯（Stephen Addiss）与斯坦利·拉姆巴多（Stanley Lambardo）在美国出版了《道德经》[1]。该书封面上引用了加里·斯奈德（Gary Snyder）对该译本的评价："毫无疑问，这是我读过的英译本中最好的。"伯顿·沃森为该书撰写了"导论"，介绍了"古代中国"、"百家争鸣"和"《道德经》"。译文之前，译者为读者提供了关于中国书法和汉语读音的信息，并在书后列出了《道德经》中的所有关键字词。除此之外，译者在每章的译文之后选出了代表该章精髓的关键词，以中、英文两种文字和汉语拼音形式列于页脚。

1995 年，布莱恩·沃克在美国纽约出版了《老子〈道德经〉》[2]。译者在该书的"前言"中介绍了"道"、"德"以及关于老子的两种不同版本的传记。该书内容比较简单，译文既没有注释和评论，也没有参考文献。

1996 年，比尔·波特（Bill Porter）在美国旧金山用笔名"赤松"（Red Pine）出版了《老子〈道德经〉及两千年间的评论精选》[3]。译者在"导论"部分对《道德经》的成书背景、版本发展等做了介绍。最具特色的是该书将《道德经》原文以竖排中文排列

---

[1] Stephen Addiss, Stanley Lambardo, *Tao Te Ching Lao-Tzu*, Boston: Shambhala Publications, 1993.

[2] Brian Browne Walker, trans., *The Tao Te Ching of Lao Tzu*, New York: St. Martin's Press, 1995.

[3] Red Pine, trans., *Lao-Tzu's Taoteching: With Selected Commentaries of the Past 2000 Years*, San Francisco: Mercury House, 1996.

在左侧，英译排列在右侧，非常便于西方读者同时赏析原文和译文，每章都配有过去 2000 年中国历史上对《道德经》的主要评论的英译。

1997 年，厄休拉·吉恩（Ursula K. Le Guin）与西顿（J. P. Seaton）在美国波士顿出版了他们合译的《老子〈道德经〉：一本关于道以及道之力量的书》^①。吉恩在"导论"中提出，《道德经》"一部分是散文，一部分是诗歌"^②。译者在"关于此译本"一节中介绍道："该书并非译本，而是解读。我不懂汉语，全靠 1898 年卡卢斯的《道德经》译本才了解了文本。"^③

1998 年，约瑟夫·佩特拉（Joseph Petulla）在美国纽约出版了《〈道德经〉与基督教之道：新译》^④。译者从基督教的角度将该书分为两部分："《道德经》与基督教之道"和"《道德经》与基督教教义"。译者还为每章译文添加了标题，译文之后还进行了基督教思维下的《道德经》思想解读，为西方读者介绍了道家思想和基督教思想的异同。在"前言"中译者还提到，《道德经》的英译本中有两本受到明显的基督教思想影响，即 1944 年的宾纳译本和 1955 年的布兰克利译本^⑤。

1999 年，托马斯·柯立瑞在美国波士顿出版了《道家经典》

① Ursula K. Le Guin, J. P. Seaton, trans., *Tao Te Ching: A Book about the Way and the Power of the Way*, Boston: Shambhala, 1997.

② Ibid., p.ix.

③ Ibid., p.107.

④ Joseph Petulla, *The Tao Te Ching and the Christian Way: A New English Version*, New York: Orbis Books, 1998.

⑤ Ibid., p.vi.

第一卷[①]。该书中收录了《道德经》、《庄子》、《文子》（Wen-tzu）、《领导与策略之书》（The Book of Leadership and Strategy）以及《性、健康与长寿》（Sex, Health, and Long Life）五种文本的英译。书中对道家思想的历史背景和大部分章节都做了解释说明。

1999 年，林理璋在美国哥伦比亚大学出版社出版了《道与德之经典：王弼〈老子注〉新译》[②]。译者在"导论"中介绍了"《道德经》"、"王弼"、"王弼论著"、"译者之言"，而且译者还英译了王弼的《老子指略》（Outline Introduction to the Laozi, by Wang Bi）。译文的每章均配有译者的注释以及对老子观点和王弼注本的解释。

2000 年，戴维·辛顿在美国纽约出版了英译的《道德经》[③]。译者将译文分为"道经"（Tao Ching）和"德经"（Te Ching）两部分，并在"导言"中结合中国历史背景介绍了老子思想的演变。译文之后译者还提供了老子主要思想和术语的注释。

2000 年，保罗·卡卢斯在美国纽约出版了《老子的教导:〈道德经〉》[④]。译者在译文前提供了"出版商注释""导论""初版本前言""初版本导论""司马迁论老子"。译者还为译文每章添加了标题，并在每章译文后进行了注释。

同年，韩禄伯在美国哥伦比亚大学出版社出版了《老子〈道德

① Thomas Cleary, *The Taoist Classics*, vol.1, Boston: Shambhala, 1999.

② Richard John Lynn, *The Classic of the Way and Virtue: A New Translation of the Tao-te Ching of Lao Zi as Interpreted by Wang Bi*, New York: Columbia University Press, 1999.

③ David Hinton, trans., *Tao-te Ching*, New York: Counterpoint, 2000.

④ Paul Carus, trans., *The Teachings of Lao-Tzu: The Tao Te Ching*, New York: Thomas Dunne Books, 2000.

经〉：以郭店新近出土的令人惊异的文本为底本的英译》①。

2001年，莫斯·罗伯特（Moss Robert）在美国加利福尼亚大学出版社出版了《老子〈道德经〉：道之书》②。译者在"导论"中介绍了"《道德经》的书名及文本""老子与孔子""老子时代的中国""儒家、道家及其遗产"，并在译文之后的注释中对"导论"和八十一章的内容做了补充说明。

同年，乔纳森·斯塔尔（Jonathan Star）在美国纽约出版了《〈道德经〉：终极版》③。奥古斯特·戈尔德为该书撰写了简短的"导论"，对斯塔尔的译文给予了高度赞扬，认为其"与原文意思很接近，但更有深度，因为译文具有及时抓住你的生活并将其用之于生活的能力"④。

2002年，菲利普·艾凡赫（Philip J. Ivanhoe）在美国纽约出版了《老子〈道德经〉》⑤。译者在该书附录部分提供了《道德经》第一章的八个英译本，并逐行对比了汉语和英译。

2003年，鲁道夫·瓦格纳（Rudolf Wagner）在美国纽约州立大学出版社出版了《〈道德经〉的中国式解读：王弼〈老子注〉》⑥。该书最大特点是除了译文之外译者还提供了丰富的《老子注》的

---

① Robert G. Henricks, *Lao Tzu's Tao Te Ching: A Translation of the Startling New Documents Found at Guodian*, New York: Columbia University Press, 2000.

② Moss Robert, trans., *Lao Zi Dao De Jing: The Book of the Way*, Berkeley: University of California Press, 2001.

③ Jonathan Star, trans., *Tao Te Ching: The Definitive Edition*, New York: Jeremy Tarcher, 2001.

④ Ibid, pp.xiv-xv.

⑤ Philip J. Ivanhoe, trans., *The Daodejing of Lao Zi*, New York: Seven Bridge Press, 2002.

⑥ Rudolf Wagner, *A Chinese Reading of the Daodejing: Wang Bi's Commentary on the Laozi with Critical Text and Translation*, New York: State University of New York Press, 2003.

相关信息，包括："王弼对《老子》的校注""王弼《老子注》的宣传与传播""王弼《老子微指略例》：文本的哲学研究与翻译""对王弼《老子注》文本的重新构建与批评""对王弼《老子注》的翻译"。而且，译者还在译文后提供了长达 111 页的译文注释。

同年，安乐哲（Roger T. Ames）与戴维·霍尔（David L. Hall）在美国纽约出版了合译的《〈道德经〉的哲学阐释：让今生有意义》①。该书的扉页引用了《道德经》第八十一章的内容。译者在译文前为读者提供了丰富的背景知识，包括"历史的导论：历史语境"、"《道德经》的本质与应用"、"哲学的导论：相关宇宙学——对语境的解读"（其中涵盖了九个主题）、"《道德经》关键术语"及"翻译简介"。译文后还附录了《太一生水》的英译。

黄继忠也于同年在美国加利福尼亚出版了《〈道德经〉：带导论、注释和评论的英译》②。译者在"序言"中为读者介绍了"司马迁的《老子传》"和"马王堆《老子》帛书本"。译文每一章均配有注释和评论，附录为"马王堆汉墓出土《老子》：甲本和乙本"。

2004 年，尼娜·科里亚（Nina Correa）在自己制作的网站 Dao Is Open 上发表了英译《道德经》③全文，译者不仅在译文后提供了评析（Commentary），解读每章中老子思想在现代社会的启示，最具特色的是，还在评析之后又为读者进行了第二次阐释性翻译（Alternate

---

① Roger T. Ames, David L. Hall, trans., *Dao De Jing "Making This Life Significant": A Philosophical Translation*, New York: Ballantine Books, 2003.

② Huang Chichung, *Tao Te Ching: A Literal Translation with an Introduction, Notes and Commentary*, California: Asian Humanities Press, 2003.

③ Nina Correa, *Dao De Jing (The Path of Love and Happiness)*, http://www.daoisopen.com/BYNina.html.

translation），语言更为通俗易懂，但内容已经脱离于原文。

4. 第四次翻译高潮（2007~　）

2007 年，汉斯·穆勒（Hans-Georg Moeller）在美国出版了《〈道德经〉：新译本》[①]。译者在"导论"中讨论了"玄""门与窗""无与有"等一些概念，而且在附录部分提供了《道德经》不同译本的介绍，尤其对比了第十九章的译文。

同年，斯蒂芬·阿迪斯和斯坦利·拉姆巴多在美国波士顿出版了合译的《道德经》[②]。伯顿·沃森为该书撰写了"导论"。译者在"译者前言"中介绍了该译本与其他译本的四个不同方面，包括采用翻译而不是解释的方法、尽量保留原文意味、避免使用有性别之分的人称代词、直译每章的关键句并配以原文汉字。

2008 年，许约翰（Joseph Hsu）在美国出版了《〈道德经〉：文学评论性译本》[③]。译者在"导论"中介绍了《道德经》在世界范围的译介，并提出在翻译过程中汉语失去了大部分的优美、简洁以及丰富的表现力，同时评价了《道德经》的主要英译本，认为"林语堂的译本'雅致'；宾纳的译本堪称完美；韩禄伯译本是杰出的'学院派'作品"[④]。另外，译者还特意将每章汉语原文安排在左侧，右侧为英译，文后配以译者的解读和注释。

---

① Hans-Georg Moeller, *Dao De Jing: The New, Highly Readable Translation of the Life-changing Scripture Formerly Known as the Tao Te Ching*, Caru Publishing Company, 2007.

② Stephen Addiss, Stanley Lambardo, *Tao Te Ching*, Boston: Shambhala Publications, 2007.

③ Joseph Hsu, *Daodejing: A Literal-Critical Translation*, Maryland: University Press of America, 2008.

④ Ibid., p.xvi.

2008 年，韦恩·戴尔（Wayne W. Dyer）在美国纽约出版了《体验道之智慧:〈道德经〉全译及评价》①。译者不仅在"导论"中对《道德经》做了简短介绍，而且在"作者的说明"中进一步说明了自己在翻译过程中如何借鉴了乔纳森·斯塔尔的《道德经》译本，其中第 21 章采用了斯塔尔的译文。

2009 年，陈汉生（Chad Hansen）在英国伦敦出版了插图本《〈道德经〉：论和谐之艺术》②。译者在"导论"中为读者提供了"寻找老子""古代中国哲学""老子《道德经》""道家思想核心概念"等 22 个主题讨论。译文每章都增添了篇名，而且在译文后配以"章节评论"补充对各章节的理解。

2010 年，威廉·斯科特·威尔森（William Scott Wilson）在日本东京出版了《〈道德经〉：全新译本》③。译者在"导言"中介绍了"历史背景""老子与其书""翻译""道家关键术语""永生的哲学""幽默"等信息，译文分为"道"（第一章至第三十七章）和"德"（第三十八章至第八十一章）两部分。该书的附录部分是译者撰写的两篇文章《道家与禅》和《道德经与武术》，同时书后提供了全书的注释。由于对日本传统文化有深入研究，译者多次在书中将道家文化与日本文化进行比较。

2011 年，斯蒂芬·斯滕鲁德（Stefan Stenudd）在瑞典出版了

---

① Wayne W. Dyer, *Living the Wisdom of the Tao: The Complete Tao Te Ching and Affirmations*, New York: Hay House, 2008.

② Chad Hansen, trans., *Tao Te Ching: On the Art of Harmony: The New Illustrated Edition of the Chinese Philosophical Masterpiece*, London: Duncan Baird Publishers, 2009.

③ William Scott Wilson, *Tao Te Ching: A All-New Translation*, Tokyo: Kodansha International, 2010.

《〈道德经〉：老子对道的解读》①。译者不仅为每章添加了标题，提供了译者的解读，而且在"文献"中梳理了 25 个《道德经》译本，包括 21 个英译本。

2013 年，美国郡礼大学教授顾史考（Scott Cook）的著作《郭店楚简综合研究与英译》②由美国康奈尔大学东亚系出版。该书对郭店楚简进行了综合性研究，并采用集释体对其各篇订立释文、注释并英译。该书涉及郭店考古发现的性质、郭店楚墓的断代、楚简与楚文字的特征、解读楚简文本的难题与原则等问题，对于学者重视的"思孟学派"等问题均有辨析、讨论。总页数共 1200 页。该书为郭店楚简的首部英译全本。第一册包括总体导论及对《老子》甲乙丙、《太一生水》、《缁衣》、《鲁穆公问子思》、《穷达以时》、《五行》、《唐虞之道》及《忠信之道》各篇的导论及译注；第二册则包括对《成之闻之》、《尊德义》、《性自命出》、《六德》及《语丛》一至四等篇的导论及译注，以及《老子异文对照表》等附录。

2019 年，美国作家山姆·托罗德（Sam Torode）在德怀特·戈达德译本基础上，重新翻译了《道德经》，取名为《道德经——大道之书》（*Tao Te Ching: the Book of the Way*），该译本曾在美国亚马逊《道德经》类图书排行榜排名第一。译者采用诗歌形式的语言翻译，并为每个小节设计了标题，如"何为道""对立""克制"等，如同一首首小诗，语言浅显易懂，适合现代读者阅读。

---

① Stefan Stenudd, *Tao Te Ching: The Taoism of Lao Tzu Explained*, Malmo:Arriba, 2011.

② Scott Cook, *The Bamboo Texts of Guodian: A Study and Complete Translation*, Cornell University East Asia Program, 2013.

第二节 《道德经》译本的副文本价值

"副文本"概念是由法国当代诗学和叙事理论研究者杰拉德·热奈特（Gérard Genette, 1930~2018）首先提出的。副文本包括标题、副标题、互联型标题、前言、跋、告读者、前边的话、插图、插页和其他附属的言语和非言语标志，它们为文本提供了一种丰实的生态环境和氛围。副文本因素能为文本提供一种氛围，为读者阅读正文本提供导引，参与正文本意义的生成和确立。同样的，一个完整的译本不仅仅包括正文本，也包括了各种副文本因素。对于一个译本来说，副文本因素参与了、丰富了，甚至阐释了该译文正文本的意义。正如 Ieklar Koqak 所说："副文本对于翻译研究来说有至关重要的意义，因为副文本是将作者、译者、出版商和读者联系起来的重要纽带。"① 多元系统理论的领军人物之一吉迪恩·图里（Gideon Toury）把译作的序言跋语（statements made by translators）看作重构翻译规范的重要超文本（extra-textual）资源。② 罗马尼亚比较文学家迪马（Dima）认为译序和译者的前言"包含着译者对原作的评价，对作者的介绍，连同译作一起都是促进文学联系的一个因素，也是历史比较研究的一个材料来源"③。

---

① Ieklar Koqak, *Problematizing Translated Popular Texts on Women's Sexuality: A New Perspective on the Modernization Project in Turkey from 1931 to 1959*, Ph. D. Thesis, Istanbul: Bogazici University Institute of Social Sciences, 2007.

② Gideon Toury, *Descriptive Translation Studies and Beyond*. Shanghai: Shanghai Foreign Language Education Press, 2001, p.65.

③ 〔罗〕亚历山大·迪马:《比较文学引论》，谢天振译，上海译文出版社，1991。

一　解读《道德经》版本

《道德经》版本问题可以说是《道德经》独有的现象，据统计，清代之前，《道德经》版本有 103 种之多。古书在上千年的传抄、刻印过程中难免出现错误，迄今为止，校订本共 3000 多种。目前，学术界较为重视的版本是王弼的版本，以及长沙马王堆出土的两个抄本，称为帛书甲本、乙本。帛书《道德经》，早王弼本 400 余年，近些年许多学者推崇帛书，但甲本缺 1400 字，乙本缺 600 字。我们今天所能见到的最早的《道德经》版本，是在湖北荆门郭店楚墓中出土的战国竹简本。历史上流传最广的版本是汉代河上公注本和曹魏王弼注本。其他重要的版本还有西汉严遵注本、唐代傅奕所校古本、唐代所刻《道德经》石幢等。在西方汉学家翻译《道德经》的过程中，参阅中国历史上《道德经》的经典注疏是理解老子思想和主要概念必不可少的一环节，这些注解直接影响了译者对文本的解读角度和诠释方法。

1. 解读郭店《老子》竹简本

韩禄伯在 2000 年出版的《老子〈道德经〉：以郭店新近出土的令人惊异的文本为底本的英译》中的"导论"①从多个方面介绍了郭店楚墓出土的竹简《老子》，其中包括："郭店楚墓发掘地点与时间""标点与章节划分问题""有趣的个案：第十九、三十、六十三章""竹简本《老子》的哲学""结束语：何谓'竹简本《老子》'"。译者将英译的《老子》分为了甲、乙、丙三部分，还提供

---

① Robert G. Henricks, *Lau Tzu's Tao Te Ching: A Translation of the Startling New Documents Found at Guodian*, New York: Columbia University Press, 2000, pp.4-24.

了三个附录:"司马迁著《老子传》""逐行对比马王堆汉墓出土帛书本甲、乙本与王弼《老子注》""标点符号和章节的划分"。

首先,韩禄伯在译本的"导论"中说明了郭店竹简本《老子》的章节划分问题。他提出,郭店竹简本中的"完整章节"与后来的版本在内容和长度上基本没什么差别,包括第二、九、十三、十九、二十五、三十五、三十七、四十、四十一、四十四、五十四、五十五、五十六、五十七、五十九和第六十六章,共 16 个章节。但是,如果考虑到郭店竹简本中仅包含老子《道德经》81 章中的 31 章内容的话,这些"完整章节"就没有多大意义了。那些比后来版本稍短的章节,包括第十五、三十、三十一、四十五、四十六和第四十八章,一般在每章的开始或结尾与后来版本出现了不一致。而由于第十五、四十五章的标点问题,诗行的主体部分也有所不同。后来的版本中某些章节比郭店竹简本增加了不少内容。如第五章,竹简本首行是"天地之间,其犹橐籥乎",而后来的版本在此行之前还有四行,其后还有两行。《道德经》乙本中第五十二章仅有两行"塞其兑,闭其门",而后来的版本在前面还有四行,后面有两行。郭店竹简本的第六十四章分为了两章出现在《道德经》甲本和丙本中,而第十七和第十八章又显然应该是一章的内容,却被分为了两章。

其次,韩禄伯在"导论"的"竹简本《老子》的哲学"[①] 部分归纳了五个老子哲学思想在竹简本中的章节分配,如"无为"思想在郭店竹简本中的六个章节有所体现,体现"无事"思想的有两章,体现"朴"思想的有六章,体现"知足"思想的有两章,体

---

① Robert G. Henricks, *Lau Tzu's Tao Te Ching: A Translation of the Startling New Documents Found at Guodian*, New York: Columbia University Press, 2000, pp.17-19.

现"知耻"思想的有两章。虽然《道德经》的主要哲学思想在竹简本中得到了保存，但韩禄伯注意到了有些思想和概念还是出现了缺失，主要包括六个方面。第一，论"道"的八个章节中，竹简本中只保留了一章（第二十五章），其余七章（第一、四、六、十四、三十四、五十一和第五十二章）均未收录。第二，竹简本完全疏漏了论"一"的五个章节（第十、十四、二十二、三十九和第四十二章）。第三，论"天道"的章节在竹简本中只保留了第九章，而其余第四十七、七十三、七十七、七十八和第七十九章都未收录。第四，由于竹简本缺失了第六十六章以后的章节，因此，"反对贵族阶层"的第七十二、七十五、七十九、八十和第八十一章也就在郭店竹简本中完全缺失。第五，讨论"女性的水特征"章节（第八、三十四、四十三和第七十八章）在竹简本中缺失；讨论"女性柔弱"的章节（第二十八、三十六、四十三、六十一、七十六和第七十八章）也在竹简本中缺失。第六，将"道"比作"母"的章节在竹简本中只保留了第二十五和第二十九章，其余第十六、二十、五十二章缺失。

最后，韩禄伯在"导论"的"有趣的个案：第十九、三十、六十三章"① 一节中，逐一分析了第十九、三十和第六十三章在竹简本中的特殊现象。他指出，第十九章在竹简本中具有非常重要的地位，第二十章的第一行"绝学无忧"与第十九章的第九和第十行一样，字数都是四个，语法模式也一样是动宾结构。但是竹简本中，第十行后紧随的是第六十六章，"绝学无忧"却出

---

① Robert G. Henricks, *Lau Tzu's Tao Te Ching: A Translation of the Startling New Documents Found at Guodian*, New York: Columbia University Press, 2000, pp.11-17.

现在《道德经》乙本第三，即第二十章的首行。① 韩禄伯还观察到竹简本的另一个关键问题，在第十九章中没有出现儒家倡导的"圣""仁""义"思想，如第一行"绝圣弃智"的"圣"字在郭店竹简本中为"辩"字，第三行的"仁""义"字在竹简本中为"伪"字和"诈"字，第七行中的"文"字在竹简本中是"使"字，因此，韩禄伯认为这些差异让人感觉竹简本有些"反儒家思想"②。

竹简本第三十章只有九行，比后来的版本少得多，韩禄伯指出，这章的形式很像"梗概"和"骨架"，只涵盖了主要的思想。③因此，他在英译中以斜体字添加了缺失的部分。如第二行"Does not desire to use weapons to force his way through the land."（不以兵强天下）之后，补充了"Such things easily rebound. In places where armies are stationed, thorns and brambles will grow, Great wars are always followed by famines."（其事好还。师之所处，荆棘生焉。大军之后，必有凶年）。第九行"Such deeds are good and endure."（其事好长）之后，补充了"When things reach their prime, they get old; We call this 'not the Way'. What is not the Way will come to an early end."（物壮则老，是谓不道，不道早已。）④

韩禄伯还发现，竹简本第六十三章共有六行，比后来的版本少了九行，仅保存了前三行和最后两行，合并了第四和第十三行，

---

① Robert G. Henricks, *Lau Tzu's Tao Te Ching: A Translation of the Startling New Documents Found at Guodian*, New York: Columbia University Press, 2000, pp.12.

② Ibid., p13.

③ Ibid., p15.

④ Ibid., p.15.

"大小多少"和"多易必多难"合并为"大小之多易比多难"。这种明显的缺失可能是誊抄时粗心而导致的,漏掉了该章主要的一枚或两枚竹简,因为"大小"两字正巧在一枚竹简的最后位置,而"多易必多难"也恰巧在另一枚竹简的开头位置,因此有可能漏掉了中间的竹简部分。[①] 韩禄伯还提到,本章缺失的第五行"以怨报德"常被用来作为《道德经》存在于孔子时代的依据,但是并不能用来证明"报怨以德"最早出现在《道德经》第六十三章。[②]

2. 解读马王堆汉墓《道德经》版本

安乐哲与戴维·霍尔合译的《〈道德经〉的哲学阐释:让今生有意义》是以 1973 年马王堆汉墓出土的《道德经》帛书本为底本的英译,译者分别在"前言"、"翻译简介"和"附录"中对《道德经》竹简本丙本的《太一生水》进行了多次解读,并且在第三十七章的中文后附有"道 二千四百廿六",第七十九章后附有"德 三千四一"字样,表明"道"和"德"两部分的字数。

在该书的"前言与致谢"部分,译者提到了竹简本中的《太一生水》,认为这一文本使用了与《道德经》类似的词汇讨论道家的宇宙观,并以之前不太可能的方式使我们了解了《道德经》的各章,因此,它可以算作对《道德经》最重要的补充。[③] 译者还特意在附录中提供了这一文本的英译"The Great One Gives Birth to the

---

① Robert G. Henricks, *Lau Tzu's Tao Te Ching: A Translation of the Startling New Documents Found at Guodian*, New York: Columbia University Press, 2000, p.15.

② Ibid., p.17.

③ Roger T. Ames, David L. Hall, trans., *Dao De Jing "Making This Life Significant": A Philosophical Translation*, New York: Ballantine Books, 2003, pp.ix-x.

Waters"(《太一生水》),并在"导论"中描述了记录这一文本的十四枚竹简的特征:从外表看,竹简的长度、捆绳的标记、总体外观、书法风格都和《道德经》丙本的其他竹简没有什么不同。[①]另外,译者在解决《太一生水》与《道德经》丙本之间的关系问题时发现了一个有趣现象,《太一生水》出现在《道德经》丙本的七个单元之中,紧跟在第六十四章的第二部分之后,并以"是以圣人……能辅万物之自然而弗敢为"结尾。最后这几句表明,在道家的宇宙观中,即使是最明智、最有成就的人也只能是辅助道的,这个道中的万物舒展,它们不会想去干涉事物的自然状态。[②]随后,译者借用刘殿爵的观点,认为在古代典籍中,保持文本一致性的常见办法就是重复使用某些汉字。实际上,我们可以用此汉字关联的方法将《老子》丙本的七个单元串联起来。第六十四章出现的"辅"字在《太一生水》的首段就使用了八次。而且,第六十四章的第二部分是唯一在竹简本的甲本和乙本中出现了两次的文本。不同的是,甲本中描写圣人的沉默能够超越宇宙之自然的语句,"是以圣人能辅万物之自然而弗敢为"这句话从内涵上来理解是存在矛盾的。[③]

译者还指出,即使《太一生水》不是《道德经》的组成部分,它至少也是第六十四章的解释性评论。《太一生水》的重要性在于它清晰地告诉我们如何理解道家的宇宙哲学,它也是最早记录中

---

① Roger T. Ames, David L. Hall, trans., *Dao De Jing "Making This Life Significant": A Philosophical Translation*, New York: Ballantine Books, 2003, p.225.

② Ibid., p.225.

③ Ibid., p.226.

国人宇宙观的文本。它不仅有助于我们理解《道德经》（尤其第二十五、三十九、四十二、五十一和第五十二章）中论述的宇宙观，也与这些章节的语言形成了鲜明的共鸣。①

二　解读道家思想核心术语

在道家思想的形成和发展过程中，老子提出的"道""德""无为""名""自然"等诸多哲学概念构成了老子哲学思想不可或缺的部分，如使用最频繁的关键概念"道"在《道德经》81章中有37章提到，累计出现了74次，"德"字也在其中的16章中出现了41次。这些代表性术语是理解老子思想必不可少的因素，在漫长的《道德经》西传过程中，西方译者不仅直接翻译这些概念，而且还尝试利用不同形式来表达自己的理解，综观西方世界的各种《道德经》英译本，超过一半的译者都在译本的"序言""导言"或专设主题对老子思想中的关键概念进行解读，通过这些资料，我们可以全面了解西方汉学家和翻译家在翻译《道德经》过程中对中国古代哲学思想的理解特点。

较早在译本中对《道德经》关键术语和概念进行解读的要算弗雷德里克·巴尔弗，他在1884年出版的《道家伦理的、政治的以及思辨的经典》"导论"中主要对"道"和"无为"做了解读。他认为，把"道"翻译为"reason"或"way"都不合适，无法准确表达其中的意思，如果把"道"翻译为"nature"或"principle of nature"会更准确。另外，他认为"无为"可以根据不同情况翻译

① Roger T. Ames, David L. Hall, trans., *Dao De Jing "Making This Life Significant": A Philosophical Translation*, New York: Ballantine Books, 2003, p.226.

为 "non-exertion"、"not-doing"、"inertia"、"absolute inaction" 或 "masterly inactivity"，但是在《道德经》中这个词应该理解为 "non-interference"，它可以理解为是这个世界上不容易习得的，但聪明的、有远见的策略。①

阐释老子思想核心术语最多的译本要属迈克尔·拉法格1992年出版的《〈道德经〉之道：英译与评论》②，译者在译文后列出了八十五个 "Topical Glossary"（核心术语），并提供了或详或略的阐释，包括《道德经》中出现频繁的词语，如："Benefits"（利）、"Ch'i"（气）、"Cosmic"（宇宙）、"Desire"（欲）、"Doing/Working"（为）、"Empty"（空）、"Harmony"（和）、"Heaven"（天）、"Mother"（母）、"Name"（名）、"Natural"（自然）、"Nothing"（无）、"Softness/Weakness"（柔）、"Still"（静）、"Tao"（道）、"Te"（德）、"Thing"（物）、"Uncarved Block"（朴）、"Wise Person"（圣人）、"Yin and Yang"（阴阳）等。

陈汉生在其插图本《〈道德经〉：论和谐之艺术》③的"导论"中介绍了《道德经》的主要术语概念，每个术语均配以汉字、拼音及英文：道 Dao（Guide, Way）；大道 Da-dao（Great Dao）；天道 Tian-dao（Natural Dao）；天 Tian（Nature, Sky）；天地 Tian-di（Heaven and Earth）；天下 Tian-xia（Below-heaven）；为 Wei

① "Here the Formula Wu Wei Must be Translated 'non-interference' —That Wise and Farsighted Policy the World is so Slow to Learn", Frederic Henry Balfour, trans., *Toist Texts, Ethical, Political and Speculative*, Shanghai: Kelly & Wlash, 1884, p.v.

② Michael LaFargue, *The Tao of the Tao Te Ching: A Translation and Commentary*, New York: State University of New York Press, 1992.

③ Chad Hansen, trans., *Tao Te Ching: On the Art of Harmony: The New Illustrated Edition of the Chinese Philosophical Masterpiece*, London: Duncan Baird Publishers, 2009.

（Deem, Do）；知 Zhi（Know）；明 Ming（Discern）；圣人 Sheng-ren（Sages）；善 Shan（Good-at）；德 De（Virtuosity）；万物 Wan-wu（10000 thing-kinds）；器 Qi（Utensil, Implement）；气 Qi（Life-force）；名 Ming（Names）；自然 Zi-ran（Self-so）；有无 You-wu（Exist-not exist）。

萨姆·哈米尔（Sam Hamill）在《〈道德经〉新译》[①]中采用了最为独特的方式对《道德经》中的 17 个核心术语进行了解读，译本中的中文术语为日本著名书法家棚桥一晃所写，译者对术语的解读深入汉字的字形结构和字面意思，每个术语均给出了多种语义的翻译，如："道"（Tao, way, path, road）、"天"（heaven, great, noble, big, very, sky, paradise）、"气"（breath, vital force, power, atmosphere, air）、"虚"（emptiness, false, untrue, vacant, insubstantial, abstract）、"德"（all-inclusive power, power, virtue）、"地"（earth, soil, place, territory, locale, position）、"不"（not, neither, to oppose）、"器"（weapons, utensils）、"动"（motion, to start, to excite, to move, to rouse, to take action）、"成"（perfection, completion, success, finished）、"圣人"（shen jen, sage）、"治"（govern, to cure, to heal, to distinguish）、"为"（do, to grasp）、"古"（ancient, old）、"知"（understand, to perceive, to know, to comprehend）、"民"（people）、"和"（harmonize, peace, conciliation）。

安乐哲和戴维·霍尔在 2003 年出版的《〈道德经〉的哲学阐

---

① Sam Hamill, trans., *Tao Te Ching: A New Translation*, Boston: Shambhala, 2005.

释：让今生有意义》①中"关键术语"部分对《道德经》中主要概念进行了或简或详的介绍，其中包括："道"（dao）、"和"（he）、"静"（jing）、"明"（ming）、"气"（qi）、"天"（tian）、"万物"（wanwu）、"无名"（wuming）、"无为"（wuwei）、"无心"（wuxin）、"无欲"（wuyu）、"无争"（wuzheng）、"无知"（wuzhi）、"心"（xin）、"自然"（ziran）。

保罗·卡卢斯在《老子〈道德经〉》的"导论"中评论了老子的 15 个代表性概念：Tao（道）、Chiun（君）、Teh（德）、Wei wu wei（为无为）、Requite Hatred with Goodness（报怨以德）、Simplicity（朴）、Emptiness（空）、Rest and Peace（和平）、Silence（不言）、Tenderness and Weakness（柔弱）、Compassion（慈）、Lowliness or Humility（下）、Thrift（俭）、Return Home to Tao（返）、Heaven's Impartiality（天道无亲）②。

布兰克利在《生活之道：〈道德经〉新译》③的"导论"中重点介绍了《道德经》的 10 个核心概念："道"（Tao）、"德"（Te）、"为无为"（Wei wu wei）、"自然"（Tzu-jan）、"朴"（P'o）、"不恃"（Pu Shih）、"无名"（Wu ming）、"爱"（Ai）、"圣人"（Sheng jen）、"天"（Tien）。

---

① Roger T. Ames, David L. Hall, trans., *Dao De Jing "Making This Life Significant": A Philosophical Translation*, New York: Ballantine Books, 2003.

② Paul Carus, trans., *The Canon of Reason and Virture. Being Lao-tze's Tao Teh King*, Chicago: The Open Court Publishing Company, 1898, pp.13-22.

③ Raymond Bernard Blankney, trans., *The Way of Life: A New Translation of the Tao Te Ching*, New York: New American Library, 1955.

本杰明·霍夫在《生活之道:〈道德经〉之精髓》①中"道之法则今用"一章详细阐释了《道德经》中的六个关键词:"The Source"（源）、"The Uncarved Block"（朴）、"The Spirit of the Valley"（谷神）、"Wu Wei"（无为）、"Tz'u"（智）、"The Way"（道）。

赫里蒙·莫勒（Herrymon Maurer）在《众道之道》的第一章"经之现在性"②中对《道德经》的六个核心术语进行了解读,包括"The First Dropout"（最早的离经叛道者）、"The Failure of Success"（成功中的失败）、"Nothing-Doing"（无为）;"Nothing-Knowing"（无知）、"Nothing-Wanting"（无欲）、"The Success of Failure"（失败中的成功）。

维克多·梅尔在《〈道德经〉:德与道之经典》③的"后记"为读者提供了"标题与核心术语解析",其中包括《道德经》中的九个术语:"The Way"（道）、"Integrity"（德）、"Classic（Ching）"（经）、"Vital Breath"（气）、"Being, Nonbeing（Yu, Wu）"（有、无）、"Nonaction（Wu-wei）"（无为）、"Unhewn Log（P'u）"（朴）、"Reversal, Return, Renewal（Fan, Kuei, Fu）"（反、归、复）、"Nature（Tzu-jan）"（自然）。

① Benjamin Hoff, *The Way to Life: At the Heart of the Tao Te Ching*, New York: Weatherhill, 1981.

② Herrymon Maurer, trans., *Tao: The Way of the Ways*, New York: Schocken Books, 1982, pp.1-42.

③ Victor H. Mair, trans., *Tao Te Ching: The Classic Book of Integrity and the Way*, New York: Bantam Books, 1990.

　　黄继忠在《〈道德经〉：带导论、注释和评论的英译》[①]中的"注释和评论"部分对《道德经》中每章出现的主要术语做了详尽的补充，如：根据《说文解字》理解了"玄"的定义以及老子哲学被称为"玄学"的由来；分析了在治理国家上"无为"的含义；解读了"行不言之教"和"不言而善应"中"不言"的意思；讨论了人们对"天地不仁"中"不仁"的误读；分析了第十九章中的"朴"；对比了帛书本甲本和乙本中"恬淡"的不同解读；从《道德经》语境理解"自化"中"化"的特殊意思；从"双关"修辞手法角度解读了"心"。

三　解读老子哲学思想

1. 理雅各对"道家体系"的评估

（1）丰富的副文本资源

　　19世纪英国传教士、汉学家理雅各以译介中华经典享誉西方汉学界，其译本的最大特色即是那些长度远远超过译文的译序（Preface）、前言（Prolegomena）、绪论（Introduction）和注解，如他的代表性儒家典籍英译《中国经典》（*The Chinese Classics*）就提供了超过100页的"Prolegomena"（Prolegomena源于希腊语，意为"写在前面的话"，类似"序""前言"等）。理雅各翻译的《道德经》收录于由缪勒主编，牛津大学出版社于1879~1910年印行的大型英文出版物《东方圣典》第三十九卷。《东方圣典》由五十册组成，集合了印度教、佛教、儒家、道教、琐罗亚斯德教（拜火教）、耆那教

---

① Huang Chichung, *Tao Te Ching: A Literal Translation with an Introduction, Notes and Commentary*, California: Asian Humanities Press, 2003.

及伊斯兰教的经典。参与《东方圣典》英译工作的，包括缪勒本人，有二十多位东方学者。翻译汉语著作的是理雅各，他分担的部分称为《中国圣典》（*The Sacred Books of China*），集合了儒道两家的诸多经典，儒典包括《书经》（《尚书》）、《诗经》的宗教部分、《孝经》、《易经》及《礼记》，道典包括《道德经》、《庄子》及《太上感应篇》。其中理雅各翻译的《道德经》中既有 11 页的 "Preface"，还有长达 44 页的 "Introduction"，其内容亦颇可观。这些副文本都是译本不可忽视的重要组成部分，也是读者详细了解经文背后历史、人文、宗教等的重要资源。

（2）解读文献选择的"序言"

《东方圣典》中第 39、40 卷集中收录了理雅各 1890 年译出的《道教文本》，译本的序言部分基本反映了理雅各对中国除儒教之外最大本土宗教道教的论断和学术观点。"序言"[①] 首先介绍了该书的构成，主要包括三个文本：老子《道德经》、《庄子》和《太上感应篇》，其中《老子》和《庄子》的前 17 篇收在第 39 卷，《庄子》后 16 篇、《太上感应篇》和 8 篇附录收在第 40 卷，8 篇附录主要是道家稍晚时期的经籍《清静经》、《阴符经》、《玉枢经》、《日用经》、《林西仲对庄子篇章的分析》、《庄子各篇故事及寓言》、《隋代薛道衡〈老子碑记〉》和《苏轼〈庄子祠堂记〉》。从文本选择来看，《太上感应篇》之所以入选，是因为理雅各把它当作秦以后道教文献的总代表，但是，如果与 19 世纪中期欧洲首屈一指的汉学家儒莲翻译的长达 500 页的《太上感应篇图说》来比，理雅

---

① James Legge, "Introduction", in *The Tao Teh King, The Sacred Books of the East*, vol. xxxix, Oxford: Oxford University Press, 1891, pp.1-44.

各仅十几页的译文则是小巫见大巫，也许是因为他只看重该书反映
"11 世纪道教的道德伦理面貌"①的范本价值。

（3）对《道德经》和老子思想评介

在《东方圣典》第 39 卷的序言部分，理雅各开辟了一个独立
章节"'道'的含义与道教主要信仰"来解读老子的思想，理雅各
特别强调必须将《道德经》和《庄子》中所表现出来的"纯正的
哲学及伦理思考"，即"道家"，与后世"更普通、更世俗"的宗
教，即"道教"，区分开来。对道教，理雅各认为，"在公元 1 世
纪佛教引入中国之后，道家才演变为一种宗教，才有了自己的道
庵、神像和仪俗。正因为如此，道教才保留了其迷信的一面。现
在我们看到的道教已不再是老子和庄子思想的延续，而沦为了佛
教的'附庸'"。②理雅各对"道"的理解受到了庄子思想的启发，
认为"道"作为一种现象，并非一种积极形式，而是一种生存模
式。最好的翻译办法就是将其直接转换，而非在英语中寻找对等的
词汇。③

理雅各在解读完"道"之后，又从西方宗教角度分析了道教中
"天"的概念，认为在中国人心目中，"天"是一种形象的比喻，类
似于西方的上帝（Supreme Being），因此，认为中国圣人中也有
上帝的概念，也为其取名"帝"或"上帝"。道家思想中就存在这
种超越其他的"至圣"形象，在《道德经》第四章出现了与"上

---

①　James Legge, "Introduction", in *The Tao Teh King*, *The Sacred Books of the East*, vol. xxxix, Oxford: Oxford University Press, 1891, p.xi.

②　Ibid., p.33.

③　Ibid., p.15.

帝"类似的"帝",老子曰:"吾不知谁之子,象帝之先。"① 理雅各更是引用庄子的观点来充分解释"道"的含义,尤其在理解"天道"和"人道"时,他认为庄子比老子理解得更全面,如在《庄子·在宥》中,庄子说:"何谓道?有天道,有人道。无为而尊者,天道也;有为而累者,人道也。主者,天道也;臣者,人道也。天道之与人道也,相去远矣,不可不察也。"②

理雅各发现儒家思想中"天"的概念与道家思想的"天"具有明显的不同,在道家思想中,"天"带有一种"宁静"的色彩,并附有"道"的巨大功能,因此,把"天"翻译为"上帝",无法反映道家思想的真实含义,如翟理斯在翻译《庄子》的时候就以"God"指代"天"的概念,相比之下,巴尔弗将其处理为"Nature"(自然)就更合理一些。翟理斯试图从英语中找出汉语的对等概念,如果两种语言之间的确存在这种情况的话,这种方法应该很有效,但是,实际上却很难实现。中文"天"对应的英文是"Heaven"(天),但儒家用"天"象征圣人,也表示"帝"和"上帝",因此,译者会在阅读儒学经典时将"天"理解为西方的"God"。但是,无论老子还是庄子都没有为这个概念赋予"God"的意思,因此,用"God"来翻译"天"会使西方读者无法真正理解其中的含义。③

对于理雅各来说,《道德经》中还有很多内容是无法理解的,

① James Legge, *The Tao Teh King, The Sacred Books of the East,* vol.xxxix, Oxford: Oxford University Press, 1891, p.16.

② Ibid., p.16.

③ Ibid., p.17.

如他认为第五十章很难接受，"盖闻善摄生者，陆行不遇兕虎，入军不被甲兵；兕无所投其角，虎无所用其爪，兵无所容其刃。夫何故？以其无死地。"以及第五十五章，"含德之厚，比于赤子。毒虫不螫，猛兽不据，攫鸟不搏。"道教的这些观点与一般人的生活观察和经历相违背，让人惊诧。[1] 理雅各还对道家"反对积累知识"的观点提出了明确的批判，认为人类进步是一种自然规律，这个过程需要培养判断力和公正力，道德必须高于物质，人在德行上的提升要优先于科学的进步，这样才能分辨善恶是非，儒家也教育百姓以古人的价值标准为道德模范。老子学派把自己固封于未知的史前领域，不仅没有进步，反而倒退，而且如今的道教退化得更严重。[2]

　　理雅各在这两卷的"序言"和"绪论"部分有意将《道德经》与《庄子》一起讨论，他发现这两部古代道家经典文本表达了一种单一的"思想方案"，这一方案最早是由老子于公元前6世纪以书面形式记录下来的，后又由庄子于公元前4世纪为其"作了创造性的辩护"。不仅如此，庄子的文学才能令人印象深刻，他的"那些让人愉悦的"寓言式的叙述方式，几乎是"令人难以置信的，常常是诡异而近于荒诞"。尤其是，这两部古代著作的纯粹冥思式的思想体系，与后来发现的宗教那种"平常的意识"迥然不同。[3]

---

① James Legge, "Introduction", in *The Tao Teh King*, *The Sacred Books of the East*, vol. xxxix, Oxford: Oxford University Press,1891, p.25.

② Ibid., pp.29-30.

③ Ibid., pp.xi-xii.

理雅各对道家的早期思想体系也提出了自己的研究结论，他指出："在老子之前就已经存在道家思想，而且在老子撰写《道德经》之前，其中所教谕的思想学说已经有公开传播了。""无论道家还是儒家，我们都应将其源起归结于更早的时期，而不是那些名人所生活的年代。"① 这种观点深受缪勒关于"神话般"或"神秘的"口语传统的赫尔德式观念影响，并试图应用于研究中国古代思想的形成。理雅各在解释古代道家"思想方案"的时候，引用了他发表在《大英评论季刊》上的论文，其中重点探讨了老子和庄子的"形而上学"命题。首先，理雅各回顾了西方对于"道"的意义做出过的阐释并进行了评论，他从自己当初乐于将"道"翻译为"Course"的观点做了反思，认为"道"不同于儒家经典思想中的"天"，它并非一种"绝对实际的存在"。更合适的理解是，"道"应该是一种进化的"存在形态"，这表明"在道中可能不存在创作的思想"，而且"不可能找到一个确切的等替物"，"在翻译过程中，应对这个问题的最好方法就是将其转移到译本中，而不是极力去从英语中寻找一个等替物"②。其次，理雅各还解释了他对《道德经》中"天"的用法和意义的看法。他发现，无论是在老子还是庄子的著作中，这个术语从来都没有表示"上帝"的意思。这显然是在表达对翟理斯将《庄子》中的"天"翻译为"God"的反驳，他这样评价翟理斯的做法："最糟糕的是他在翻译过程中违反了只使用'严格等替物'的翻译原则，他在他的《庄子》译本中又常出现

① James Legge, *The Tao Teh King, The Sacred Books of the East*, vol.xxxix, Oxford: Oxford University Press, 1891, pp.1-4.

② Ibid., p.15.

'上帝'这一伟大名字，这无疑是难以洗刷掉的'污点'，因为将'道'翻译为'上帝'，比巴尔弗将其翻译为'自然'（Nature）还要糟糕。"①

2. 查莫斯译本"导论"对老子形而上学的解读

约翰·查莫斯在《对古代哲学家老子关于形而上学、政体和道德的思考》一书的"导论"中首先分析了老子的地位。他把老子称为中国的哲学家，而且指出如果孔子获此殊荣是因为所处的时代环境，老子则是凭他深邃的思想。查莫斯认为，作为一个辩论家、一个精通礼仪的专家、一个文学家，孔子能够胜出他那个时代的人，但从思想的深度和独立性方面来说则比不上老子。可能正是由于老子思想的独立性，他比孔子要走得更远。老子能够深入其他人无法跟随也无法理解的领域和深度，尽管他有时也会迷茫，但可以肯定地说，他有时也是很成功的，能够"怀玉"（a jewel in his bosom）而归。②

查莫斯在"导论"中讨论了老子的形而上学，他认为老子对于"神"是没有概念的，就如同宗教诗人约翰·弥尔顿一样对神的特性一无所知。根据弥尔顿的《失乐园》，天使和凡人的心灵都是被创造出来的，由供养"我"的身体一样的东西创造出来的。这也是老子创立的道家的宗旨，由此产生了关于长生不老的荒谬的胡言乱语，以及一个人完全进入"精神"世界，甚至虚空状态的途

---

① James Legge, *The Tao Teh King, The Sacred Books of the East*, vol.xxxix, Oxford: Oxford University Press, 1891, p.17.

② John Chalmers, trans., *The Speculations on Metaphysics, Polity and Morality of The Old Philosopher Lao Tsze*, London: Trubner & Co., 1868, p.vii.

径。^① 但是，另一方面查莫斯在《道德经》第六章中读到了"神"（谷神），天与地的源泉（玄牝之母）就是"神"，如果老子将个体的神当作最高的存在，而不是在它之前放置一个不定的、非人的、无意识的"道"，可能大多数读者就更容易接受了。^② 查莫斯认为，老子的形而上学偏离了真理和常识，他的大部分思想只是疯狂的诗歌而已。老子是一个充满诗意的而非具有科学思想的大自然观察者，他不清楚山谷中的泉水来自哪里，就说它来自"虚无"（nowhere, nothing），泉水永远流淌，在老子看来，这是一种象征，一种一切存在事物的象征，它从虚无中不断涌出。但"永恒之道"并非存在其中，而是"处于沉睡着的任一种可能"。^③

查莫斯认为，《道德经》第二十七和第七十四章中论述"善人"和"不善人"的观点是带有基督教特征的，而且引用了第二十七章的观点："故善人者，不善人之师，不善人者，善人之资。不贵其师，不爱其资，虽智大迷，是谓要妙。"^④ 在讲到第六十三章的"报怨以德"（Recompense injury with kindness）时，查莫斯提出，虽然孔子曾引用过，但他并不赞同，因此，在《论语·宪问》中，孔子说"何以报德？以直报怨，以德报德"^⑤。查莫斯还提到，老子所处的位置比孔子高，孔子总是从学者或者官员的角度说话，而老子走向了另一个极端，他看到了那个时代教育和政府的空虚，因此极

---

① John Chalmers, trans., *The Speculations on Metaphysics, Polity and Morality of The Old Philosopher Lao Tsze*, London: Trubner & Co., 1868, pp.xiii-xiv.

② Ibid., p.xiv.

③ Ibid., pp.xv-xvi.

④ Ibid., p.xviii.

⑤ Ibid., p.xviii.

端地批判教育体制、司法系统、所有官衔和所有行政官员。正是在这些问题上，老子提出了"无为"（non-action）和超越现实束缚的"自然状态"（spontaneity）理论。①

3. 巴尔弗译本"导论"对老子哲学的阐释

弗雷德里克·巴尔弗在《道家伦理的、政治的以及思辨的经典》的"导论"中，详细解读了老子的道家思想。"道"字在某些情况下会被翻译为"reason"，具有宗教的含义；翻译为"way"，则需要从词源学和哲学角度来理解。巴尔弗认为这两种翻译并不能表达"道"的准确意思。如果用代数符号来表示："道"就是 x，是我们需要去探寻的未知数。我们首先要搞清楚这个神秘的东西有什么预示，它是什么样的，它有什么属性，在哪儿能找到它，它向哪里扩展，它是如何生存的，它具备什么功能。然后，我们就能找到自己的位置，回答这些具体问题，为那些无名的东西命名。②

巴尔弗在解读老子思想"道"的含义时，借用了大量淮南子和庄子的观点。如在提出"道是什么？"这个问题后，他从《淮南子·道应训》中节选了部分内容以淮南子的口吻进行了回答："'道'包裹天地，它无边无界，无法丈量其高，无法探测其深，它揽宇宙于怀，赋予有形以无形，它充斥于整个空间，蕴含阴阳，将宇宙与岁月凝聚，为太阳、月亮、星星提供光明。"③巴尔弗表示，人们把无法命名的一种力量叫作"自然"，这也是早期道家思

---

① John Chalmers, trans., *The Speculations on Metaphysics, Polity and Morality of The Old Philosopher Lao Tsze*, London: Trubner & Co., 1868, p.xviii-xix.

② Frederic Henry Balfour, trans., *Taoist Texts, Ethical, Political and Speculative*, Shanghai: Kelly & Walsh, 1884, pp. I-II.

③ Ibid., p. II.

想的核心。如果把"道"翻译为普通的"Nature"或"Principle of Nature"，人们就比较容易去研究这门美丽的哲学了。道家主要的目标是保护人与生俱来的天性，它是自然赋予的直接礼物，也可以说是自然本身的一部分。如何去实现这个目标呢？模仿大自然母亲。自然永远不会抗争，因此，圣人也应该避免抗争；自然从来都是不主动的，因此，圣人应该顺其自然，学会满足；野心、算计、仇恨、贪婪这些向外攀缘的思想会完全打乱、摧毁人的原始本性，因此，我们要彻底断绝它们。即便是一般意义上的伦理道德，如仁慈、公正和礼节，也要受到批评。自然的成长需要的是无为，所有圣人只需要使自己与自然完美一致。①

巴尔弗将"道"的理解延伸至了自然主义理论，指出除了不受打扰的静止和沉默，"道"还包括"任其自然"和"不刻意"的含义，即使是严格遵守无为原则也会损失"道"的美德。② 一个人既要无激情，也要无行动；他必须接受周围环境带来的影响，舍弃工作中甚至积极的想法；他要摒弃内心的所有欲望；抛弃任何计划；不要去设想未来的紧急情况，只需根据可能出现的任何情况来调整自己。道家的圣人们批评过度的法制，指出那种所谓的"温情派政府"的杂乱系统正是引起混乱无序和带来毁坏的根本原因。圣人还说，不要为了为而为，不要去做那些没有必要的事情，要让人民自己发展自己的资源，感知通往宁静和成功的道路。这样人民就会对命运满意，国家也能避免阴谋、纠纷和灾难。幸福的秘诀在于宁

---

① Frederic Henry Balfour, trans., *Taoist Texts, Ethical, Political and Speculative*, Shanghai: Kelly & Walsh, 1884, p. IV.

② Ibid., p. VI.

静、简单和满足，获得这些的唯一途径就是使自己的身体、情感、智力和意志与自然保持完全一致。①

4. 亚历山大译本"前言"对"道"的辩论

亚历山大在《伟大的思想家老子以及对他关于自然和上帝之表现观的英译》的"前言"中，对理雅各译本、《道德经》德译本中对"道"的阐释进行了梳理，并表达了自己对"道"的理解，而且明确自己翻译《道德经》的主要原因是以前的译本对"道"的理解都是错误的，很容易误导读者认为老子的伟大目标是在"道"的名义下去重建一种信仰，这种信仰已经变得很模糊，缺少能量。② 亚历山大在译本中将"道"翻译为"God"，解释说尽管这么做会受到严厉的批评，但他是经过深思熟虑的。之前各种对"道"的翻译处理都没有准确表达出这个字的感觉，偏离了老子赋予"道"的意义。亚历山大明确表示："在我们的语言中哪个词最适合用来表达这个具有那些美德的存在，答案一定是'God'，此外别无它词。"③亚历山大找到了与其观点一致的冯·斯特劳斯（von Strauss），并大段地复述了斯特劳斯在其《道德经》译本的"导论"中对"道"的解读。

5. 卡卢斯译本"前言"对老子观点的解读

保罗·卡卢斯在《老子〈道德经〉》的"前言"中指出，老子《道德经》中包含了很多令人惊异的与基督教思想和观点相同

---

① Frederic Henry Balfour, trans., *Taoist Texts, Ethical, Political and Speculative*, Shanghai: Kelly & Walsh, 1884, p. IV.

② G. G. Alexander, *Lao-Tsze The Great Thinker: With a Translation of His Thoughts on the Nature and Manifestations of God*, London: Kegan Paul, 1895, p.x.

③ Ibid., p.xiv.

的内容。不仅术语"道"与希腊术语"逻各斯"（Logos）十分接近，还有老子"报怨以德"的伦理观点。老子认为人要像婴儿一样，回归原始的简单和淳朴，抛却抵抗，坚持无为。① 卡卢斯还从汉字的构成特点分析了"道"，他指出，"道"字由两个字构成，即"走"和"首"，描绘的是"向前走"。其中最根本的意思是"路"，在英语中可以表示为"path"和"method"。从方法上来看，"道"这个字的意思是"准则"（principle）、"理性"（rationality）或者"道理"（reason）、"真理"（truth），即德国神秘主义者所谓的"Urvernunft"。此外，"道"还有"理性的演讲"或"话语"的意思，从这个意思来讲，它与希腊语"Logos"意思很接近，因此，除了哲学上的意义之外，"道"还涉及中国人的宗教，就如同"逻各斯"对于柏拉图学派和希腊的基督徒一样。② "道"在表示"话语"和"道路"的时候，其宗教意思和《新约》中的一些表述是一样的，如"第四福音"的第一首诗"话语为其始"（In the beginning was the Word），《约翰福音》第十四章中"我是道路，是真理，是生命"（I am the way, the truth, and the life）。在这两个文本中，"道"的最佳翻译是"word"、"way"和"truth"。

卡卢斯还发现，尽管"道"是个抽象的哲学概念，似乎与对上帝的信仰不相容，但在《道德经》中老子却反复提及"上帝"，如：第一次将"道"与上帝相提并论是在第四章，称"道"为"似万物之宗"（the arch-father of the ten thousand things）和"上帝"（the

---

① Paul Carus, trans., *The Canon of Reason and Virtue, Being Lao-tze's Tao Teh King*, Chicago: The Open Court Publishing Company, 1898, pp.8-9.

② Ibid., pp.13-14.

Lord）；在第七十章，老子称"道"为"言之宗"（the ancestor of words）与"事之君"（the master of deeds）；在第五十二章他宣称"以为天下母"（Reason becomes the world's mother）；在第七十四章把"道"比作"代大匠斫者"（the great carpenter who hews）。所有这些，与基督教思想中将上帝看成君主、父亲、石匠一样，都是比喻性的说法。①

在解读老子的"为无为"观点时，卡卢斯指出，中文的"为"既有"做事"的意思，也指"行动""炫耀""摆姿势""卖弄"等意思，如果不是老子思想中的道德元素的话，"为无为"可以翻译为"to do without ado"或"to act without acting"，但自我炫耀和以我为中心的虚荣心是老子所谴责的，因此，"为无为"应该译为"acting with non-assertion"，这也是在上下文中显而易见的，没必要从神秘和静寂的角度来解释它。② 像"为无为"这种难以理解的逻辑，卡卢斯认为，这是老子《道德经》中的一种悖论现象，还有如"知不知"（know the unknowable）、"病病"（be sick of sickness）、"事无事"（practice non-practice）、"味无味"（taste the tasteless）、"行无行"（marching without marching）、"无状之状"（the form of the formless）、"无物之象"（the image of the imageless）等，这些概念如同康德所谓的"纯粹形式"，即非物质或理想的形式，与佛教词"arupo"相关，是相对于"无形的""无躯体的"来说的。③

---

① Paul Carus, trans., *The Canon of Reason and Virtue, Being Lao-tze's Tao Teh King*, Chicago: The Open Court Publishing Company, 1898, p.22.

② Ibid., p.16.

③ Ibid., p.19.

6. 韩禄伯译本"导论"对老子哲学的解读

韩禄伯在《老子〈道德经〉：以新出土马王堆〈道德经〉帛书本为底本的注译与评论》①的"导论"中以"老子的哲学"为题介绍了《道德经》中老子的三个主要哲学思想："道"、"回归道"和"健康、长寿与不朽"。

首先，韩禄伯指出，解读老子哲学的基本点是理解"道"，"道"也是老子对终极现实的命名（尽管他在第二十五章中提到"吾不知其名，字之曰道"）。对于老子而言，"道"存在于一切其他宇宙生命之前，并孕育所有的生命。从某种意义上来说，"道"就如同一个巨大的子宫：空空如也，恒常不变；从另一个方面来说，它蕴含着种子和胚胎一样的万物，如婴儿从母体诞生一样，万物从"道"中产出。但是，"道"又不仅仅是简单地孕育生命，之后还将继续在每个个体中以能量和力量的形式显现，这种不断运动着的力量促使万物在自然的方式下生长。蕴含在万物中的"道"就是道家所说的"德"。但是需要注意，在老子的文本中，"德"有两种不同的意思，一种指蕴含在万物之中的生命能量（如第五十五章），另一种似乎是指道德意义上的美德（如第三十八章），这一点与儒家倡导的一致。②而且，韩禄伯还发现，在《道德经》中，"道"明显带有女性和母性的特征，有不少于5处提到"道"具有"母"的女性特征，如第一、第二十、第二十五、第五十二和第五十九章。"道"之无私的母性在第三十四章得到

---

① Robert G. Henricks, *Te-Tao Ching: A New Translation Based on the Recent Discovered Ma-wang-tui Texts*, New York: Ballentine Books, 1989.

② Ibid., pp.xviii-xix.

了最佳的描述;"道"的本质在第一、六、十四、十六、二十一、二十五、三十四和第五十二章有阐释。"道"孕育万物是"不可见"的,《道德经》中多次提到"无为而无不为"。"道"对于万物来说,就如同统治者之于人民,一个理想的统治者能够让其臣民健康、自由地成长,就如第十七章所说:"功成事遂,百姓皆谓:'我自然。'"。①

在谈论"回归于道"的时候,韩禄伯认为"如何回归"是个不容易回答的问题,但可以通过了解几个与《道德经》相关的问题来理解。老子想要人们回归于道的途径之一是过更简单的生活,拥有尽量少的东西。老子和道家的思想家们都清楚地认识到,对物质的占有会让人最终以"拥有"结束。一个人拥有的东西越多,烦恼就越多。正如他在第二十二章所说:"少则得,多则惑。"道家强调"知足"(know contentment, know when you have enough),而且,道家先哲认为,人们过健康、幸福、知足的生活所需要的东西远比他们自己认为的所需要的要少。② 韩禄伯观察到,《道德经》第八十章可以看作老子理想社会的蓝图:国家由小型的农社组成,中央集权最少化,每个村庄的人都满足于自己的生活,即使知道附近有其他的村庄,也并不很想去拜访。这在梅尔看来,如果这就代表了老子的理想社会,那么这种理想近似于"农耕派"(Agriculturalists)或"农家派"(Tillers)。③ 韩禄

---

① Robert G. Henricks, *Te-Tao Ching: A New Translation Based on the Recent Discovered Ma-wang-tui Texts*, New York: Ballentine Books, 1989. pp.xviii-xx.

② Ibid., p.xxii.

③ Ibid., p.xxiii.

伯从《道德经》第十六、第三十二和第四十四章中总结出："道家圣人们更看重平和、宁静、少欲和去欲。"① 并以第四十四章为例："名与身孰亲？身与货孰多？得与亡孰病？甚爱必大费，多藏必厚亡。故知足不辱，知止不殆，可以长久。"很明显，老子明白人们在一些情况下必须在货、名和身之间做出选择，但是只有那些对生和死毫不在意的人才能生活得精彩。老子对"健康""长寿"的这些观点组成了他的"不朽"哲学思想，《道德经》中"不朽"这个概念可以从两方面来理解：理论上来看，道家的神秘主义可以与印度的《奥义书》和《薄伽梵歌》中的神秘主义相提并论；文本上来看，《道德经》中第十六、第四十四和第五十九章可以告诉我们"道乃久"。②

7. 维克多·梅尔译本对道家思想的独特解读视角

维克多·梅尔在《〈道德经〉：德与道之经典》"序言"一开始就指出，《道德经》是全世界仅次于《圣经》和《薄伽梵歌》的被广泛翻译的文本。为了找到"德"的满意翻译，他思考和研究了两个月，最终从词源学和《道德经》中出现的 44 处语义综合考虑，确定了使用"integrity"来翻译。他认为，在某些情况下，"德"可以用"self""character""personality""virtue""charisma""power"来表示，但如果综观全文，用"integrity"是唯一看起来比较合情合理的选择，因为这个词包含了一个人德行的好与

---

① Robert G. Henricks, *Te-Tao Ching: A New Translation Based on the Recent Discovered Ma-wang-tui Texts*, New York: Ballentine Books, 1989. p.xxvii.

② Ibid., p.xxvii-xxix.

坏两个方面。①"序言"中梅尔还介绍了他花了二十年时间反复学习《道德经》和《薄伽梵歌》，发现两部作品之间在三个方面存在紧密的联系。第一，中国借鉴了瑜伽的体系；第二，印度也借鉴了道教思想；第三，印度和中国都曾受到第三方资源的启发。②在该书的"后记"中，译者专门还开辟了"道家思想与瑜伽"一章来比较《道德经》和《薄伽梵歌》的相似之处，其中，梅尔发现，《道德经》中并没有对"为"和"欲"之间的关系进行详细说明，而《薄伽梵歌》则表达得非常清楚，如第四章"依靠智慧舍弃有为瑜伽"一章中就有关于"有为"和"无为"的观点，而且，第十章"绝对的富裕"中的观点就是对"道"的沉思。梅尔总结出《道德经》和《薄伽梵歌》中存在非常接近的意象和用词，如《道德经》第五十四章的第六行至第七行与《薄伽梵歌》第三章的第三十八行，《道德经》第十九章第四行至第五行与《薄伽梵歌》第八章的第十二行，《道德经》第十五章的第九行至第十行似乎是从印度瑜伽中借用的观点。③

8. 刘殿爵译本对《道德经》本质的解读

刘殿爵在《中国经典〈道德经〉》一书的第一部分《老子注》英译附录中，以"《道德经》本质"为题对《道德经》的思想体系和各章节观点的关系进行了详细考证。

刘殿爵提出，战国后期的哲学著作已经不再是对某一具体思想

① Victor H. Mair, trans., *Tao Te Ching: The Classic Book of Integrity and the Way,* New York: Bantam Books, 1990, p.xiii.

② Ibid., p.xv.

③ Ibid., p.144-145.

家言说的记载,《道德经》也不例外。《道德经》具有当时韵文丰富的特色,整部书中韵文的数量超过了文本的一半。使用韵文主要是因为易于背诵,因此,当时很多学说具有模糊的特点。由于韵文是口头传诵,就没有太大的权威性,也不可能有唯一的解释,这些学说可以看作有共同思想的不同学派共有的财富。^① 刘殿爵把《道德经》看作思想上有相同倾向的人的文章汇总,并且从多个角度论证了这个观点。

首先,刘殿爵认为,编者只不过是将相关文本汇总在一起便于记忆,如果我们不了解这个事实,而将它看作一个有机的整体,就很有可能曲解原文。^② 他列举了两个句子来证明这个看法。第五章的"天地不仁,以万物为刍狗;圣人不仁,以百姓为刍狗"和"天地之间,其犹橐龠乎?虚而不屈,动而愈出",他认为前者是说天地"不仁",而后者是说天地"虚而不屈",除了都是在说"天地",前后这两句没有任何关联。同样,第六十四章中的"为者败之,执者失之。是以圣人无为故无败,无执故无失",与后面的"民之从事,常于几成而败之。慎终如始,则无败事",这两部分相同的只是都在讲事情是如何被破坏的以及如何避免,除此之外,并无密切关联的内容,前者说明"为"导致了失败而应受到谴责,因为真正的成功不需要"为",而后者是说如果一个人在"为"的过程中能够"慎终如始",就可以通过"为"而获得成功。可以看出,这两部分的观点不仅是无关联的,而且是前后矛

① D. C. Lau, *Chinese Classic Tao Te Ching*, Hong Kong: The Chinese University Press, 1982, p.133.

② Ibid., p.135.

盾的。①

其次，刘殿爵还发现了《道德经》中各章节的文本之间存在明显的关联。他认为，读者有时会觉得一个语境中出现多次的文本比放在其他语境中更合适，而有时也会觉得它同样适合其他语境，这也就证实了他之前认为这些言说是独立的、没有固定语境的推测。那些出现在不同章节的相同文本，只是形式上不同而已。如第十七章的"信不足焉，有不信焉。悠兮其贵言"（When there is not enough faith, there is lack of good faith），这句在第二十三章中也出现过，而且与上下文都没有联系，但却与第四十九章有关："信者吾信之，不信者吾亦信之，德信也"（Those who are of good faith I have faith in. Those who are lacking in good faith I also have faith in. I so doing I gain in good faith）。可以看出，这部分是倡导我们将"信"扩展至那些缺乏"信"的人，这样就能让他们转变，如果对他们"不信"则只能使他们的坏毛病变得更严重。因此，从某种程度上说，"不信者"是"不信"造成的。②刘殿爵举出了多组章节来证明这种不同章节中的相同文本现象，如第四章的"挫其锐，解其纷，和其光，同其尘"，第五十二章的"塞其兑，闭其门，终身不勤"和第五十六章的"塞其兑，闭其门，挫其锐，解其纷，和其光，同其尘"。在这里，可以认为第四章和第五十二章是独立文本，第五十六章是合并了这两部分的文本。有时，同一内容在不同章节存在形式上的少许差异，语义可能相同，也可能

① D. C. Lau, *Chinese Classic Tao Te Ching*, Hong Kong: The Chinese University Press, 1982, pp.135-136.

② Ibid., pp.136-137.

有所不同。如第二十二章中"不自见，故明；不自是，故彰；不自伐，故有功；不自矜，故长"，在第二十四章中也能读到类似的内容："自见者不明，自是者不彰，自伐者无功，自矜者不长。"显然，这两个部分是对同一事物肯定和否定的两种不同表达。而第七十章的"吾言甚易知，甚易行。天下莫能知，莫能行"与第七十八章的"弱之胜强，柔之胜刚，天下莫不知，莫能行"虽然在形式上相近，但内容上是有差异的。第七十章的"天下莫能知"和第七十八章的"天下莫不知"虽然语言形式相同，但意思正好相反。①

因此，刘殿爵认为，《道德经》实为一本文集，由不止一个人编辑而成。关于处理既存材料的方法，刘殿爵分析后认为有三种。第一种是合并两种或两种以上的先存文本。第二种是在先存文本之后提供后来的阐释性文本，如第十三章先提出观点"宠辱若惊，贵大患若身"，之后设问并做出解释："何谓宠辱若惊？宠为下，得之若惊，失之若惊，是谓宠辱若惊。"第三种是在先存文本之前提供阐释性文本，如第七十九章开头是"和大怨，必有余怨。安可以为善？是以圣人执左契，而不责于人"。后两种方式一般是先存文本采用韵文，后来的阐释性文本采用散文形式。②刘殿爵还分析了这些经过编辑的文本之间存在联系的一些线索，如"故"（therefore, thus）和"是以"（hence）这些连接词常用在连续的争论中，或用在逻辑联系最薄弱的地方。

---

① D. C. Lau, *Chinese Classic Tao Te Ching*, Hong Kong: The Chinese University Press, 1982, pp.138-139.

② Ibid., p.139.

最后，关于《道德经》出现的时间，刘殿爵认为很难得到统一的确切答案。但在分析了《韩非子》《淮南子》等一些典籍之后，他认为《道德经》应该以某种形式最迟于公元前3世纪出现，因为《道德经》中有很多思想与公元前4世纪后期和公元前3世纪前25年许多思想家的观点相关，如：人们已经发现第六十三章中的"报怨以德"就是孔子《论语》第十四章的一个被普遍接受的观点；另外，第三十六章的"将欲歙之，必固张之。将欲弱之，必固强之。将欲废之，必固兴之。将欲取之，必固与之"与《韩非子》、《战国策》和《吕氏春秋》中的观点非常相近。①

四　解读翻译过程

1. 鲁道夫·瓦格纳对比多译本

在《道德经》的注释史上，曹魏王弼的《老子道德经注》是一部重要的解经著作，王弼主要利用抽象思辨与阐发义理探幽发微，发展了老子的哲学思想，他的义理之学给汉代注疏学带来了一次革命，在经学的解读和研究上做出了重要贡献。因此，多数西方汉学家选择王弼本《道德经》为底本来进行翻译，这就为后来的译者提供了准确的对比译本。

2003年，鲁道夫·瓦格纳在美国纽约州立大学出版社出版了《道德经》的中国式解读：王弼〈老子注〉》，译者在该书中除了提供了王弼《老子注》的英译全文，还收录了四篇对王弼《老子

---

① D. C. Lau, *Chinese Classic Tao Te Ching*, Hong Kong: The Chinese University Press, 1982, p.141.

注》的研究文章，所以，该书也可以看作译者研究王弼本《道德经》的学术成果。

译者提到了另外三个以王弼注《道德经》为底本的英译本，包括 1977 年出版的保罗·林译本、1979 年阿里姆·朗姆与陈荣捷合译本和 1999 年出版的林理璋译本，对它们进行了对比和评论。瓦格纳认为，这三个译本都和真正应呈献给读者的内容有很大差别。由于英文世界有关注本的资料非常有限，三个译本都随意地忠于《道德经》那些先存的译本，比如朗姆与陈荣捷的合译本就独立于王弼注本，对王弼的注评另行翻译，而没有通过王弼的评论来解读《道德经》。这种方法会导致令人失望的后果，因为他们的翻译似乎多半是任意的，与《道德经》原文本有差距。在这方面，林理璋译本有较大不同，他的译文有努力解读的迹象，而且很多英译是成功的。他没有在译本中详细阐述自己的翻译策略，因此我们需要从他的实际翻译过程中去体会。另外，他的译本注意到了王弼注本中存在的某些问题，如《道德经》第五章的"天地不仁，以万物为刍狗"，林理璋将其翻译为"Heaven and Earth are not benevolent and treat the myriad things as straw dogs"，而将王弼的注"兽生刍，而兽食刍。不为人生狗，而人食狗"翻译为"Heaven and Earth do not make the grass grow for the sake of beasts, yet beasts eat the grass. They do not produce dogs for the sake of men, yet men eat dogs"，可以看出，译者并没有将"刍狗"解释为"刍狗"（Straw dogs），而是解读为"草狗"（Grass dogs），这其中的原因一般读者很难理解，这样翻译表明译者对文本的历史性没有做准确解读。①

瓦格纳认为,这三位译者对 3 世纪的哲学(尤其是玄学)都没有什么研究,因此,他们的译本"导论"大部分都只是对《道德经》做综合性的介绍,译本中的脚注对玄学的讨论较少,参考文献中更令人惊异地缺乏该研究领域中最优秀的研究成果,也没有提及研究某些具体问题的文献。这一问题在林理璋的译本中尤为突出,因为他的参考文献大多数都是过去 15 到 20 年间中国大陆学者的研究。缺乏对玄学思想的深度了解会付出代价的。这三位译者都把王弼的哲理性评论放在"哲学层面的道家思想"语境中去理解,虽然这样做有时是有用的,但却经常会使阐释王弼思想的原本清晰的概念变得模糊不清,使得其与"道家"的概念形成相反的局面。这三个译本都没有提供对理解《道德经》的玄学思想有帮助的文本,因而也没有为读者阅读《道德经》提供一个历史性的语境化文本。②当然,瓦格纳也强调,对已出版译本的批评不应被视为他对阅读这些译本的一种劝阻,相反,他鼓励读者将这些译本与他的译本进行批判性比较,不管读者最终判断如何,这种比较都将对深入理解这些译本中存在的问题,对它们的可靠程度,尤其是对这些译本共存而不是相对的文本的分析来说是有帮助的。

瓦格纳最后还表达了自己翻译《道德经》的目标。首先,他要对文本进行批判性重构和编辑;其次,为了丰富读者的理解,他希

---

① Rudolf Wagner, *A Chinese Reading of the Daodejing: Wang Bi's Commentary on the Laozi with Critical Text and Translation*, New York: State University of New York Press, 2003, pp.116-117.

② Ibid., p.118.

望能在翻译中融入王弼及其同时代的哲学语境，同时将其语义的开放性降至最低，分析王弼评注中采用的具体方法和分析策略；最后，从哲学角度分析该文本中的核心问题。①

2. 维克多·梅尔介绍翻译原则

维克多·梅尔在《〈道德经〉：德与道之经典》"跋"的第四章详细讲解了他的翻译原则。首先，他解释了该译本中采用威妥玛式拼音法进行"音译"的原因。这种拼音法遵循了普通话拼读的汉学标准，几乎所有图书馆都使用这种方法来分类标识中国作者、标题和主题，相比其他标注体系，威妥玛式拼音法最接近于科学化注音法。总之，以威妥玛式拼音法音译的典籍书名已经在英语国家得到广泛接受，如果将其转换为汉语拼音会给那些已经熟悉"Tao Te Ching"的读者带来障碍。梅尔以《道德经》书名中"道"、"德"和"经"三个字为例子，从发音学方面对比了汉语拼音和威妥玛式拼音。其次，在介绍翻译《道德经》过程中处理各种注疏文献时，梅尔表示，他不太信任历史上传统的评论家，因为如果读者的目的仅仅是读懂《道德经》本身，而不是评论者的哲学和宗教观点，那就很容易会被评论者误导。当然这并不是否定早期注疏家们的价值，而是提醒我们，他们的注疏往往由于资料和方法的局限存在严重的问题。② 因此，梅尔翻译《道德经》的首要原则就是尽量选用最老的文本（除非存在缺陷或被证明存在错

---

① Rudolf Wagner, *A Chinese Reading of the Daodejing: Wang Bi's Commentary on the Laozi with Critical Text and Translation*, New York: State University of New York Press, 2003, p.118.

② Victor H. Mair, trans., *Tao Te Ching: The Classic Book of Integrity and the Way,* New York: Bantam Books, 1990, p.151.

误），他为了搞清楚《道德经》各章节之间的关系，亲自按照马王堆出土版本的顺序对每章重新编号。在介绍翻译中注释的处理方面，梅尔对比了两种注释类型，一种为深度注释，另一种则为零注释。梅尔表示，他试图在这两种注释类型之间找到一种平衡，译本的注释需要满足初读者的好奇心，排除困惑，也要能满足汉学家的学术需求，译注需要安排在书的后部，避免与译文混杂在一起。另外，注释应配有与原文对应的句子或词汇，不能仅提供在原文中的序号。总之，译文需要有完整性，不需要额外解释说明。对于初读《道德经》的读者，不需要参考注解或译后语。如果读者想重读文本，并借助评注深入了解文本，则可以参阅文后注释和译后语。①

最后，梅尔明确说明了翻译《道德经》的主要目标，"提供一部全新的《道德经》英译本"②。为了实现这个目标，梅尔有意不去参考其他译本，以免受其影响。出于为那些希望了解更多《道德经》解读的读者考虑，梅尔在参考书目中列出了含有丰富注解和评论的译本。

3. 斯蒂芬·阿迪斯与斯坦利·拉姆巴多解读合译

斯蒂芬·阿迪斯与斯坦利·拉姆巴多在合译的《道德经》"译者前言"中详细介绍了他们的翻译与其他译本相比存在四个方面的独特之处。第一，该译本是对《道德经》文本的翻译，而不是对原文本的解释。他们认为《道德经》文本比较简洁，但有时又像谜

---

① Victor H. Mair, trans., *Tao Te Ching: The Classic Book of Integrity and the Way,* New York: Bantam Books, 1990, p.152.

② Ibid., p.153.

一样难以琢磨，以前的译者通常为读者提供的是文本的解释而非翻译，那些只是他们自己认为的老子所说的意思，而不是老子自己说的，因此，该译本尽可能让文本自己去表达。第二，译者认为之前的译本注重对文本的释义，因此就显得冗长，原本简洁的语言变得复杂。由于汉语单音节词的特点和缺乏时态和数量语法的特征，这种情况很难避免。因此，该译本尽可能保留语言的框架，更多使用盎格鲁-撒克逊单音节词，而不是多音节的拉丁词汇，试图保留一些原文本的风格。第三，该译本完全避免了有性别之分的人称代词。原文本中并没有人称代词"他"或"她"之分，但是之前的译者往往增添"他"指代道家圣人，这主要是由于早期的道教徒们主要是男性。但是，《道德经》常常赞扬女性精神，并且无法得知为何《道德经》不能如同适用于男性一样适用于女性，因此，译本便采用中性的人称代词。第四，译本中提供了更多的互动成分。由于原文本无法被取代，每个时代都会对《道德经》文本进行重译和重释，但每位读者应该能够有直接接触原文本的机会，因此，该译本采用了将每章的每行进行直译的方法，并配以汉语原文。①

　　译者还介绍了该译本的翻译过程，如在谈到翻译之初确定《道德经》版本的时候，之所以没有使用较早期的马王堆出土的文本，而采用了稍后出现的王弼《老子注》本，主要是因为马王堆《道德经》帛书本为了投统治者之所好，与原来的文本有很大不同，如开篇为第三十八章，而非第一章。另外，王弼《老子注》本是在中国以及全世界都广为人知的文本，而且，将第一章作为文本的开始要

----

① Stephen Addiss, Stanley Lambardo, *Tao Te Ching,* Boston: Shambhala Publications, 2007, pp.vii-viii.

比第三十八章更具有说服力，因为，先谈"道"再论"德"更符合文本的内在逻辑。①

在涉及翻译过程中如何处理《道德经》中关键词的翻译时，译者详细地从词源角度对文本中的重点汉字进行了解读，如在开篇"道可道，非常道"的翻译中，译者首先对"道""可""非""常"四个字做了单独解释，然后列出了刘殿爵、韦利、米切尔、拉法格、陈荣捷、冯家福与英格里希、楚大高、吉布斯（Gibbs）、梅尔和缪勒的十种译文进行对比，指出该译本与这些翻译的两点最大不同。首先，由于"道"这个字在整个文本中非常重要，"Tao"在英语中也经常使用，因此不需要对其进行翻译；其次，为了再现中文的简洁、节奏和力度，可以也使用六个单音节词将其翻译为"Tao called Tao is not Tao"，这样可以形成与原文一致的效果。为了读者能够详细了解《道德经》中各关键字的含义和发音，译者在该书的附录列出了多达一百多个关键字的简要解释，而且指出，对文本的阐释应该是开放给读者的，每位译者和读者都可以使文本充满活力。②

4. 保罗·林解读《道德经》语言特点

保罗·林在《老子〈道德经〉及王弼注英译》的"导论"中对《道德经》的语言特点做了详尽的解读，解读过程中他参阅历史上的各种注疏，不仅展示了古汉语的语言特点，也指出了这些特点对《道德经》的翻译具有不可忽视的影响。

---

① Stephen Addiss, Stanley Lambardo, *Tao Te Ching*, Boston: Shambhala Publications, 2007, pp.viii-ix.

② Ibid., p.xii.

林首先从汉语的语义特点入手，指出《道德经》的语言既简明
扼要，又充满了矛盾和喻义。老子借用语义模糊的语言来暗示他
要表达的意思，在强调某个因素时，通常展现与其相对因素的重
要性，如"正言若反"。老子的某个观点有时会否定自己的其他观
点，简洁但自相矛盾的语言往往使一个简单的汉字具有多种解读。
林以"以阅众甫"为例，不仅在每个字下标注了拼音和英文翻译，
还特别列举了"甫"字在十八个注本中的九种解读：河上公、王
弼、王淮等注本解读为"开始"；顾欢、范应元等解读为"起源"；
林希逸、焦竑等解读为"美"；胡汝章和黎功勤解读为"变化的过
程"；李贽、魏源、钟应梅等解读为"实体、存在"；蒋锡昌解读
为"人、人类"；马叙伦、张默生等解读为"父"；朱谦之解读为
"伟大"；吴静宇解读为"圣人"。对于这么多种解读，林认为，评
注者有太大的空间展开自己的解读，这给追寻原本的"真义"带来
了很大的困难。①

林还注意到《道德经》的断句会给内容的解读带来很大影
响，因此，参考历史上不同的注疏有助于了解经文的多样性语
义。如第一章中的"故常无欲以观其妙，常有欲以观其徼"，林
例举了王弼和河上公的断句法，即在"欲"后加逗号断句（故常
无欲，以观其妙；常有欲，以观其徼）。"欲"作名词使用，这
是一种基于人类经验或实用主义的传统解读模式。按照这种解
读，本句可以翻译为："Therefore constantly without desire, there
is the recognition of subtlety; but constantly with desire, only the

---

① Paul J. Lin, *A Translation of Lao Tzu's Tao Te Ching and Wang Pi's Commentary*, Ann Arbor: Center for Chinese Studies, University of Michigan, 1977, p.xii.

realization of potentiality"。除此之外，林还补充了王安石和高亨（《重订老子正诂》，1956）的不同断句，即逗号在"欲"之前（故常无，欲以观其妙；常有，欲以观其徼），"欲"在这里就成了动词，这种解读方式下，翻译就有所不同："Therefore constantly based on non-being, one will have insight into its subtlety; constantly based on being, one will have insight into its potentiality"。[①]

在解释古汉语代词的不确定语义现象中，林例举了《道德经》第四十九章的最后两行"百姓皆注其耳目，/圣人皆孩之"。他认为，第一行中的"其"可以指"百姓"，也可以指"圣人"，所以，这句有两种解读方式，一种是"百姓都关心自己的耳与目"，另一种是"百姓都关注圣人的耳与目"。因此，就有两种翻译结果："the people themselves take care of their own ears and eyes [i.e., are concerned with their own self desire] "; "the people look at and hear the sage [i.e., pay attention to the sage] "。第二行比较简单，即指"圣人将百姓当作孩子看待"（ The Sage regards all people as infants ）。[②] 在这里，林不仅表达了自己的理解，为了展示汉语句法对翻译造成的理解差异，还例举了另外九种《道德经》英译本对这两行的不同解读和翻译：

奥德·波恩敦译本："圣人都是孩子"（ Wise man are all

① Paul J. Lin, *A Translation of Lao Tzu's Tao Te Ching and Wang Pi's Commentary*, Ann Arbor: Center for Chinese Studies, University of Michigan, 1977, pp.xii-xiv.

② Ibid., p.xv.

children）；

阿奇·巴姆译本：“如同母亲对待孩子一样”（...as a mother regards her children）；

冯家福与英格里希译本：“像孩子一样为人行事”（He behaves like a little child）；

梅德赫斯特·斯珀吉翁译本：“圣人将每个人都当作孩子来对待”（The Holy man treats every one as a child）；

亚瑟·韦利译本：“圣人时常与孩子一样在听，在看”（The sage all the time sees and hears no more than an infant sees and hears）；

吴经熊译本：“圣人只像一个愉快的孩子一样在微笑”（The Sage only smiles like an amused infant）；

林语堂、理雅各译本：“圣人对待他们如同对待自己的孩子”（...and he deals with them all as his children）；

陈荣捷译本：“他将他们当孩子对待”（...and he treats them as infants）；

楚大高译本：“圣人如其母对待自己的孩子一样关照”（the Sage looks after as a mother does her children）。

林在最后表示，自己对第一行的解读与韦利译本和吴经熊译本一致，第二行与林语堂、理雅各译本相同。[1]

汉语的一字多音多义现象给《道德经》翻译带来的不确定性

---

[1] Paul J. Lin, *A Translation of Lao Tzu's Tao Te Ching and Wang Pi's Commentary*, Ann Arbor: Center for Chinese Studies, University of Michigan, 1977, p.xv-xvi.

也引起了林的注意，他用第八十章的第四、五行为例，指出"使民重死而不远徙"中的"重"至少有两种读音和语义，当读为"chung"时，意思为"沉重"（heavy）、"庄重"（mighty）、"重要的"（important）或"严重的"（serious）；当读为"ch'ung"时，意思为"重复"（repetition）或"重新"（again）。随后，译者列举了八种《道德经》英译本中的这两行不同译文以及自己的译文进行对比：

奥德·波恩敦译本：So that though there may be a heavy death rate yet the people do not fly to distant place；

亚瑟·韦利：He could bring it about that the people would be ready to lay down their lives and lay them down again in defense of their homes, rather than emigrate；

梅德赫斯特·斯珀吉翁译本：They should be made to comprehend the gravity of death and the futility of emigration；

布兰克利译本：Where people die and die again but never emigrate；

林语堂译本：Let the people value their lives, and not migrate far；

楚大高译本：I will make the people regard death as a grave matter and not go far away；

吴经熊译本：Let them mind death and refrain from migrating to distant place；

陈荣捷译本：Let the people value their lives highly and not

migrate far;

　　林译本：Let the people weight death heavily and have no desires to move far away.

　　对于这种同一内容有不同解读角度的现象，林认为译者有必要去详细考证，这也是翻译过程中不可缺少的环节。因此，根据统计，《道德经》的评注本共计有六百多种，平均每七个字就有人写一本有关不同阐释的书。[①]

　　副文本不仅是译者与读者进行沟通的平台，也是译者自我"显形"的一个重要手段。通过这个平台，译者可以阐述自己的翻译主张、翻译思想和翻译策略，也可以对读者进行思想上的引导，使其按自身的方式去理解并接受译文的思想。因此，一个完整的译本既应包含正文部分，也应包含必要的副文本。对于译本而言，副文本的功能莫过于对正文基本意义的参与、丰富及阐释。从翻译的历史研究角度来看，副文本资源的地位是无可取代的。因为研究译文的产生和接受的社会文化语境是翻译学研究的重要目的，而副文本则刚好能够提供这种资料，因而其对译文的精准性也起到了重要的作用。

---

① 　Paul J. Lin, *A Translation of Lao Tzu's Tao Te Ching and Wang Pi's Commentary*, Ann Arbor: Center for Chinese Studies, University of Michigan, 1977, p.xvii.

第四章
《诗经》英译研究

第一节　《诗经》在西方的英译历程

《诗经》作为河洛文学的一个重要组成部分，已经历了近四百年的西传，迄今为止已经积累了许多风格各异的译本，取得颇为丰硕的研究成果。

1. 传教士的译介

明清之际，西方天主教传教士陆续来华，来华传教士拒斥佛老，独尊儒学，目的是适应中国，弘扬西教。在这种情况下，《诗经》自然会成为他们传教的工具。利玛窦曾经援引《大雅》里《文王》《大明》诸篇诗句，以诗中"上帝"印证西教的"上帝"。17世纪末叶至18世纪初叶，法国曾多次派传教士来华，其中白晋、刘应、马若瑟、宋君荣、赫苍璧等人，均对《诗经》西传做出了贡献。不过，只有个别译例刊行后产生过影响，如法国金尼阁用拉丁语翻译的《五经》中包括了部分《诗经》篇章，这是已知的《诗经》最早的西文译本；白晋的《诗经研究》、宋君荣的《诗经》，仅为少数人所知。这个时期，在"合儒"的传统中，出现一批"图像主义者"，以白晋、傅圣泽和马若瑟为代表，他们精研《易经》和《诗经》。马若瑟所译《诗经》中的八篇，与《赵氏孤儿》等文学作品一起被辑入法国汉学的奠基之作——赫德的《中华通志》，并随着这部书转译成英文、德文等语种，而得到了广泛的流传。另一名法国传教士孙璋，在 1728~1733 年完成了《诗经》的拉丁文全译，他的译本在一百年后产生了较大的影响。

2. 汉学家的学术性译介

19 世纪初叶，西方的"中国热"方兴未艾。《诗经》的西传就是在这种背景下，完成了由教会学术向世俗学术的转变。1830 年，孙璋译稿由东方学家莫尔（Julius Mohl）编辑成书，在德国斯图加特和蒂宾根出版，这是刊于欧洲的第一种《诗经》全译本。译者撰序加注，精心翻译草木鸟兽虫鱼之名，但学者们对这个译本却贬多于褒。德国诗人兼学者弗德里希·吕克特（F. Ruckert）出于译介东方诗歌的兴趣，取来孙璋译本作为转译的底本。吕克特虽不懂中文，但才华横溢，有时充分发挥想象力，致使原诗面目全非，有时追求忠信，又能给人以翻自原诗的印象。总的看来，译者的主要成就不在汉学，而在诗歌艺术，法国人考狄尔（Henri Cordier）曾评价："他恢复了三百篇的诗歌魅力，使人读之感到愉快。"①

1834 年，曾任中国商务监督、驻华公使和香港总督的英国汉学家戴维斯（John Francis Davis）将《诗经》自汉语翻译为英

① 陈铨:《中德文学研究》，商务印书馆，1936，第 151 页。

语，当时其英译的目的是在其专著《汉文诗解》（*On The Poetry of Chinese*）里以《诗经》和先秦至六朝民歌为例论述中国诗歌的格律。

1871 年是《诗经》西传史上重要的一年，英国传教士理雅各在中国学者王韬的帮助下，完成了一部附有长序和译注的《诗经》英译本，[①] 编入《中国经典》第四卷。译本"序论"约 200 页，分五章，分别介绍三百篇的采编、流传、内容、版本、笺注、传序、格律、音韵，以及包括地理、政区、宗教和其他人文环境在内的背景知识，这些介绍展示了《诗经》和《诗经》学的丰富内涵，展示了文学研究的广阔前景，堪称《诗经》西传史上的一个里程碑。理雅各译本曾被很多西方译者奉为规范，他的译本采用中英文对照模式，为译文紧贴原诗的无韵散译，无节奏，无韵脚，文句简明、流畅，每页译文均同步附有大量注释，广涉神话传说、历史掌故、名物制度、风俗习惯等。理雅各把每一篇诗的序都仔细地译了出来，可是和朱熹一样，他并不是每一处都采用诗序的说法。他只是完全根据《诗经》的文句，不受拘束地解说诗的意思。在字句的解释方面，他更多依照朱熹的注释，有时候也用毛传和郑笺，还不止一次地用了些别人的见解，包括自唐至清一些人不经意的说法，只要他觉得那些说法合乎上下文。理雅各几乎没有考虑清代学者的注释，如陈奂、马瑞辰，以及陈乔枞的作品。所以，他的字义解释，即使是在他的书出版的时候（1871 年），也已经都是些非常陈旧的说法了。因此，高本汉（Bernhard Karlgren）评价说："理雅各的翻译是过时的、不完备的。虽然在他那个时代是一件重大的功业（那时

---

① James Legge, *The She King or The Book of Ancient Poetry*, Hong Kong: The London Missionary Society's Printing Office, 1871.

候，现代字典学还在幼稚的阶段），也是学术上的伟绩。不过现在，一个世纪的四分之三过去了，我们就觉得他在各方面都不能合乎现代语文学的要求。"①

1876 年，理雅各重新翻译了《诗经》，最大不同之处在于，这个第二部全译本（*The She King, or the Book of Ancient Poetry, translated in English Verse with Essays and Notes*）采用了韵体语言，减少了注释，去除了中文原文，以读者阅读效果为目标，在力求准确的同时注重内容上的审美，诗歌中的人物更加生动，语言更为轻松流畅。

1879 年，缪勒将理雅各翻译的《诗经》中具有宗教色彩的诗篇收入大型丛书《东方圣典》第三卷《中国圣典：儒家卷》。译文重新编排了诗歌顺序，分为四个部分，第一部分为《颂》，包括《商颂》《周颂》《鲁颂》四十首；第二部分为《小雅》，分为《鹿鸣之什》（《伐木》《天保》《杕杜》）、《祈父之什》（《斯干》《无羊》《节南山》《正月》《十月之交》《雨无正》）、《小旻之什》（《小旻》《小宛》《小弁》《巧言》《巷伯》《大东》）、《北山之什》（《小明》《楚茨》《信南山》《甫田》《大田》）、《桑扈之什》（《桑扈》《宾之初筵》）、《白华之什》（《白华》）；第三部分为《大雅》，包括《文王之什》（除《灵台》的其余九篇）、《生民之什》（除《公刘》《泂酌》的其余八篇）、《荡之什》（除《常武》的其余十篇）；第四部分为《国风》，包括《召南》（《采蘩》《采蘋》）、《邶风》（《日月》《北门》）、《鄘风》（《柏舟》《君子偕老》《定之

_____

① 〔瑞典〕高本汉：《高本汉诗经注释》，董同龢译，中西书局，2012，第 5 页。

方中》)、《卫风》(《淇奥》)、《王风》(《黍离》《大车》)、《唐风》(《鸨羽》《葛生》)、《秦风》(《黄鸟》)、《豳风》(《七月》)。

1891 年，英国汉学家威廉·詹宁斯（William Jennings）翻译的《诗经》[①] 出版，他在导言中分析了《诗经》诗章的字数和行数，还分析了原诗的押韵方式。他努力保持汉语原诗的外在形式，特别是在用韵方面。他倾向于韵译，译诗采用民谣体的形式，隔行押韵，颇有英语传统诗歌古色古香的韵味。

同年，汉学家阿连壁（C. F. R. Allen）在伦敦出版了他的《诗经》英译本[②]，其中有《周南·关雎》《召南·摽有梅》《卫风·氓》《王风·君子于役》《郑风·女曰鸡鸣》《齐风·鸡鸣》《小雅·车攻》等诗篇的翻译。他的译文对原文改动颇大，有增有删，近乎改写。阿连壁在理解和翻译上较为自由，常采用释意的方法对原诗的内容进行概括。从总体上看，译者总是先从诗的意义出发，在意义确定后，重新用英语诗歌的形式改写，表现出了较强的读者中心意识。改写是阿连壁译本中最普遍和最突出的现象。有的本来是数章的诗，在译文中被缩成了短短的一章，因而很多译诗仿佛是对原诗含义的概述，诗味索然。如果译者遇到读不懂的"兴"，一般代之以"赋"，以实写虚，因此诗行之间常常出现逻辑上的矛盾。有时译者实在找不到"兴"句与其他诗句的逻辑关系，就直接删去兴辞。原诗中的重章叠唱一概被译者视为无意义的重复而被删去。对

① William Jennings, *The Shi King: The Old "Poetry Classic" of the Chinese*, London and New York:G.Routledge and Sons, 1891.

② Clement F. R. Allen, *The Book of Chinese Poetry*, London: Kegan Paul, Trench Trubner Co, Ltd, 1891.

于诗旨，阿连壁的理解十分随意，由于作者在翻译过程中以西方诗歌为标准，许多诗的题旨被删改。如《简兮》被译成"Sampson Agonistes"，内容也被改得面目全非。再如，《伐柯》被译成"The Carpenters"，内容从"美周公""周大夫刺朝廷之不知"摇身变成两个木匠之间在劳作时的对话，译诗前后矛盾。

总之，改写是阿连壁《诗经》翻译的最突出特征。其原因有多个方面，其中最根本的原因是译者的西方诗学观念和读者中心观念在翻译过程中占据了支配地位。译者试图使用西方的思维方式和文化视野，把原诗的文化历史比较彻底地植入西方文化语境，而实际上，这一意图是难以实现的。其对《诗经》的态度与翻译目的与理雅各和詹宁斯迥然有别。如果后两者可以称为虔敬，那么前者则是怀疑乃至轻视，几乎达到了摆布的程度。

1884年，曾任英国驻华领事、剑桥大学汉语教授的西方汉学界泰斗，英国汉学家翟理斯，编译了《中国文学撷英》(*Gems of Chinese Literature*)，译介了中国历代诗文作品，收录《诗经》中的《摽有梅》和《氓》等，后多次再版。1898年，翟理斯在伦敦出版了《中诗英韵》，其中选译了部分《诗经》诗篇。他主张"以诗译诗"，也就是采取韵译的方式。1901年，他的巨著《中国文学史》[①]，由伦敦的威廉·海涅曼公司出版。这部巨著的特点是以朝代为经，以文体为纬，辅以专章介绍作家、作品，先总后分编写。全书共分为八部分介绍中国文学，即古代、汉代、汉唐之间、唐代、宋代、元代、明代、清代。其重要性在于对中国文学的发展历史做

---

① Herbert A. Giles, *A History of Chinese Literture,* London: William Heinemann Co., 1901.

了比较客观、全面的考察和述评。翟理斯译介《诗经》的目的是让英语读者真正了解真实的中国和中国文学、文化，他作为当时英国驻中国的领事，有更多的机会深入了解和接触中国人和中国文化，甚至对中国儒家、道家文化产生认同，颇有共鸣。其译介目的决定了其译介内容选择、译介的策略和方法，他坚持了"以诗译诗"的翻译原则，且多处采用自由翻译，比如在《诗经·摽有梅》中，题目被翻译为"Desperate"，句子的顺序和内容也被进行了调整。有关《诗经》作品介绍的内容有九页，涉及《诗经》的分类、诗篇主题、诗中名物等，还介绍了中国传统学者以史解"诗"的惯例，指出了《诗经》对后世的影响。从其译介目的、内容和译介策略可以看出，作者是从文化和文学角度解读《诗经》，在当时产生了较大影响。

19世纪汉学界出现了关于《诗经》应采用韵译还是散译的讨论，戴维斯认为"为了真正欣赏中国诗歌和其他诗歌，韵文正是违译它们的形式。"[①] 理雅各则认为，以诗译诗固然很好，但须透彻了解原文。他批评某些转译者歪曲了《诗经》的原貌，并申明他"倾向尽可能贴近字面"，"不增译，不意释"。但那个时期追求韵译者为数不少，吕克特在1833年将《诗经》翻译为德语。后来他的同胞德译者斯特劳斯（Victor von Strauss）根据原文，推敲韵律，译得既信且雅，博得了一致的好评。顾威廉（Wilhelm Grube）说，德国人对《诗经》特别喜爱，就是因为斯特劳斯的那种"不可超越

---

① John Francis Davis, "On the Poetry of Chinese," *The Transactions of the Royal Asiatic Society of Great Britain and Ireland,* Vol.2, No.1,1829, p.394.

的翻译，成了我们最完美的翻译文中的宝藏"。① 其影响还不止于德国，英国学者詹宁斯说，"显然欧洲最佳的《诗经》韵译，出自斯特劳斯之手"，② 并且希望他的译作亦如斯译，奉献给英语读者。即使倾向散译的理雅各，后来也曾尝试以诗译《诗经》。这从一个侧面显示了《诗经》翻译在西方进入了繁荣，吸引更多学者关注到《诗经》的研究和翻译，詹宁斯在《诗经》英译本的前言中引用缪勒的话，表达了当时西方学者对中国古典文学的兴趣：

> 如果汉学家使我们接近中国古典文学，使我们看到其中真正与我们有关的东西，即不仅是古老的，而且是永葆其青春的东西，汉学研究就会很快赢得公众的尊重，并与印欧学、巴比伦学和埃及学相并行。没有任何理由使中国依然如此陌生，如此远离我们共同的兴趣。③

1918 年，英国著名汉学家、翻译家亚瑟·韦利出版了《汉诗 170 首》（ *170 Chinese Poems* ），其中包含《关雎》《氓》《摽有梅》《君子于役》《女曰鸡鸣》《鸡鸣》《车攻》等。1937 年他又出版了《诗经》译注本（ *The Book of Songs* ），韦利特别重视《诗经》的文学性，他在翻译时删去了文学色彩不强的政治哀怨诗，将余下的作品打破原诗《风》《雅》《颂》的编排顺序，按主题重新编

---

① 陈铨：《中德文学研究》，商务印书馆，1936，第 160 页.

② William Jennings, *The Shi King: The Old "Poetry Classic" of the Chinese*, London and New York: G. Routledge and Sons, 1891.

③ Ibid., 1891.

次，分为十七类，包括求爱、婚姻、勇士和战争、农作、游宴、歌舞、祝祷、欢迎、家宴、祭祀、宫廷、宫廷传奇、建筑、田猎、友谊、道德、哀怨。这样便于读者从文学角度理解原诗的思想性和艺术性。在序言、解题和注释中，韦利把《诗经》同一些欧洲文学作品做比较研究，成为欧洲汉学界用比较文学的方法研究《诗经》的先声。韦利虽然知道《诗经》的作品多是韵律和谐的，很像英国的传统诗，但他在翻译时却不主张押韵，因为他认为用韵会因声损义。他的译文采用散译的方式，以抑扬格为基础，不使用韵脚，每个诗行的音步也不尽一致，但读起来却颇具诗歌的节奏感。由于他追求一字一句的直译，在传达原诗旨意的精确程度上要超过以往的译家。高本汉对于韦利的译本有两个方面的评价。一方面，他认为韦利的译文"比较进步而能合乎现代标准得多了"，关于诗的意旨，"他摆脱诗序和汉儒说教的限制，大大地超过了朱熹和理雅各"；另一方面，对于韦利根据不同学者观点来训释难字难句，高本汉提出了明确的批评："我特别不赞成韦利常常把原文改读。有好几十处，依现行文字本来可以有完全满意的解说的，他也都改了。像中文这样的语言，如果我们可以任意用一个具有同一'声符'的字来代替原文上的字（这就是韦利喜欢用的方法），那么，差不多每一句诗都可以有好几种不同的讲法。我们必须在这一方面特别小心：非必要时不改现行的文字；如改，也要确实可取。"①

1996年美国树林出版公司（Grove Press）又出版了由约瑟

① 〔瑞典〕高本汉:《高本汉诗经注释》，董同龢译，中西书局，2012，第7页。

夫·R.艾伦（Joseph R. Allen）补译和补注的，并重新按《诗经》原来顺序编排的韦译《诗经》。韦译代表了西方《诗经》翻译史上的一种翻译模式——文化研究型翻译，文学价值和研究价值都较高，是继理雅各译本之后，《诗经》翻译史上的又一重要译本。①

1950年，瑞典汉学家、语言学家高本汉在斯德哥尔摩远东博物馆出版社出版了《诗经》英译本。②他认为《诗经》产生年代久远，文字繁难，只有掌握中国传统的训诂和音韵方法，辅之以现代语言学理论的科学方法，真正读通文本，才能更好地翻译《诗经》。为此，他在《诗经》字词训释上面花了大量功夫，以严谨精审、科学求实的态度对《诗经》进行了注释。他的译文更忠实于原文，在精确化方面，达到了前所未有的高度。这样的译本，对于英语读者了解中国先秦时代的政治制度、社会风尚、风土人情等历史文化具有不可替代的作用。高本汉将其《诗经》注释发表在了《瑞典远东博物馆馆刊》（*Bulletin of the Museum of Far Eastern Antiquities*），包括《国风注释》（Glosses on Kuo-feng）（第十四卷，1942年）、《小雅注释》（Glosses on Siao-ya）（第十六卷，1944年）、《大雅、颂注释》（Glosses on Ta-ya and Sung）（第十八卷，1948年）。这三部分的注释，一共有一千三百多条，编号序数相连，从文字、音韵、训诂三个方面对《诗经》做了深入的探讨。高本汉批评西方学者不辨是非而袭用古人，致使译文或注释歪曲了诗篇的本意。他的

---

① 周发祥：《〈诗经〉在西方的传播与研究》，《文学评论》1993年第6期。

② Bernhard Karlgren, *The Book of Odes: Chinese Text, Transcription and Translation*, Stockholm: The Museum of Far East Antiquities, 1950.

方法是不把《诗经》看作经书，而是参照《诗经》他篇和先秦古籍，来确定文字的真实含义，然后再由字义推句义、推篇义。高本汉的注释受到了中国学者的高度评价，1960 年，董同龢翻译的《高本汉诗经注释》由台湾中华丛书编审委员会首次出版，2012 年，上海中西书局再版，该书堪称高本汉《诗经》英译本的姊妹篇。作者在书中对韦利和理雅各的译本中多处译法和用词进行了对比分析，并说明了他对《诗经》的思考和注释方法。他深刻地体会到，《诗经》的字句是很艰深的，差不多每一句中都有古籍中罕见的字和词语，它们在很早的时期就已经没有人实际使用了。因此，他只讨论在最重要的古代资料中尤其是清代学者的著作中，大家意见不一致的字句，包括：有重要异文的（即字体上的差异，如两字只是义符不同，对于读法和字义不产生影响的，则不讨论）；古代各家（韩、鲁、齐、毛、郑等）解说不同的；宋儒（朱熹）的意见和旧注家不同的（朱熹的意见在历史上很重要）；后代注家有新的说法的。而对于那些古代各家和后来学界注释完全一致的字词，他就不做语文学的考订了。为了读者阅读方便，作者把自己认为最可靠的阐释用粗体字表示出来，并在注释中说明为何它被认为是最可靠的。

3. 诗人、翻译家译介《诗经》阶段

1905 年，英国诗人克莱默·宾（Cranmer-Byng）在伦敦出版了英译本《诗经》（*Book of Odes*），1916 年又出版中国古诗选译集《灯宴》（*A Feast of Lanterns*），其中译有《诗经·氓》等。

1913 年，在英国牛津大学任教的女作家、翻译家沃德尔（Helen Waddell）在波士顿出版英译诗集《中国抒情诗》（*Lyrics from the Chinese*），其中译有《诗经》中的《氓》和《君子于役》等。

1915 年，"美国现代诗歌之父"的意象派代表人物、诗人埃兹拉·庞德（Ezra Pound）出版了中国古诗英译本《神州集》（*Cathay*），该书收有《诗经》、汉乐府和唐诗等 18 首英译中国古诗。庞德是 20 世纪英美文坛乃至世界文坛最有影响的人物之一。他既是诗人、批评家，又是翻译家和翻译理论家。他翻译了许多国家的诗歌，且一生偏爱中国古典诗歌。诗集出版后，引起了广泛关注和讨论。历经近 40 载后，1954 年，庞德在哈佛大学出版社出版了他的《诗经》全译本，即《诗经：孔子所审定的古典诗集》（*Shih-Ching: The Classic Anthology Defined by Confucius*）。庞译本每篇诗前无题解，后无注释，只有诗篇正文。很多译诗用韵，但有的韵律较整齐，有的则不够整齐，且韵律常随内容变换，多种多样。译诗从主题到字义都有较大改动，不对照原诗很难辨认译诗的出处。在结构形式上，诗行删节较多，也有少数增译的篇例。所有诗篇的翻译几乎都使用了概括的手法，译者总是根据自己的理解，重新改写成新诗。译者为了体现自己对原文的不同理解，同一首诗有时会给出两种不同的翻译方式，用来相互弥补不足，尽可能让西方读者理解译文难以传达的内容。在对原诗进行改写这一点上，庞德与阿连壁有些相似，但又有本质的区别：阿连壁试图把中国人眼里的《诗经》变成英国人眼里的诗；庞德则是通过《诗经》翻译进一步实践其意象主义诗歌理论，同时，也在借《诗经》翻译向西方世界传递他心目中的东方道德文明。为了还原《诗经》原诗的"四言"结构，庞德也试图在翻译个别诗篇时采用每句四个单词的方式，如《周颂·执竞》，这反映出他力求在形式上体现《诗经》风格的努力。该译本的另一个特色是著名古文专家方志彤（Achilles Fang）在"序言"中首次使用五线谱为《关雎》作曲 [①]，使读者对《诗经》的理解不再局限于文字，更可以从音乐的角度想象《诗经》的魅力。

对比两个译本可以看出，庞德第一次翻译《诗经》属于比较简单的接触，第二次才是真正全面翻译《诗经》。1959 年，新方向出版公司重新出版了这本书，但把书名变更为《儒家诗经：孔子所审定的古典诗集》（*The Confucian Odes: The Classic Anthology Defined by Confucius*）。

由于庞德从理解到翻译都表现出了较大的随意性，且译本对原文改动较大，所以历来频遭非议。但实际上，若单纯从诗学的角度来看，他的译本是十分成功的。由于其艺术独立性，庞译已经成为美国文学不可分割的一部分：美国读者似乎并不在乎，也根本不追究它是否忠实于原作，以及在何种程度上忠实于原作。因此，庞德的翻译在屡遭翻译研究界诟病的同时，也被誉为创造性翻译的典范。

20 世纪 90 年代，湖南出版社为了推动中西文化交流，启动了《十三经》西译工程。许渊冲先生有感于西方译者翻译的不足，重新全部翻译了《诗经》，于 1993 年 12 月出版。这是中国学者自己翻译的第一个《诗经》全译本。这个译本以语义翻译为主要特色，比较注重保留原文的文化历史内涵。但翻译过程中释意的特点也较

---

①   Ezra Pound, *Shih-Ching: The Classic Anthology Defined by Confucius,* Cambridge: Harvard University Press, 1954.

为突出，因此在很多情况下不能保全原诗的基本艺术手法和特色。译诗讲求行对句应，韵律一般采用双行押韵或隔行押韵的格式。译本有长篇序言，介绍了《诗经》的基本知识和《诗经》翻译的历史概况。译本采用英汉对照的形式，并配有现代汉语译文。现代汉语译文主要参考余冠英、程俊英、袁愈荌、金启华、郭沫若、袁梅、陈子展七家。英文译诗的标题根据题旨另拟，每篇译文之后附有简短题解。

1995 年，汪榕培、任秀桦合作翻译出版了《诗经》。该译本仍然采用汉英对照的形式，汉语原文标有现代汉语拼音，译文分行，追求押韵，多采用双行或隔行押韵的形式，较为整齐。译诗的标题多根据原诗标题译出，因而时有与题旨不符的现象。每篇诗后附有简短的题解，题解主要以现代《诗经》学研究成果为依据。以上两个译本的共同特点是比较注重体现原作的文学性，尤其是音韵特性。但原诗的音韵特性也只在译诗的韵脚押韵方面有所体现，而其他特性，如双声、叠韵、重章叠唱等则基本上在译诗中消失了。可以说，许译、汪任合译两个译本主要建立在中国诗学观念的基础之上，对西方读者的习惯并不十分注重。

第二节　传统经学翻译模式：理雅各译本

从《诗经》学史来看，《诗经》最初并不是当代诗学意义上的文学的诗。孔子标"兴、观、群、怨"，其用意并不是揭示《诗》的本质，而是说明《诗》的社会功用，这是他以《诗》为教的儒家诗教原则。汉朝以降至清末，《诗》与《书》《易》《礼》《春秋》被尊为儒家经典，历代儒家学者对其传、笺、注、疏、释、论，形成了源远流长的《诗经》经学传统。在此传统中，历代儒家赋予了《诗经》"经夫妇，成孝敬，厚人伦，美教化，移风俗"和"正变、美刺"等政教内涵，成为历代封建王朝意识形态的一部分，长期统治着人们的思想。这一切在以诗篇的儒家道德思想为价值取向、以"忠实"为最高翻译原则的理雅各译本中得以反映。

理雅各《诗经》英译本共有三个版本，首个译本于 1871 在中国香港出版，是《中国经典》的第四卷，也是《诗经》的第一部完整英文译本，该译本具有典型的学术翻译特质。在长达 182 页的前言中，理雅各首先介绍了《诗经》这一文化典籍的复杂历史，并提供了汉代以前诗歌的一些实例，以便将《诗经》放入中国诗歌发展的总体语境之中。他还翻译了《毛诗》《大序》和所有的《小序》，以及《韩诗外传》的某些章节，并按照郑玄的《诗谱》将《诗经》中的作品逐一由商至周按历史时期进行编排。他在前言中明确说明翻译的目标是"尽可能让译文再现原作的意义，既不增加，也不转述"（My object has been to give a version of the text which should represent the meaning of the original, without addition or paraphrase, as nearly as I could attain to it）。[①] 另外，在该书的序言中，他还表示："希望这部著作能被称职的学者们视为原诗的可靠译本"（The author hopes that the Work which he now offers will be deemed by competent scholars a reliable translation of the

---

① James Legge, *The She King or The Book of Ancient Poetry*, Hong Kong: The London Missionary Society's Printing Office, 1871, p.116.

original poems）。① 这显然是向读者说明，他翻译此书的主要使命是学术研究，其服务对象是从事中国文学、文化研究的专家学者。理雅各《中国经典》版《诗经》译本采用的都是无韵散体，他在此书前言中批评采用韵体的拉丁文、德文译本，因为它们使得原诗在译文中变得面目全非，就连谙熟原作的读者也很难辨认出来。他认为这些翻译既不能再现原作的诗歌价值，也不能表现原作的情调，因此毫无价值。② 由于理雅各将《诗经》视为经典文献，而不是文学作品，故在翻译过程中很少顾及原诗的形式美。例如，理雅各时常在译文中将某些词句放入括号内，也就是对它们做进一步的特别说明。从微观上讲，这是一种翻译手段；从宏观上讲，这又是一种翻译理论和思想。理雅各的翻译曾被称为 "parenthetical"（附加说明的），亦即 "诠释型" 翻译。这不仅因为他为其译文提供了大量注释和题解，还因为他在译文中使用了很多括号和说明性的词语，以帮助读者理解原诗的含义，例如：《出车》中 "采蘩祁祁"（［Our wives］go in crowd to gather the white south ernwood），被理雅各放入括号的说明性词语，是原文中所隐含的主语。有时，这些词语的使用是要向读者清晰地阐明原文的意义，以便令原文中隐约其辞的地方变得明朗，如《小雅・正月》的译文：彼求我则（They sought me［at first］to be a pattern［to them］），如不我得（［Eagerly］as if they could not get me），执 我 仇 仇（［Now］they regard me with great animosity）。这种 "诠释型" 翻译的风险是把对原诗的

---

① James Legge, *The She King or The Book of Ancient Poetry*, Hong Kong: The London Missionary Society's Printing Office, 1871, p.v.

② Ibid., p.116.

解释放在首位，因而忽略原诗的文学特征。因此，有人批评理雅各的《诗经》译文生涩呆板，过于强调直译，未能再现原作的诗意风格。[①] 这也是促使理雅各数年后用韵体重新翻译《诗经》的一个原因。

理雅各的第二个《诗经》译本（*The She King, or The Book of Ancient Poetry*）[②] 出版于 1876 年。他在序言中特别强调，此译本是"身着英语外衣的中国诗歌，而不是经由转译的另类作品"（…his readers will find in it, in an English dress, the Chinese poems themselves, and not others composed by paraphrase from them. ）。[③] 相比《中国经典》版本《诗经》的目标读者是具备中文阅读能力的学者和专家，此次他翻译的韵体版《诗经》，所针对的对象是一般的"英语读者"（English readers）。为满足这类读者的需要，理雅各在版面上做了很大调整。他首先删掉了中文原文，并且取消了对原诗词语的详尽注释，代之以每首诗前的简要题解。理雅各还对其洋洋洒洒的《前言》做了调整，保留了其中对《诗经》成书过程的讨论和对上古中国历史、文化、风俗、宗教等背景知识的介绍，但删除了《毛诗》中的《大序》《小序》和中国上古、中古诗歌的实例。新版《前言》最引人注目的是专门讨论《诗经》用韵、结构和诗歌价值的第三章，因为在这一章中，理雅各向读者阐明了他用韵体翻译《诗经》时所遵循的原则和采用的方法。他指出，早些时候为《中

① Clement F. R. Allen, "The Chinese Book of Odes for the English Reader," *Journal of the Royal Asiatic Society*, New Series XVI, 454（1884）.

② James Legge, *The She King, or The Book of Ancient Poetry*, London: Trubner & CO., Ludgate Hill, 1876.

③ Ibid. p. Ⅲ.

国经典》丛书翻译《诗经》时，他的任务是学术研究，因此未能充分展现这些诗篇的艺术。此次用韵文翻译它们，使他有机会发现许多他以前忽略了的特征。虽然理雅各现在仍然认为《诗经》的艺术特色不过是一种"原始的朴素"（primitive simplicity），它的主要价值在于其中所表现的上古中国之风土人情，他的目的，是要"将每一首原诗用忠实的韵体形式翻译过来"（…the rendering of every piece should be a faithful metrical version of the original）。[1] 理雅各还提到韵体翻译的困难，指出有时在不损害原诗意思的前提下，不得不使用一些原文中不存在的文字，以便满足译文在韵律、格式上的要求。他还特别提到，要翻译准确，译者必须了解作者的思想，而作者的思想往往并不完全表现在诗的文本之中。因此，译者有时必须添加一些说明性文字，以帮助读者理解原作。在《中国经典》版《诗经》中，他一般是在注释中做此类说明，可是由于韵体译文没有注释，他只能将这些说明性文字从注释转换到译文当中。但是，理雅各并不想以原诗为素材进行再创作。他特别向读者声明，他"无意在大庭广众之下充当原创诗人，只是想作为一位译者将这些创作于两三千年前的诗篇以英语诗歌的形式介绍给读者"（But I was intending to come before the public not as an original poet, but as a translator in English verse of what Chinese poets wrote between two or three thousand years ago）。[2]

他把《诗经》用韵的类型分为连续用韵、隔行用韵、整节用

---

[1] James Legge, *The She King, or The Book of Ancient Poetry*, London: Trubner & CO., Ludgate Hill, 1876, p.35.

[2] Ibid., p.35.

韵、换韵、不同章节首句或末句押韵，以及句中用韵。他发现，由于英文、中文两种文字的巨大差异，他无法在译文中采用原诗的韵脚和长度，因此，特别向读者介绍了"赋""比""兴"这三个《诗经》研究中的重要概念。他分别用"narrative""metaphorical""allusive"来翻译"赋""比""兴"，并指出赋体多用于直接叙述，比体表达言外之旨，近似《伊索寓言》，不同的是后者注重道德训诫，而前者所传达的多为历史经验。他除指出兴体诗歌的特点，即其所兴之旨常常隐而不见、模糊不定之外，还描述了这种文体如何影响到他的翻译策略。他说，在翻译兴体篇章时，"我的原则是，要把兴句与下行之间的关系用英语诗歌的形式加以说明。这便是为什么我的章节一般要比中文原诗更长。有时这种关系不太明显，我也未添加任何成分进行说明。在少数情况下，我不得不对这种关系含糊其词，因为我本人也不能确定"（My rule has been to bring out in English verse the connexion between the allusive lines and those that follow; and this is the principal reason why my stanzas are frequently longer than those of the Chinese text. Occasionally, when the connexion was not sufficiently evident, I have made no addition to show it. More rarely, I have been obliged to leave the connexion in obscurity, as being myself unable to perceive it）。[1]

如《周南·卷耳》："采采卷耳，不盈顷筐。嗟我怀人，寘彼周行。陟彼崔嵬，我马虺隤。我姑酌彼金罍，维以不永怀。"

---

[1] James Legge, *The She King, or The Book of Ancient Poetry*, London: Trubner & CO., Ludgate Hill, 1876, p.37.

I was gathering and gathering the mouse-ear,
But could not fill my shallow basket.
With a sigh for the man of my heart,
I placed it there on the highway.
I was ascending that rock-covered height,
But my horses were too tired to breast it.
I will now pour a cup from that gilded vase,
Hoping I may not have to think of him long.
（理雅各 1871 年《周南·卷耳》译文）

Though small my basket, all my toil
Filled it with mouse-ears but in part.
I set it on the path. and sighed
For the dear master of my heart.
My steeds, o'er-tasked, their progress stayed,
When midway up that rocky height.
Give me a cup from that gilt vase,—
When shall this longing end in sight?
（理雅各 1876 年《周南·卷耳》译文）

对比以上两个版本，可以看出 1871 年散文体译文 ① 在形式上也颇为工整，每行的字数大致相同，只是没有用韵。1876 年韵体版 ② 对早期的译文做了大幅度修改，译文采用的是八音节句式。隔行押韵，形式为 ABCB。为了增加译文的诗体形式感，理雅各特意按照英诗的惯例将译文交错排列。由于原诗所采用的每四行一节的形式也是英诗中常用的一种，理雅各在选择相应的诗体时也保持了一致。除了用韵不同，此处理雅各所采用的译文形式既是对原诗的模仿，又与原诗对应。从两个译本的影响来看，理雅各所译的散体《诗经》出版之后在世界各地被反复再版，可是他的韵体《诗经》却遭遇了完全不同的命运。它不但从未被再版，而且出版后很快被人们遗忘。

理雅各的第三个《诗经》译本是为缪勒《东方圣典》丛书所译，被收录在丛书第三卷《中国圣典：儒家卷》(*The Sacred Books of China: The Texts of Confucianism*) ③。在该书的序言中，理雅各明

---

① James Legge, *The She King or The Book of Ancient Poetry*, Hong Kong: The London Missionary Society's Printing Office, 1871, pp.8-9.

② James Legge, *The She King, or The Book of Ancient Poetry*, London: Trubner & CO., Ludgate Hill, 1876, pp.60-61.

③ James Legge, *The Sacred Books of China: The Texts of Confucianism,* Oxford: The Clarendon Press, 1879.

确说明，这本译著的目标读者是研究宗教史的学生。他特别提醒这类读者，尽管中国古代典籍中包含不少宗教情感和思想，但并没有西方人所称的"上帝启示"（Revelation，又作 divine revelation）。因此，当某首古诗中提及"上帝"和他所说的话时，那不过是借"上帝"之名对某些语句做特殊强调。① 也就是说，西方读者无须用西方的宗教理念对这些篇章做过深的理解。理雅各还在这篇序言中对中国的儒、释、道的经典做了简要介绍。与理雅各的早期译文相比，《中国圣典》版《诗经》的前言更加简明，它向读者勾勒了《诗经》的基本特色和成书过程，基本上重复了以前的文字。在作品排列上，理雅各完全颠倒了原书的顺序，以《颂》开篇，继之以《大雅》《小雅》，最后才是《国风》。这样安排的原因是，理雅各认为《颂》诗中的宗教成分最多，也最古老；本书的主题是宗教，自然要凸显这部分的重要性。此书所收入的作品共 104 篇，其中包括所有《颂》40 篇、《小雅》23 篇、《大雅》27 篇、《国风》14 篇。这个选译本主要是在 1871 年无韵体译本的基础上经过删节修订而成，不分行，很多诗的译文都只取了部分章节，而译诗中的文字细节几乎没有改动，原来的注释被从诗的译文后面移到了题解的下方并做了轻微修订。从篇章的角度看，这个译本仍可以看作另一个译本。译者之所以对前译进行修订，为的是突出宗教内容。与此同时，伦理道德内容作为宗教思想的孪生姐妹，也一同被突出出来。

理雅各《诗经》翻译的道德礼教化倾向，表现在《风》《雅》《颂》各个部分，但最突出的表现还是在爱情婚姻诗篇的翻译当

① James Legge, *The Sacred Books of China: The Texts of Confucianism,* Oxford: The Clarendon Press, 1879, p.xv.

中。根据现代《诗经》学研究，《诗经》中有大约 70 篇爱情婚姻诗。理雅各在多数情况下也没有把这些诗真正当文学作品来翻译，而是在翻译中对其中的道德礼教内容予以几乎与经学传统一样的关注和突出，翻译的结果往往与毛、郑、孔不谋而合。例如，《关雎》在当代看来是关于"一个青年热恋的诗"①；而理雅各的译文与原文一样，变成了旨在颂扬"文王之化""后妃之德"的颂赞诗。译诗中诗人对"后妃"的赞扬从原诗的含蓄走向了直露，称"淑女"为"princely lady"，把"窈窕"自始至终译成了"modest""virtuous""bright""coy"等一连串的道德词语，几同于对诗篇进行道德化阐释。再如，《汉广》中"汉有游女，不可求思"被译成"The girls free ramble by the Han/But will not hear enticing word"。其中"enticing"一词，实为译者所加，颇具道德评判意味。《桃夭》被译成赞美女子勤俭持家之美德的诗。《木瓜》被译成了受恩图报的友情诗。《蒹葭》在现代看来是优美绝伦的"描写追求意中人而不得的诗"②，而被译成了"求贤尚德"的怀人之作，即《小序》所谓"《蒹葭》，刺襄公也。未能用周礼，将无以固其国焉"。就这样，大部分的诗篇内容被道德化了。

值得注意的是，理雅各的三个译本，遵循传统经学观点、注重诗的经学内涵是其共同特点。虽然韵体译文语言上用了韵，译者的艺术自觉性有所提高，但注重伦理道德内容和政教功能的原则没有改变，或者说，语言的艺术性仅是为了更好地表达诗中的思想内容，并非译者的终极目的，因此译诗的艺术性较之于思想性，尚居

---

① 程俊英:《诗经译注》，上海古籍出版社，2004，第 3 页。
② 程俊英:《诗经译注》，上海古籍出版社，2004，第 192 页。

于次要地位。

理雅各的翻译向来是以《诗经》为经和史，而不以之为文学，这在各诗篇的名物翻译中都有十分具体的体现。《诗经》所涉及的草木鸟兽虫鱼的名字数以千计。对于这些名物，理雅各几乎从不把它们当文学意象来对待，而是努力追求其历史真实。

综观其三种译本，他对名物的翻译有三个特点。

（1）对所有名物的翻译都必须有根据。对在经学史上争议很大的名物，译者总是仔细分析，或慎择其一，或独出己断，独出己断的例子不多，如将《静女》之"彤管"译为"rosy reed"，从不妄译。

（2）同一个名物在任何场合基本上保持一致的翻译，不随便更换译法或以别的名物替代。如"葛"在《葛覃》和《采葛》中都作"dolichos"，"蘩"在《采蘩》和《出车》中都作"white southernwood"，"葭"在《驺虞》和《蒹葭》中都作"rushes"，"棘"在《凯风》《鸨羽》《黄鸟》《湛露》中都作"jujube tree"，"葑"在《谷风》《桑中》中都作"mustard plant"，"桑"在《氓》《鸨羽》《车邻》《黄鸟》《鸤鸠》《七月》《南山有台》中都作"mulberry tree"。

（3）对于地名、人名一般采用音译的方法，虽然有的人名并非实指或没有确凿史据，也被"以诗为史"地照实音译。如《桑中》《有女同车》中"孟姜"译为"the eldest Chiang"，《叔于田》《大叔于田》中"叔"译为"Shu"，《将仲子》中"仲子"译为"Chung-tsze"。对于诗中的草木虫鱼，理雅各为了译得有把握，曾经仔细研读历代经学家的注疏，并向《毛诗品物图考》的作者日本学者冈元凤请教。对于自己实在没有分辨清楚的名物，译者宁可牺牲可读性，也要采用音译的方法，以保持《诗经》之"经"的尊严，如："莱"作"the Lai"（《南山有台》）、"域"作"the Yu"（《绵》）、"朴"作"the Pu"（《棫朴》）、"椅、桐、梓"作"the Yi, the Tong, the Zi"（《定之方中》）、"莪"作"the E"（《蓼莪》）等。

理雅各应该是世界翻译史上唯——一位三次翻译同一部经典著作的译者。时隔百年之后，从事中国文学和文化研究的学者、学生乃至一般读者都只了解他为《中国经典》丛书所译的《诗经》，因为那部译著无论是在考证的翔实、功力的深厚，还是在翻译的准确上都是他后来的两个译本所无法比拟的。理雅各译本堪称《诗经》英译的奠基之作，它的产生不仅有译者深厚的《诗经》学研究做基础，而且有最为严肃、深入和细致的文本研究做基础。理雅各译本的最大优点是它基本上保持了《诗经》原貌，译者本着向西方社会反映《诗经》原貌的目标，追求字对句应。由于主要以经学的训释为理解基础，其忠实主要是在传统经学意义上的，这也是理译本的时代特征所在。理雅各译本的这些特点决定了它不但有文化价值、文学价值，而且有重要的学术价值，因此它一直是西方世界无可替代的英文《诗经》蓝本。今后在相当长的历史时期内，大概也难有新的译本能在总体上超越它。

第三节　文学翻译模式：韦利译本

在韦利看来，《诗经》首先是文学文本，但同时也是文化文本，两者融为一体。由此出发，无论是从解读视野上，还是从翻译艺术上，韦利都开创了《诗经》翻译的新时代。1937年，韦利出版的《诗经》新译本很快流行于英、美各国，成为最受欢迎的《诗经》英译本。韦利《诗经》译本的产生不是偶然的，它是新的历史时期的产物，它的产生有着许多不可缺少的历史因素。其中两个最主要的因素就是世界范围内《诗经》学研究的新发展和西方汉学的进步。这两个因素与韦利的东方文学研究与翻译，尤其是中国文学研究与翻译结合在一起，在韦利的主体作用下形成了一种合力。对于韦利而言，《诗经》是一部具有婉转优美的音乐品质的文学作品。他甚至不是把《诗经》当作诗，而是当作音乐来欣赏的。他将《诗经》书名翻译为 "The Book of Songs"，其中的 "诗" 被译成 "Songs"（歌），而不是像理雅各那样把它们叫作 "Poetry"（诗），便是为了强调它们的民歌特征。在长期研读和翻译《诗经》的过程中，他的这一文学观点不断得到了巩固和深化。因此，在《诗经》翻译史上，如果说理雅各和詹宁斯的《诗经》翻译始终是在经学传统内进行的，那么，韦利的《诗经》翻译则标志着第一次对传统经学义理较完全的脱离。

韦利摆脱经学附会表现为四个方面：一是删掉《诗序》；二是删掉经学注疏；三是从文本出发，在文本内发掘诗篇的意旨；四是从文学和文化学的角度解读和翻译《诗经》。韦利在译本中不译《诗序》，而是直接进入诗的翻译。删掉《诗序》就意味着将《诗序》这一进入《诗经》的传统门户堵死，改由文学和民俗学、文化学的门户进入。这可以替西方读者摒弃经学的 "前见"，为用另一种眼光看待《诗经》铺平道路，并为读者能从文学和文化角度去理解《诗经》创造了条件。在 152 篇美刺诗中，共有 120 篇被韦利完全用文学和文化学的观点重新理解并进行分类，包括求爱诗 47 篇，婚姻诗 25 篇，武士与征战诗 17 篇，建筑诗 1 篇，欢迎诗 5 篇，祝祷诗 6 篇，农事诗 2 篇，宴饮诗 4 篇，乐舞诗 2 篇，田猎诗 3 篇，家族宴饮诗 2 篇，友情诗 2 篇，祭祀诗 2 篇，宫廷颂诗 1 篇，宫廷传说 1 篇，约占美刺诗总数的 79%，它们都被看作与政治教化无关的诗。

韦利不仅在译本中删掉了"诗序"，而且也几乎删掉了经学注疏，这与理雅各和阿连壁有着本质的不同。这两位 19 世纪末的译者，由于受到了经学的熏陶，在翻译中难以摆脱经学的道德附会，常把经学家的观点拿来在译诗注释中加以评论，这本身表现出了对经学观点的眷顾。理雅各要提出自己的观点时，总要先罗列经学观点，而使自己的观点处在聊备一说的地位，这本身就是经学家传统的治学态度和方法，没有完全脱离经学的义理系统。韦利在书的附录中专门简要地介绍了传统的解诗方法。他将传统诗学及其方法称为"寓言型阐释"（Allegorical Interpretation），认为对《诗经》的各种政教解说都与原诗的意旨无关。[①]韦利则在译本中基本上割舍了经学注释，甚至也不对其做任何评论。部分译诗的篇后注释，是译者自己对具体诗篇所做的文化学解释，与传统经学观点基本上没有什么因袭关系。在脱离了经学义理系统的基础上，韦利将目光集中到了文本上，把《诗经》分为十七个主题，包括"求爱"（Courtship），"婚姻"（Marriage），"武士与征战"（Warriors and Battles），"农事"（Agriculture），"祝祷"（Blessings on Gentle Folk），"欢迎"（Welcome），"宴饮"（Feasting），"家族宴饮"（Clan Feast），"祭祀"（Sacrifice），"乐舞"（Music

---

① Arthur Waley, *The Book of Songs*, London: George Allen Unwin Ltd., Museum Street, 1937, p.345.

and Dancing），"宫廷颂诗"（Dynastic Songs），"宫廷传说"
（Dynastic Legends），"建筑"（Building），"田猎"（Hunting），
"友情"（Friendship），"道德篇章"（Moral Pieces），以及"哀挽"
（Lamentations）。这种编排的目的，是要强调《诗经》的人类学与
民俗学意义，同时也是要西方读者从完全不同的视角和框架去阅读
和欣赏这部中国文化中的经典。

　　在前言中，韦利着重论述的是《诗经》中的意象（imagery），
也简略提到了它的形式和用韵。这进一步说明，韦利所关心的，
是《诗经》的文学特征。但是，在讨论意象时，韦利竟没有提到
"赋""比""兴"。这也许是因为这部译著所针对的读者是那些不
熟悉中国文学的人，韦利可能觉得没有必要用这些专业词语。① 他
向读者介绍说，中国诗人在对两物进行比较时，很少使用"as if"
（有如）和"like"（好像）这样说明性的字眼。他还指出，这种手
法与古代英语的一些歌谣类似。韦利认为，在译文中添加这些字会
改变原诗的风格，因此他一般都避免使用。他还根据自己的观察，
指出在《诗经》的作品中，自然及其各种事物经常起反衬、比较的
作用，但相比之下，用于反衬的居多。至于《诗经》的形式和用
韵，韦利向读者简要介绍了它以行为单位的句式，以及所使用的句
中韵和尾韵。他还指出，同英语诗一样，尾韵是《诗经》中使用最
多的韵式。总之，韦利呈现给西方读者的，是一部体现中国古代文
化风俗的普通诗集，它已经与两千年来经学对它的神化完全脱离。

　　依据檀作文的研究，朱熹认定《诗经》中的"淫诗"共28

---

① Arthur Waley, *The Book of Songs*, London: George Allen Unwin Ltd., Museum Street, 1937, p.17.

篇①，韦利则将其中的23篇理解为求爱诗，其余5篇理解为婚姻诗。他把这些诗篇看作对古时男女正常的求爱方式和婚姻生活的描写。例如译者对《将仲子》文化背景的理解和翻译就很有代表性。译诗中仲子逾墙与心爱的女子幽会，女子怕被父母兄弟及邻居发现，苦苦哀求仲子不要逾墙，不要折树，语气中充满了欲爱不能、欲罢不忍的矛盾与无奈：

I beg of you, Chung Tzu,

Do not climb into our homestead,

Do not break the willows we have planted.

Not that I mind about the willows,

But I am afraid of my father and mother.

Chung Tzu I dearly love;

But of what my father and mother say

Indeed I am afraid.

I beg of you, Chung Tzu,

Do not climb over our wall,

Do not break the mulberry-trees we have planted.

Not that I mind about the mulberry-trees,

But I am afraid of my brothers.

Chung Tzu I dearly love;

---

① 檀作文：《朱熹诗经学研究》，学苑出版社，2003，第92~96页。

But of what my brothers say

Indeed I am afraid.

I beg of you, Chung Tzu，

Do not climb into our garden，

Do not break the hard—wood we have planted.

Not that I mind about the hard—wood，

But I am afraid of what people will say.

Chung Tzu I dearly love；

But of all that people will say

Indeed I am afraid.

  对诗中主人公的行为，韦利做了民俗学的理解。他认为，古代中国和欧洲一样，在农村，男子常常于夜晚幽会情人。他提到许多英国民谣和民歌当中都描写了许多类似的情景。[①]

  韦利 1937 年版《诗经》译本共译诗 290 篇，删掉了"二雅"中的 15 篇作品，其中有《小雅》中的 9 篇：《节南山》《正月》《十月之交》《雨无正》《小旻》《小宛》《小弁》《巧言》《何人斯》；《大雅》中的 6 篇：《民劳》《板》《桑柔》《云汉》《瞻卬》《召旻》。从内容来看，这些诗篇都是讽刺时政的作品，曾被毛、郑称为"变雅"。但韦利认为这些诗无甚趣味，在整体上缺乏足够的文学韵味而政治意味又太浓，所以就将其删掉了。

----

 ① Arthur Waley, *The Book of Songs*, London: George Allen Unwin Ltd., Museum Street, 1937, p. 34.

韦利在翻译过程中表现出了较强的文学意识。其突出表现之一就是对《诗经》意象体系的把握十分独到。他说:"英诗中用的许多意象,中国古诗中早就已经在使用。""鸟的飞翔、鸣叫,动物的一行一动,花朵露水淋淋或是雨水淋漓的样子,飞虫飞动时翅膀发出的声音,星的隐没等,所有这一切都是中国诗早期的意象。根据不同的语境,这些意象或被当作象征,或被看作说明,或被视为征兆,其中有许多是我们自己也在使用的。风的飒飒声或说低唱声,应该被解释为悲伤的声音;润物的细雨,应该是王侯慷慨的象征;湿漉漉的树叶,应该使人联想到泪流满面的脸颊。这些解释都是很自然的。鸟的叫声被解释为有意义的话语,起初使我们大惑不解,但我们应该记得,像'咯咯''咕咕''嘎嘎''呱呱'这样的典型的叫声,在古汉语里实际上早已经存在。很难说,鸟和兽就不像人一样用这些声音表达它们的意思。"[1] 这样的意象观,在《诗经》翻译史上可谓是划时代的首创。在此之前,从没有人提出《诗经》的意象概念并把"鸟兽草木"当作意象来对待,即使在世界范围内的《诗经》学研究史上,韦利的意象发现也是开先河之举。

对诗篇中出现的自然形象,韦利通常会利用脚注的形式说明其中审美的或比喻的意义。如《东方之日》中的日、月就是一对审美意象,韦利在注脚中明确指出,"日"和"月"是美的象征,而不是诗人与情人幽会的时间标志。鸟兽虫鱼等各种动物在《诗经》中出现次数繁多,比如仅以鸟为兴象的地方就达 23 处之多。对于诗中的各种动物形象,韦利一般都赋予了各种寓意。例如《鸱鸮》中

---

[1] Arthur Waley, *The Book of Songs*, London: George Allen Unwin Ltd., Museum Street, 1937, p.14.

的鸱鸮相貌丑陋，是恶的象征，韦利在译诗后加注说："猫头鹰总是被中国人划为恶鸟一类，这里象征着成王的两个起兵叛乱的邪恶的叔叔。诗中受害的鸟，也就是诗中说话者，好像是周公，而被含辛茹苦养大的小鸟是年幼的成王。"[①]《诗经》中出现次数最多的名物是各种植物，如荇菜、葛覃、卷耳、樱木、桃、茉苢、甘棠、梅、葭、匏、芄兰、木瓜、蔓草、芍药、苞栩、桑、楚、椒等，总数达 160 种。对于这些植物，韦利都是以文学意象来对待的，翻译时一般做民俗化的处理。例如在《椒聊》译文中，译者在脚注中具体解释了"椒"是什么："爱人的姣好身姿被比作枝繁叶茂的椒，椒同时也象征着爱人炽热的爱情"（The fine stature of the lover is compared to the luxuriance of the pepper-plant, which at the same time symbolizes the heat of his passion）。"椒"是多子多情的妇人的象征。《诗经》中的器物包括许多种类，如车、各种玉石、衣物、象牙制品等。韦利常能在这些器物中解读出非常的含义。如他认为衣服一般是个人财富和社会地位的象征。例如在《芄兰》译文中，韦利在脚注中详细解释了"佩觿"："The knot-horn, a pointed instrument for undoing knots, was worn by adult men, presumably symbolizing their right to undo the knot of a bride's girdle；while the wearing of the bowman's thimble signified that a man was of age to go to war."[②] 韦利在翻译这个名物的时候十分注意选词的忠实性，无奈英语文化中原来并无此物，因此也找不到完全对应的词去翻译它。在很多时

① Arthur Waley, *The Book of Songs*, London: George Allen Unwin Ltd., Museum Street, 1937, p.235.

② Ibid., p.55.

候，韦利从原诗中解读出了原始意象，如在《麟之趾》的译文中，韦利就创造了原始宗教意味颇浓的歌舞祝祷意象，给这一原始意象寻找根据，在脚注中援引了民俗学研究成果：在安南（Annam）地区，就有一种古老的麒麟舞（unicorn dance），每年阴历的八月月圆时举行，人们用箭射被架起的面具，以此作为化装舞会的结束。《诗经》中的诗篇常写到动物所发出的叫声或声音，如"关关"（雎鸠）、"交交"（黄鸟）、"呦呦"（鹿鸣）等。韦利有时把这些声音译成有特定意义的词语，从而把声音意象隐喻化。例如《关雎》中鸟的"关关"叫声译成"fair, fair"，"fair"本义是"美丽"，用以隐喻男女相悦，夫妻好合。在《螽斯》的翻译中，螽斯飞动时翅膀发出的声音也被意象化了，原诗中的"诜诜""薨薨""揖揖"被分别译成了"throng, throng"、"bind, bind"、"join, join"。这些词都一语双关，"throng"取子孙繁衍、绵绵无穷之意，"bind"和"join"则取和睦相亲、团结如一之意，也是王族繁荣昌盛的象征。

韦利十分重视《诗经》的语言艺术，形式美是他整个翻译过程中的不懈追求。韦利在后记中写道：从初次接触《诗经》开始，就深深为《诗经》的韵律美所打动。他赞扬《诗经》里的诗就像"《荷马史诗》"一样，冲破了我们朗诵它们时那种残酷的无知而放声歌唱"[1]。韦利的译文虽然主要使用自由诗体，但音韵和谐，朗朗上口，韵律也显而易见。如《裳裳者华》最后一节：

　　左之左之，君子宜之。

---

[1]　Arthur Waley, *The Book of Songs*, London: George Allen Unwin Ltd., Museum Street, 1937, p.326.

右之右之，君子有之。

维其有之，是以似之。

Put them to the left, to the left, And gentlemen so what is best.

Put them to the right, to the right; Gentlemen know what to do.

And knowing so well what to do, Small wonder that they continue！

文中三行一组韵，每组头两行押韵，第三行虽不完全押韵，但读起来仍十分和谐。

韦利对原诗韵律的重视，还突出地表现在叠句的使用上。在很多原诗使用叠句的地方，韦利也使用了叠句。如《中谷有蓷》中的叠句：

Bitterly she sobs/Bitterly she sobs...

Long she sighs/Long she sighs...

In anguish she weeps/In anguish she weeps...

《诗经》的兴象和各种比喻手法较多，诗篇中常把女子比作桃花、葛覃、修竹、椒聊、荷花，甚至比作日月。韦利敏锐地看到了这些兴象和比喻形式的审美价值，对原文的表达法十分重视，在译文中也大量使用各种修辞手法，从而把原文的修辞艺术保存了下来。例如《有女同车》：

有女同车，颜如舜华。

将翱将翔，佩玉琼琚。

彼美孟姜，洵美且都。

有女同行，颜如舜英。

将翱将翔，佩玉将将。

彼美孟姜，德音不忘。

There was a girl with us in our carriage.

Whose face was like the mallow−flower.

As we swept along,

Oh, at her belt the bright girdle−gems !

That fair eldest Chiang was fair and fine indeed.

There was a girl with us in the same carriage−line.

Whose face was like the mallow−blossom.

As we swept along, How those girdle−stones jingled !

That lovely eldest Chiang, All that was told of her is true.

韦利早年在翻译中国诗歌时，常力求再现原诗的节奏特点，方法是将汉语中的每一个单音实字对应英语的一个重读音节，重读音节有时连续出现，有时由非重读音节隔开，但两个重读音节之间的非重读音节通常不超过两个；一首诗中的连续重读音节要出现一定的次数，但也不必每一句都有，这就是韦利所独创的著名的"弹性节奏"。韦利以原诗语言艺术为美，并在翻译中着力体现之，这基本上可以说明译者对《诗经》文学性的重视和关怀。1960年，当韦利翻译的《诗经》再版时，他又写了一篇简短的新序。其中，他提到这本译著的作用之一，便是为那些研究比较文学、民俗学的人提供资料。[①] 很显然，他所翻译的《诗经》远远超出了这个目标，不但常常为学者专家所征引，也成为西方读者最为熟知和喜爱的译本。

第四节 创新翻译模式：庞德译本

被誉为"诗歌革命家"的庞德与中国文学有着密切的联系，他对《诗经》较全面的了解得益于翟理斯的《中国文学史》，虽然他并不通晓汉语，但通过多种译本了解到了《诗经》中的精彩诗歌景观。他的翻译更像是创作新诗的过程，或者说得更确切些，翻译是"实验"，"实验的目标是将译作与现实生活联系起来，就像原作与当时的现实生活相联系一样"[②]。庞德翻译的《诗经》于1954年由哈佛大学出版社首次出版。他一反以往对韵体诗歌的摒弃，采用韵体来翻译《诗经》，以便体现原诗最初的歌行特征。为了强调《诗经》的文化经典意义，他把译本副书名定为"孔子所审定的古典诗集"。他在译本的末页以醒目的方式附上了"思无邪"三个粗体汉字，用孔子对《诗经》所做的这一总结性评语作结。一位西方学者

---

① Arthur Waley, *The Book of Songs*, second edition, New York: Grove Press, Inc., 1960, p.9.

② Mary Paterson Cheadle, *Ezra Pound's Confucian Translations*, Michigan: The University of Michigan Press, 1997, p.151.

曾经用"启示型翻译"(apocalyptic translation)来形容庞德所译的《诗经》,因为在庞德看来,《诗经》作为一部儒家文化经典,含有当今世界所急需的智慧。作为译者,他的使命之一便是向读者揭示这一智慧。① 为了体现《诗经》的吟唱特征,让读者了解《诗经》中各章的基本格式,庞德特意给他的译文附上每首诗、每个字的读音。此外,为了体现《诗经》的古老特征,庞德还特别要求采用小篆来印刷汉诗原文。所有这些都会大幅度地增加印刷的困难,而且也会使书的成本增加,提高书价,从而影响销路。

从语言特点上来看,庞德英译《诗经》用的是雕塑艺术一般的语言。他模仿了蒙太奇式的语义组合手法,因为他相信,蒙太奇式语义组合就是汉语的本质特征。从意象的运用上看,庞德仍然遵循了《神州集》所开启的意象主义传统,在译诗中创造了大量的意象,如在《雅》《颂》部分创造了光的意象,光的意象代表天和上帝,是光明、正义和权威的象征。这些光的意象都有如下特点:高高在天庭之上(above the sky, above heaven),明亮(bright, shine, gleam, glitter),遍布整个天宇(light upon light, over sky through),被赋予一种神秘感和崇高感。它是极权的象征,它降命于天下,监视人君。它并不总是赐福于整个天下,而是赐福于明君、大治之国,同时也降罚于昏君,降灾于庶民。文王被神化为"光",居周朝至高神的地位。

《诗经》中有许多拟声词,如鸟叫声、器乐声、物体撞击声等。庞德翻译时没有局限于机械地模仿这些声音,而在很多情况下

---

① L. S. Dembo, *The Confucian Odes of Ezra Pound: A Critical Appraisal*, Berkeley: University of Califoria Press, 1963.chap.3.

把声音也意象化，从而使声音也具有了意义。如《关雎》的"关关"声，就被创造成了一个十分独特的意象："Hid！ Hid！ The fish-hawk saith"（关关雎鸠），"hid"不是译者模仿鸟叫声出现的失误，而是有意选定的词。它有两层意义：从表面上看，它是模仿雎鸠的叫声；在深处则有"藏匿（hide）"的意思，与下文结合在一起，就隐藏着关雎寻求某物的意思。庞德有时还把乐器发出的声音意象化。如《有瞽》中的县鼓、应田、鞉、磬、圉、箫管等发出的"肃雍和鸣"被用意象的手法凸显出来，并赋予意义。"应田县鼓，鞉磬柷圉。既备乃奏，箫管备举。喤喤厥声，肃雍和鸣，先祖是听。"

Drum sound shall make the "field",

stone gong, the "stall",

with bamboo's ordered tones to "left" it all.

Lordly voice, played，

over-played

professional of sound

reaching the shades

as their audition is

in this sound's mysteries.

乐器发的声音当然并不是"field""stall""left"，译者用它们来模仿声音并不逼真，但听起来却较肃穆，且可以赋予某种寓意。这三个词不仅已成为诗中"声象"，其本义也同时被用来入诗，从

而创造出一种与祭祀仪式上人神对话相谐调的氛围。这不能不说是译者奇异的创造。有时，庞德还在整首诗中运用蒙太奇手法，使译诗语言洁净得如水晶一般。如《鹊巢》：

维鹊有巢，	Dove in jay's nest
维鸠居之。	to rest,
之子于归，	she brides
百两御之。	with an hundred cars.
维鹊有巢，	Dove in jay's nest
维鸠方之。	to bide,
之子于归，	a bride
百两将之。	with an hundred cars.
维鹊有巢，	Dove in jay's nest
维鸠盈之。	at last
之子于归，	and the hundred cars
百两成之。	stand fast.

与原诗一样，译诗分为三章，每一章由鹊在巢中和新娘在车中两个意象并置对照，意象由词语构成，其间不掺入解释性词语，语言浓缩之甚，无以复加。从整体上来看，庞德的译诗语言具有高度的意合性。不仅如此，从以上举例来看，庞译的诗句中很少使用修饰性的词语，有种赤裸裸的朴素感。从这里我们清楚地看到了意象

派诗学第一条原则的影子，这条原则贯彻到了庞德的每一篇译诗当中。

另外，庞德在翻译《诗经》过程中也采用了多种风格。305 首诗中，有的被译成了自由诗体，有的使用现代词汇。很多译诗模仿了盎格鲁-撒克逊诗歌、钦定本《圣经》中的诗、伊丽莎白时代的诗，有的译诗模仿了斯宾赛、罗伯特·彭斯、罗伯特·布朗宁，有的译诗模仿了美国作家乔尔·钱德勒·哈里斯的乡音，还有的吸收了希腊、罗马诗人的诗歌创作艺术，如荷马、贺拉斯等。此外，庞德也模仿原诗的风格。由于庞德在译文中拼凑了众多的诗学传统，译文也形成了风格多样的突出特点，但同时也造成了译文缺乏统一性和整体性的缺陷。庞德运用美国民歌风格翻译《诗经》最突出的一篇是《小雅·黄鸟》，具有一股浓郁的美国南部的乡土气息。

> Yaller bird, let my corn alone,
>
> Yaller bird, let my crawps alone,
>
> These folks here won't let me eat,
>
> I wanna go back whaar I can meet
>
> the folks I used to know at home,
>
> > I got a home an'I wanna'git goin'.
>
> Yalla'bird, let my trees alone,
>
> Let them berries stay whaar they'z growin'.
>
> These folks here ain't got no sense,
>
> can't tell'em nawthin'without offence,

Yalla'bird, lemme, le'mme go home.

I gotta home an'I wanna'git goin'.

译诗采用两种手段来突出民歌风格：一是诗中通篇使用不规则发音：yaller（yellow）、yalla（yellow）、wanna（want to）、git（get）、whaar（where）、nawthin'（nothing）、lemme（let me）、le'mme（let me）；二是使用非常规语法结构：These folks here ain't got no sense、can't tell'em nawthin'without offence。这些不规则的发音和语法结构，使诗歌染上一层率真、粗犷的民歌情调，读来十分亲切。

由于庞德不像理雅各、高本汉和韦利那样谙熟中国文化历史，他在翻译中所要强调的，更多的是《诗经》的美学与诗歌特征。用单一的风格来翻译《诗经》，既不能达到这一目标，也是他那诗人的秉性所无法接受的。为此，庞德在翻译《诗经》时采用了多种不同的诗歌形式和语言风格，使得这部本来单一的经典诗集在他的笔下变化多端，这种多变的风格是其他译本所没有做到的。但存在的问题是，《诗经》中不同的诗篇风格虽然有所不同，但是仍有较高的统一性，而译诗则破坏了这种统一性。《风》《雅》《颂》在风格上大致可以分成三大类，而作者采用的风格则过于分散，所以在一定程度上又歪曲了《诗经》风格多样性的总体风貌。例如，为了模仿原诗中的民歌风味，庞德尝试在翻译中使用俚语，但是，这样的策略往往不能再现原诗的特点，反而会误导读者，尤其是他竟用这样的语言来翻译《小雅》甚至《大雅》中的一些篇章。用当时美国的民间俚语来翻译这样的诗歌，与原诗的形式没有任何对等关系，还把原语中的雅诗转变成了译语中里巷歌谣。

显然，我们无法用传统的信达雅理论来衡量庞德的《诗经》翻译。但是，如果我们把它看作对前人《诗经》翻译的"误读"，或许能够从中得到一些启示。相比理雅各、韦利、高本汉三位德高望重的译者和汉学家，庞德不懂汉语，当然无法与他们竞争在汉学界的影响和地位。但是，作为一位继往开来的大诗人，庞德自然不会满足于重复前人的成果。于是，他便采用"误读"，对理、韦、高三位巨擘的译本做"故意修正"，以便为自己重新开辟一片天地。他之所以能够做到这一点，主要是借助费诺罗萨的汉字理论，对诗中的某些关键文字进行分解和"误读"。这一重要策略不仅使庞德能够独树一帜，而且也成为他修正前人《诗经》翻译的重要工具和手段。

与其说庞译《诗经》是翻译，不如说它是在原文基础上的再创作，是对原文的思想和艺术的进一步发挥，它是一种游离于翻译和文学之间的作品。作为翻译文学，庞译《诗经》无疑是成功的，其在英美文学中的地位和影响已经做出了有力的证明。庞德的成功得益于两点：一是他力行译古喻今的"现实"原则，那就是化用儒家思想为西方现实社会与政治服务的"现实"原则，因为这一原则，庞德的翻译摆脱了译作的从属地位，获得了独立的生命；二是他遵循意象主义原则，因为这一原则，庞德的译作得以成功进入英语文学，并成为意象主义诗学运动的组成部分。

第五章

杜甫诗歌英译研究

第一节　杜甫诗在英语世界的译介

杜甫，字子美，自称少陵野老。生于唐太极元年（712），卒于大历五年（770）。河南巩县（今河南省巩义市）人。杜甫是我国古代伟大的现实主义诗人，一生写了1400多首诗。杜诗在内容上最显著的特色是"以时事入诗"，即客观真实地描写社会、反映时代，因而其诗被称为"诗史"。杜甫生活的时代，正是大唐帝国由盛入衰的时期。这一时期的"安史之乱"、上层腐朽、国事艰难、民间疾苦等，都记录在他那些著名的诗篇之中。他的诗歌从不同角度真实、深刻地反映了当时社会的政治、经济、文化等各方面的情况。

早在19世纪，杜甫诗歌就开始走向英语国家。随着20世纪西方世界对中国典籍广泛和深入的研究，英、美等国著名汉学家开始积极译介杜甫诗作。

1929年，弗劳伦斯·艾斯库（Florence Ayscough）出版了《杜甫：一位中国诗人的自传》（*Tu Fu: The Autobiography of a Chinese Poet*），该书被看作现代西方第一部关于杜甫的传记作品，作者以诗为传，体例独特，其翻译诗歌的方法和风格对后人具有很大的影响力。这部书并不只是给汉学家看的，而是要将杜甫和他的诗歌介绍给更多的西方读者，因此，艾斯库很关心读者能不能理解和欣赏诗歌本身，她着重解释诗歌中的字词、典故，并介绍相关的社会观念和社会风俗，她关注的重点始终不是诗歌艺术的分析和评价。作者在序言和前言部分介绍了她的翻译方法以及典故和中文名的拼写等翻译问题，正文部分的"初唐"（The Early Years of Tang）、"童年"（Childhood Time）、"弱冠"（Early Years Time）、"轻狂"（Giving Way to Carousal Time）和"中年"（Middle Life Time）五个章节涵盖了公元712~759年杜甫的相关经历。译文配以大量与诗文相关的中国古代插画，书后附129首杜诗诗名、杜甫年谱和主要背景人物索引等。

1929年，美国女诗人昂德伍德夫人（Worthley Underwood）和中国学者朱其璜（Chi Hwang Chu）出版了合译的《杜甫：神州月下的行吟诗人》[①]。该书共收入杜诗300余首，但作者的编排方式非常特殊，有的诗被重复翻译，以不同题目置于不同位置；有的是截取不同篇章中的诗句拼凑而成，已脱离了原诗的结构；有的夹杂了大量昂德伍德夫人自己的诗句；还有的是从法国女作家俞第德的法文版《白玉诗书》中转译而来的。在编排策略与译介水平上，该

---

① Worthley Underwood, Chi Hwang Chu, *Tu Fu: Wanderer and Minstrel Under Moons of Cathay*, Portland, Maine：The Mosher Press，1929.

书被洪业诟病为"完全缺乏任何编排原则，有时同一首诗被冠以不同标题，出现在不同译文中"①。

1952 年，美籍华裔学者、史学家洪业（William Hung）在哈佛大学出版社出版了《杜甫：中国最伟大的诗人》（*Tu Fu: China's Greatest Poet*）。该书在扉页上摘译了杜甫《偶题》诗行"文章千古事"，书中按年代次序编排英译了杜诗，作者在序言和前言部分介绍了此书之缘起、杜甫在西方的传播情况等，其中谈到了昂德伍德夫人、艾斯库等人的杜诗翻译以及自己的翻译方法。全书共取选杜诗 374 首，以散文释意方式译出，洪业在序言中说："我也发现很难将译文以英语的节奏韵律表现出来。想要避免中国成语所谓的'削足适履'几乎不可能。因此，我只试图传达杜甫的思想和精神，减少对形式的关注。"（I have found it difficult to cast my translation in English meter and rhyme. It is almost impossible to avoid "paring down the foot to fit the shoe," as an ancient Chinese adage says. I try, therefore, to convey only Tu Fu's thought and spirit, and cease to worry over form.）② 该书正文共计十二章，大都以英译杜甫诗行作为章之标题或题引，涵盖了杜甫 712~770 年的主要人生历程，每章配以若干杜诗。该书的目标读者主要是英、美普通读者，因此书中没有提供太多注释，考虑到学者和汉学家的阅读需要，作者当年配套出版了《〈杜甫：中国最伟大的诗人〉注解卷》（*A Supplementary Volume of Notes for Tu Fu: China's Greatest Poet*），

---

① William Hung, *Tu Fu: China's Greatest Poet*, Cambridge: Harvard University Press, 1952, pp.12-13.

② Ibid., pp.12-13.

书中的注解按《杜甫：中国最伟大的诗人》对应章节和页码进行编排，同时也介绍了同首杜诗的其他一些译者及其译本情况，此注解卷被视为杜甫研究和杜诗英译研究的重要文献资料。

1962年，新西兰诗人路易·艾黎（Rewi Alley）出版了《杜甫诗选》①，全书共选译杜诗105首。该译本的最大特点是译者摆脱了中国诗歌体裁的束缚，采用散体翻译，不追求押韵，不限制诗行长短和每行单词数，不惜弃形存意，将原诗神韵熔铸于译诗形式中。

1967年，英国汉学家戴维·霍克斯在牛津出版了《杜诗入门》（*A Little Primer of Tu Fu*）②，收杜诗35首，按诗歌创作的时间先后编排，反映了诗人大致的人生轨迹。身为汉学家，霍克斯在中文诗歌方面具有深厚学识修养与造诣，这在译本的特殊编排模式上能够充分体现出来。首先，译本的每首杜诗以汉语原文呈现，并且每句汉语诗行下都标出了汉语拼音；其次，每首诗之后均配有"题目与主题"（Title and Subject）部分，介绍该诗的背景、题目和主题；再次，"形式"（Form）部分介绍该诗的格律形式；复次，"解读"（Exegesis）部分按照原诗行的汉语字数对每行诗句逐词英译，并进行逐句阐释；最后，是"译文"（Translation）部分的散文释义。书后附有"词汇表"，列出了原诗每个汉字的英语解释，最后还有专有名词索引。

1973年，英国外交官阿瑟·库珀（Arthur Cooper）编撰的《李白与杜甫》（*Li Po and Tu Fu*）在 Penguin Books 出版。③ 该书

① Rewi Alley, *Tu Fu Selected Poems*, Beijing: Foreign Language Press, 1962.

② David Hawkes, *A Little Primer of Tu Fu*, Oxford: Oxford University Press,1967.

③ Arthur Cooper, *Li Po and Tu Fu: Poems Selected and Translated with an Introduction and Notes*, Harmondsworth: Penguin Books,1973.

在正文之前有长达 100 页的副文本，包括"致谢""汉字和中国人名的读音""中国书法""前言"，其中"前言"包含十一篇文化背景简介，不仅介绍了李白、杜甫及其生活时代，还讲解了唐诗背景（《诗经》、楚辞、音节韵律）、翻译方法、英语诗歌朗诵等主题。正文选译了李诗 25 首、杜诗 18 首，译者在大部分译文前配上了中文原诗，在每首诗译文之后详细说明了诗文的背景、词句释读等信息。

1989 年，美国汉学家、诗人戴维·辛顿在纽约 New Directions 出版了《杜甫诗选》（*The Selected Poems of Tu Fu*），书中译者按照诗人一生中生活过的地域和不同阶段的人生主题把 180 多首杜诗分为六个部分：北方——早期诗作；北方——内战；西方——流放生涯；西南——乡野生活；南方——三峡；南方——晚年诗作。每部分首先在译文前简要介绍杜甫不同时期的生活变化，其次列出各时期的代表性诗作，在该书的"阅读指南"部分，译者特意提到了该书的配套著作《唤醒的宇宙——中国古典诗歌的心境》（*Awakened Cosmos: The Mind of Classical Chinese Poetry*），在这本书中，译者从学术角度对杜甫诗中暗含的道家世界观和中国诗歌中特有的"不可译现象"进行了研究。

1992 年，夏威夷大学汉学家麦大伟（David R. McCraw）的《杜甫的南方悲歌》[①]一书收录了杜诗 115 首。作者把杜甫的诗歌分为十一个主题，包括"四川诗歌""杜甫贵州之行""杜甫南方行""社会百态之诗""自然之景""夜之歌""咏物歌""政

---

① David R. McCraw, *Du Fu's Laments from the South*, Hawaii: University of Hawaii Press, 1992.

治""官场与退隐""静思""秋绪",每一部分不仅收入与该主题相关的杜诗,而且在正文开篇附上一首西方著名诗歌的节选,如在"杜甫贵州之行"一章附上的是济慈的《黑塔楼》,在"政治"一章附上的是莎士比亚的《亨利八世》。

2016 年,美国著名汉学家宇文所安出版了历时八年翻译完成的杜甫诗歌全译本《杜甫诗集》(*The Poetry of Du Fu*),该书共六卷,是目前世界范围内英译杜甫诗歌数量最多、最完整的译作,书中所收录的杜诗主要依据清代仇兆鳌《杜诗详注》的顺序进行翻译。

除了以上以杜甫诗为专辑的著作,还有很多西方汉学家出版的汉诗选译集中也不同程度地收录了杜甫诗,详见表一。

表一　收录杜甫诗的英译汉诗集

编者 / 译者	国家	编者 / 译者身份	出版时间	作品名称	杜诗数量
理雅各 (James Legge)	英国	传教士	1871 年	《中国经典》(*The Chinese Classics*)	2 首
翟理斯 (Herbert A. Giles)	英国	驻华外交官、汉学家	1898 年	《古今诗选》(*Chinese Poetry in English Verse*)	10 首
克莱默·宾 (Cranmer-Byng)	英国	诗人	1909 年	《玉琵琶》(*A Lute of Jade*)	4 首
弗莱彻 (W. J. B. Fletcher)	英国	汉学家	1918 年	《中诗精品英译》(*Gems of Chinese Verse Translated into English Verse*)	45 首
			1919 年	《中诗精品读译》(*More Gems of Chinese Poetry*)	30 首
弗劳伦斯·艾斯库 (Florence Ayscough) 艾米·洛厄尔 (Amy Lowell)	美国	汉学家、诗人	1922 年	《松花笺》(*Fir-Flower Tablets*)	14 首

续表

编者/译者	国家	编者/译者身份	出版时间	作品名称	杜诗数量
威特·宾纳（Witter Bynner）江亢虎（Kiang Kang-hu）	美国 中国	汉学家、诗人	1929年	《群玉山头》（*The Jade Mountain*）	38首
索姆·詹宁斯（Soame Jenyns）	美国	诗人	1940年	《唐诗三百首选》（*Selections from the Three Hundred Poems of the Tang Dynasty*）	15首
			1944年	《续唐诗三百首选》（*A Further Selection from the Three Hundred Poems of the Tang Dynasty*）	8首
白英（Robert Payne）	英国	汉学家	1949年	《白驹集》（*The White Pony*）	40首
王红公（Kenneth Rexroth）	美国	诗人	1956年	《中国诗百首》（*One Hundred Poems from the Chinese*）	35首
葛瑞汉（A. C. Graham）	英国	汉学家	1965年	《晚唐诗选》（*Poems of the Late T'ang*）	19首
静霓·韩登（Innes Herdan）	英国	作家	1973年	《唐诗三百首》（*The Three Hundred T'ang Poems*）	39首
柳无忌（Wu-Chi Liu）罗郁正（Irving Yucheng Lo）	美籍华裔	诗人	1975年	《葵晔集》（*Sunflower Splendor: Three Thousand Years of Chinese Poetry*）	56首
唐安石（John A. Turner）	爱尔兰	耶稣会传教士、汉学家	1976年	《汉诗金库》（*A Golden Treasury of Chinese Poetry*）	6首
叶维廉（Wai-lim Yip）	美籍华裔	诗人	1976年	《汉诗选集：主要形式与体裁》（*Chinese Poetry: An Anthology of Major Modes and Genres*）	17首
大卫·扬（David Young）	美国	学者	1980年 1990年	《唐朝四诗人》（*Four Tang Poets*）《唐朝五诗人》（*Five Tang Poets*）	27首 27首
华兹生（Burton Watson）	美国	汉学家	1984年	《哥伦比亚中国诗歌选》（*The Columbia Book of Chinese Poetry*）	23首

续表

编者 / 译者	国家	编者 / 译者身份	出版时间	作品名称	杜诗数量
宇文所安（Stephen Owen）	美国	汉学家	1996年	《诺顿中国文学选集：从初始至1911年》（An Anthology of Chinese Literature: Beginnings to 1911）	35 首
闵福德（Minford）刘绍铭（Joseph S. M. Lau）	英国中国香港	汉学家作家	2000年	《含英咀华集》（Classical Chinese Literature: An Anthology of Translations, Volume I: From Antiquity to the Tang Dynasty）	44 首
戴维·戴姆拉什（David Damrosch）	美国	文学家	2008年	《朗曼世界文学选集》（The Longman Anthology of World Literature）	6 首

　　杜甫诗歌译介的发展期和繁盛期正好契合了美国新诗运动的第一次高潮和第二次高潮。杜甫诗歌直接影响了美国的诗人和诗学，又通过诗人翻译家影响了另一批诗人，使其诗歌创作中体现出浓郁的东方色彩。受杜甫影响最深的当代英语诗人当属美国文坛风格独树一帜的诗人王红公，他被称为美国现代诗"垮掉派的教父"。王红公在道德观念和思想品质上深受杜甫的影响："我三十年来一直沉浸在他的诗中，他使我成为一个更好的人，一个道德的代言人。"① 他沉浸于杜甫诗中长达数十年之久，收益甚巨。在这样的影响下，王红公诗作常表现出对人的关爱和对社会问题的关注，具有一种精神道德的感召力，王红公还在创作技巧和语言文字上师法中国古典诗歌。另一个深受杜甫影响的是美国诗人凯瑟（Kizer），她中年重新写诗时主要模仿杜甫。她也是自觉借鉴中国古典诗歌而成绩斐然的一位诗人。为了纪念李白与杜甫之间深厚的友谊，凯瑟专

① K. Rexroth, *The Collected Shorter Poems of Kennith*, New York: New Directions, 1956, p.137.

门创作了一首诗来歌颂他们伟大的友情，诗的题目为"Tu Fu to Li Po"（杜甫致李白）。

国外学者在杜诗中读到的是宽容的人性、社会良知和仁者襟怀。"现代诗人虽然学习杜甫的自然主义，除了日常生活细节，却很少能够达到他在态度和意旨方面的自由随意。这种自由随意使得杜诗体现出一种宽容的人性，甚至连西方读者都能明显感受到。"[①] 辛顿指出，"不同于以往乐府诗间接反映人民的苦难，杜甫是第一个描写真实、直接的社会问题的诗人"[②]。由此可以看出，杜诗中蕴含的社会良知和人类共通的基本情感能够在对外传播中引起读者的共鸣，杜诗的人文价值能够在世界范围内被认识、理解和推崇，并由民族的文学经典转换为世界的文学经典。

第二节　杜甫诗英译策略

翻译策略直接表现原文和译文的关系，译者对原文的处理，也往往关系到译文的特色。纵观杜甫诗的英译历史，译者主要采用了两种翻译策略：以诗译诗和以自由体译诗。

一　以诗译诗

杜甫诗的早期译者如理雅各、翟理斯、弗莱彻、库珀、凯瑟等都用格律诗体翻译原作，突出押韵，在翻译策略上则以归化居多，其中最负盛名的是"创意英译"和"拆字法"（Split-up）。翟

---

① 〔美〕宇文所安：《盛唐诗》，贾晋华译，生活·读书·新知三联书店，2014。

② David Hinton, *The Selected Poems of Tu Fu*, New York: New Directions, 1989, p.viii.

理斯在《古今诗选》中所谓的"创意英译",主要应用在对杜甫诗歌题目的翻译上,他所翻译的所有杜甫诗歌题目几乎没有与原诗一致的。如《绝句二首》之二的译文题目是"In Absence",突出的是不在家乡之意,《落日》的题目译作"Wine"(酒),《题张氏隐居二首》之一译为"The Hermit"(隐士),《石壕吏》译成"Pressgang"(征兵队),等等。总体来看,其译文更改题目主要依据他对原诗大意的理解,在此基础上以概括性的方式给出英文题目,以便英语读者比较容易地把握诗歌主旨,尽管很多时候其概括不够精确。[①]"拆字法"的使用,是《松花笺》译者创造性译法的最好例证。这一方法的基本设定是,构成一首诗歌的中国象形文字的语源学出处最为重要,译者将汉字的偏旁、部首的含义英译在译诗中,使之与整首诗歌的意境相吻合。两位译者创造性地将汉字拆开,融入译诗中。而艾斯库还将这一方法用在了她后来的两部杜甫诗歌专辑中。但这种看似严谨、新颖的方法却导致了诸多讹误,如杜甫的"林风纤月落"就被艾斯库译为"Wind weaves, of forest shadows and fallen moon-light,/a pattern, white in warp and black in weft",将"纤"译为"白经黑纬交织的丝织图样"。

在译诗的形式保留方面,主要有宽松式和严格式两种。宽松式主要指译者重点突出诗的节奏或韵律,而不太关注诗行的格律要求;严格式则指译者在翻译过程中遵循比较统一的格律和押韵规则。如库珀翻译的杜甫诗明显采用了以格律译格律的方法,以杜甫的五言诗《春望》为

---

① 郝稷:《翟理斯〈古今诗选〉中的英译杜诗》,《杜甫研究学刊》2009年第3期。

例，原诗每句三顿，每顿内含一个重读音节，第一二句音顿结构相同，其余句音顿相同。这首诗的译文第一句采用六个重读音节，第二句采用五个，后面的句子如此有规律地反复出现，形成一定的节奏。

春望	**Looking at the Springtime**	
国破山河在，	In fallen States	The beacon fires
城春草木深。	hills and streams are found,	have now linked three moons,
感时花溅泪，	Cities have Spring,	Making home news
恨别鸟惊心。	grass and leaves bound;	worth ten thousand coins;
烽火连三月，	Though at such times	An old grey head
家书抵万金。	flowers might drop tears,	scratched at each mishap
白头搔更短，	Parting from mates,	Has dwindling hair,
浑欲不胜簪。	birds have hidden fears;	does not fit its cap! (1973:171)

韵脚按 aabbccdd 方式，虽然与原文押韵不同，但阅读英文时可以明显感受到鲜明的节奏和韵味。

中文诗词的韵律主要通过平仄、双声和押韵来反映词素之间的语音关系，杜甫诗中存在大量拟声、双声、叠韵手法，这也是格律诗翻译中最能代表译者语言技巧的地方。如《兵车行》句首的拟声词"车辚辚、马萧萧"，产生一种突兀感，醒人耳目，此处的多种翻译用词表现出译者的不同风格：

艾斯库译文：Lin！Lin！Chariots jangle；Hsiao！Hsiao！Horse snort；（Ayscough, 1929：100）

弗莱彻译文：Chariots rumble and roll；horses whinny and neigh.（Fletcher, 1919：67）[1]

---

① W.J.B.Fletcher, *Gems of Chinese Verse Translated into English Verse*, Los Angeles: University of California Libraries, 1919.

宾纳译文：The war-chariots rattle，/The war-horses whinny.
（Bynner & Kiang, 1929：169）[1]

华兹生译文：Rumble-rumble of wagons，/horse whinnying,
（Watson, 2002：8）[2]

许渊冲译文：Chariots rumble/And horses grumble.（许渊冲，
2006：5）[3]

以上五种译文都采用了英语中相应的拟声词，如弗莱彻分别连
用两个拟声词 rumble and roll 和 whinny and neigh，宾纳用 rattle
和 whinny，华兹生用 rumble-rumble 和 whinny，许渊冲用 rumble
和 grumble。对于模拟同一种声音，不同译者采用了不同的拟声
词，这也反映了拟声词的"能指"和"所指"并非一一对应。艾斯
库采用音译加上相应的英语拟声词，Lin！ Lin！ Chariots jangle；
Hsiao！ Hsiao！ Horse snort，保留了汉语的声音。汉语和英语中
对常见的、典型的自然声音的模拟都不乏拟声词，因此在翻译中较
容易确定对应关系。从原则上说，凡是着力渲染音响效果以达到增
强文字感染力的拟声词都应该用译入语里相应的拟声词传达出来，
这样可以最大化地展现原作的符号意义。

中文诗中也存在一些在英文中没有对应拟声词的现象，如《兵
车行》最后一句"新鬼烦冤旧鬼哭，天阴雨湿声啾啾"。"啾啾"
本形容鸟或其他动物的叫声，此处泛指各种凄切尖细的声音，借以

[1]　Witter Bynner, Kiang Kang-hu, *The Jade Mountain: A Chinese Anthology Being Three Hundred Poems of the Tang Dynasty*, New York: Alfred A. Knopf, 1929.

[2]　Burton Watson, *The Selected Poems of Du Fu*, New York: Columbia University Press, 2002.

[3]　许渊冲：《杜甫诗选》，河北人民出版社，2006。

想象"鬼"的哭声。英文翻译出现了多种处理方法：

艾斯库译文：Dark sky, wetting rain; sound of their cries—Chiu！ Chiu！（Ayscough, 1929：102）

弗莱彻译文：Beneath the gloomy sky there runs a wailing in the rain.（Fletcher, 1919：68）

宾纳译文：Loudest in the dark sky of a stormy day.（Bynner & Kiang, 1929：170）

华兹生译文：Skies dark, drizzly rain, the whimpering, whimpering voices.（Watson, 2002：9）

许渊冲译文：The air is loud with screech and scream in gloomy rain.（许渊冲，2006：7）

对比以上译文可以看出，艾斯库仍然直接用音译"chiu"传递中文"啾"的音效。弗莱彻和宾纳基本略译拟声词，只用"wailing"点出哭声，"loudest"突出哭声之响。华兹生的译文采用两个"whimpering"的重复还原了原文的叠字，渲染了悲惨哀怨的鬼泣。许渊冲采用"screech"和"scream"押头韵的方式，表现出一种凄厉的声音效果。据此，对于汉语和英语中很难达成共识的拟声词，译者采用了不同的处理方式，如音译、略译、使用相应的英语拟声词、变换修辞等。

二 以自由体译诗

采用自由体来翻译诗歌往往需要更多地发挥译者的主体性，译者不愿意被诗词的外在形式束缚，自由体的译文通常会失去格律体的形式美，在表达诗句语义时更加自由开放。洪业在翻译杜甫诗歌时基本不采用直译，因为他认为这样做既费力又会造成很大的误导，他更关注特定背景下诗人试图与读者交流的精神所在，因此他也拒绝削足适履，没有将韵律节奏等形式要素强加于他的英语翻译之上。[①] 洪业译诗所用的主要是意译的方法。艾黎在翻译杜甫诗歌时更明显地使用了自由体，他完全打破了杜甫诗歌原作严格的格律特点，用散文式自由流畅的语言重新解读了杜甫诗歌，其中肯定融入了译者对杜甫诗歌的个人化解读，可以算是译者的再创作，这种译文更注重表现杜甫诗歌的精髓。如杜甫的《江南逢李龟年》：

江南逢李龟年
岐王宅里寻常见，
崔九堂前几度闻。
正是江南好风景，
落花时节又逢君。

Meeting Li Guinian in Jiangnan
Often you went to the palace
Of Prince Qi, and then you
Sang again and again for Cui Di;
Jiangnan scenery is now at
Its best; as blossom falls,
So do we meet again.

艾黎的这首译诗呈现的是一种分行的散文，他用自由流畅的语言按照个人的理解对原诗进行了解读，形式上失去了格律体的特点，分行更为自由，人称代词的多次出现甚至带有明显的口语特色，这种自由体诗形式更适合当代英语读者的阅读习惯，也更容易被接受，有利于诗歌的传播普及。

在这方面，霍克斯的翻译策略达到了自由体的极致，他完全摒

---

① 郝稷：《至人·至文·至情：洪业与杜甫研究》，《古典文学知识》2011年第1期。

弃了诗歌的形式，直接采用以散文译诗歌的方法，如他翻译《江南逢李龟年》即采用了散文体：

On Meeting Li Kuei-nien in the South

I often saw you in Prince Ch'i's house and heard you a number of times in the hall of Ts'ui Ti. It's true that the scenery in Chiangnan is very beautiful. And here, in the season of fallen blossoms I meet you once again. (Hawkes, 1967：212)

与艾黎的译文相比，霍克斯的译文完全脱离了原诗的诗歌形式，用散文形式传达了原诗的含义。霍克斯翻译杜甫的著名七律诗《登高》时更体现了这种风格：

> 风急天高猿啸哀，渚清沙白鸟飞回。无边落木萧萧下，不尽长江滚滚来。万里悲秋常作客，百年多病独登台。艰难苦恨繁霜鬓，潦倒新停浊酒杯。

From a Height

The wind is keen, the sky is high; apes wail mournfully. The island looks fresh; the white sand gleams; birds fly circling. An infinity of trees bleakly divest themselves, their leaves falling, falling. Along the endless expanse of river the billows come rolling, rolling. Through a thousand miles of autumn's melancholy, a constant traveler racked with a century's diseases, alone I have dragged myself up to this high terrace. Hardship and bitter chagrin have thickened the frost upon my brow. And to crown my despondency I have lately had to renounce my cup of muddy wine ！（Hawkes, 1967：204-205）

他的这种译文已经不能称作诗，而是一种文学上的再创作，对于这种"文学性翻译"，王红公坚持认为"翻译就是我的自我表达"①，所以译者在翻译杜甫诗时难免会增加许多自己的创造，为读者呈现的是译者心目中的诗歌意境。

无论是以诗译诗，还是以自由体译诗，不同的诗体各有利弊。采用韵律体来翻译杜诗有助于体现原诗严谨的风格，杜甫的那个时代距今久远，用韵律体来翻译杜诗就显得古色古香，与其时代相吻合，但恐怕会因音害意。自由体译诗少了格律的限制，灵活度很大，是美国诗坛的主流，受到当代读者的喜欢，但如果仅限于散文的分行，就不能称其为诗了。因此，韵律诗和自由诗或散体诗各有利弊，而多种文体的出现，可以丰富翻译文学，照顾不同的读者群，起到互补作用。

第三节　宇文所安《杜甫诗集》深度英译

一　宇文所安的中国古典文学研究与英译

宇文所安是美国当代著名汉学家，1946 年生于美国密苏里州的圣路易斯。1972 年，宇文所安凭论文《孟郊和韩愈的诗》获得

---

①　K. Rexroth, *One Hundred Poems from the Chinese*, New York: New Directions Publishing Corporation, 1971. p.136.

耶鲁大学东亚系博士学位，执教于耶鲁大学，1982 年转至哈佛大学东亚语言与文明系任中国文学教授。1984 年起任哈佛大学东亚语言与文明系中国文学教授和哈佛大学比较文学系教授，1997年起获任哈佛大学詹姆斯·布莱恩特·柯南德（James Bryant Conant）特级教授至今。[1] 宇文所安的研究集中在诗歌史、诗学理论、文学史、文学理论等领域，其中以中国诗歌史的整体研究最为卓著，其著作《初唐诗》（1977）、《盛唐诗》（1981）、《中国"中世纪"的终结：中唐文学文化论集》（1996）、《晚唐：9 世纪中叶的中国诗歌（827—860）》（2006）几乎涵盖了唐朝近三百年的诗歌史。从整体来看，宇文所安的中国古典文学研究，由最初的孟郊、韩愈诗到初唐诗、盛唐诗、中晚唐诗，以及中国古典文论，再到涵盖整个中国古典文学，在具体研究逐渐趋于精细和深入的同时，又注重对中国古典文学整体性的把握。他的著作融文学性、思想性和学术性于一体，宇文所安在研究中采用了文本细读原则、再现文本家族、重构诗歌流变史等方法，从诗歌史、专家诗、句法修辞等层面进行的综合研究已经超越了传统唐诗研究的限制，成为美国唐诗研究领域的集大成者。

除了做中国古典文学研究以外，宇文所安还是一位翻译家，很早就开始大量翻译中国古典诗歌和文论，包括初唐诗、盛唐诗和晚唐诗 700 余首，将大量的中国古典诗歌及相关理论译介给西方世界，例如：他翻译了《文心雕龙》；与林顺夫（Lin Shuen-fu）合编了《抒情诗的生命力：后汉至唐代的史诗》（*The Vitality of the Lyric*

---

① 张宏生：《"对传统加以再创造，同时又不让它失真"——访哈佛大学东亚语言与文明系斯蒂芬·欧文教授》，《文学遗产》1998 年第 1 期。

Voice: Shih Poetry from the Late Han to the T'ang, 1986）；与余宝琳（Pauline Yu）合编了《语词的方式：早期中国关于阅读活动的写作》（*Ways with Words: Writing about Reading Texts from Early China,* 2000）；与孙康宜（Kang-i Sun Chang）合编了《剑桥中国文学史》（*The Cambridge History of Chinese Literature,* 2010）；《中国文论：英译与评论》（*Readings in Chinese Literary Thought*）是他早年为耶鲁大学比较文学系编著的"中国文论"课程教材，后作为哈佛大学东亚语言与文明系和比较文学系的权威教材正式出版（英文版，1992年；中文版，2003年）。1996年出版的《诺顿中国文学选集》更是他编译中国文学作品的佳作，其中共选取先秦至清代以诗歌为主的各类作品600余篇，这部翻译选集的阅读对象不是汉学家，而是在大学选修中国文学的学生。因此，这本书不仅成为西方大学东亚系和汉语言文学系指定书目，也是英语世界研究中国古典文学的权威选本之一。这不仅说明中国文学已成为世界文学经典的一部分，更代表着西方学界打破欧洲中心意识，代之以对中国文化的尊重以及对多元文化的自觉。正如汉学家杜为廉（William Dolby）指出："通过加入诺顿选集的行列，中国英译文学向前迈进了一大步，中国文学在西方世界以及所有非汉学专业的英语读者之中也声誉愈隆。"[①]宇文所安出版和发表的汉学著作和学术论文详见表二、表三。

---

① William Dolby, "Book Review: An Anthology of Chinese Literature: Beginnings to 1911 by Stephen Owen," *Bulletin of the School of Oriental and African Studies*, Vol.60, No.3, 1997, p.588.

表二　宇文所安出版的部分汉学著作

年份	著作名称	出版社
1975	*The Poetry of Meng Chiao and Han Yü*（《孟郊和韩愈的诗》）	New Haven: Yale University Press
1977	*The Poetry of the Early Tang*（《初唐诗》）	New Haven: Yale University Press
1981	*The Great Age of Chinese Poetry: The High Tang*（《盛唐诗》）	New Haven: Yale University Press
1985	*Traditional Chinese Poetry and Poetics: Omen of the World*（《中国传统诗歌与诗学：世界的征象》）	Madison: University of Wisconsin Press
1986	*Remembrances: The Experience of the Past in Classical Chinese Literature*（《追忆：中国古典文学中的往事再现》）	Cambridge: Harvard University Press
1989	*Mi-Lou: Poetry and the Labyrinth of Desire*（《迷楼：诗与欲望的迷宫》）	Cambridge: Harvard University Press
1992	*Readings in Chinese Literary Thought*（《中国文论：英译与评论》）	Cambridge: Harvard University Press
1996	*An Anthology of Chinese Literature: Beginnings to 1911*（《诺顿中国文学选集：从初始至1911年》）	New York: W. W. Norton
1996	*The End of the Chinese "Middle Age": Essays in Mid-Tang Literary Culture*（《中国"中世纪"的终结：中唐文学文化论集》）	Stanford: Stanford University Press
2006	*The Late Tang: Chinese Poetry of the Mid-Ninth Century*（《晚唐：9世纪中叶的中国诗歌（827—860）》）	Cambridge: Harvard University Press
2006	*The Making of Early Chinese Classical Poetry*（《中国早期古典诗歌的生成》）	Cambridge: Harvard University Press
2010	*The Cambridge History of Chinese Literature*（《剑桥中国文学史》）	Cambridge: Cambridge University Press
2016	*The Poetry of Du Fu*（《杜甫诗集》）	Boston: Walter de Gruyter
2017	*The Poetry of Ruan Ji*（《阮籍诗集》）	Boston, Berlin: Walter de Gruyter
2019	*Just a Song: Chinese Lyrics from the Eleventh and Early Twelfth Centuries*（《只是一首歌：中国11世纪到12世纪初的词》）	Cambridge, MA: Harvard Asia Center
2022	*All Mine: Happiness, Ownership, and Naming in Eleventh-Century China*（《悉为己有：北宋的快乐、拥有、命名》）	New York: Columbia University Press

资料来源：哈佛大学官网，https://scholar.harvard.edu/sowen/publications。

表三　宇文所安发表的部分学术论文

年份	论文题目	图书 / 期刊	出版社
2020	"Thinking Through Poetry: Du Fu's 'Getting Rid of the Blues'"（《由诗而思：读杜甫〈解闷〉诗》）	*Reading Du Fu: Nine Views*, pp.27-40	Hong Kong: Hong Kong University Press
2019	"The Future of China's Past"（《中国历史的未来》）	*China Questions: Critical Insights Into a Rising Power*	Cambridge, MA: Harvard University Press
2018	"Poetry and Authorship: The Songs of Chu（Chuci）"（《诗歌与作者：楚辞》）	*How to Read Chinese Poetry in Context*, pp.30-47	New York, NY: Columbia University Press
2018	"Sorting Out Babel: Literature and its Changing Languages"（《去伪存真：文学与变化的语言》）	*What China and India Once Were: The Pasts That May Shape the Global Future*	New York, NY: Columbia University Press
2017	《三变柳永与起舞的仁宗》	《川合康三教授荣休纪念文集》	南京：凤凰出版社
2016	"Synecdoche of the Imaginary"（《幻想的借代》）	*The Rhetoric of Hiddenness in Traditional Chinese Culture*, pp.261-277	Albany, NY: University of New York Press
2015	"Jiangnan from the Ninth Century On: The Routinization of Desire"（《九世纪以来的江南：欲望日常化》）	*Southern Identity and Southern Estrangement in Medieval Chinese Poetry*, pp.189-206	Hong Kong: Hong Kong University Press
2015	"Who Wrote That？ Attribution in Northern Song Ci"（《北宋词人》）	*In Reading Medieval Chinese Poetry: Text, Context, and Culture*, pp.202-220	Leiden: Brill
2014	"Postface：'Believe it or Not'"（《后记：信不信由你》）	*Idle Talk: Gossip and Anecdote in Traditional China*, pp.217-224	Berkeley, CA: University of California Press
2012	"Poetry"（《诗歌》）	*The Princeton Encyclopedia of Poetry and Poetics*, 4th ed., pp.1065-1068	Princeton NJ: Princeton University Press
2008	《华宴：十一世纪的性别与文体》	《学术月刊》	—
2008	《史中有史》	《读书》	—
2007	"The Manuscript Legacy of the Tang: The Case of Literature"（《唐代文学手稿》）	*Harvard Journal of Asiatic Studies*, 67, 2, pp.295-326	—

年份	论文题目	图书/期刊	出版社
2006	"'I Don't Want to Act as Emperor Any More': Finding the Genuine in 'Peach Blossom Fan'"（《〈桃花扇〉探宝》）	*Trauma and Transcendence in Early Qing Literature*	Cambridge, MA: Harvard University Asia Center
2005	"The Return of 'Peony Pavilion' in 'Peach Blossom Fan'"（《〈桃花扇〉牡丹亭回归》）	《牡丹亭》2：pp.497-510	台北："中央研究院"中国文哲研究所
2005	"One Sight: The *Han shu* Biography of Lady Li"（《一见:〈汉书·李夫人传〉》）	*Rhetoric and the Discourses of Power in Court Culture: China, Europe, & Japan*, pp.239-259	Seattle: University of Washington Press
2005	《学会惊讶：对王维〈辋川集〉的重新思考》	《中国中古文学研究》	北京：学苑出版社
2005	"Eagle-shooting Heroes and Wild-goose Hunters: the Late Tang Moment"（《射雕英雄与野雁猎手：晚唐诗人》）	*Hsiang Lectures on Chinese Poetry*	McGill University, Montreal, CA: Centre for East Asian Research McGill University

资料来源：哈佛大学官网，https://scholar.harvard.edu/sowen/publications。

二　宇文所安英译《杜甫诗集》体例

2016 年，在安德鲁·W.梅隆基金会（Andrew W. Mellon Foundation）的资助下，宇文所安在学术出版机构沃尔特·德古伊特（Walter de Gruyter）出版社出版了历时八年完成的杜甫诗歌英语全译本《杜甫诗集》，这个译本是杜甫作品第一次完整的英文翻译，被收入丛书《中华经典文库》（*Library of Chinese Humanities*），该文库长期致力于系统译介中华人文经典，促进中华文化在世界范围内的传播。宇文所安希望《杜甫诗集》能进入西方的图书馆，进入美籍华人的家庭，帮助他们认识这位被称为"中国莎士比亚"的诗人及其诗歌。

宇文所安翻译的《杜甫诗集》共有 6 卷，近 3000 页，每卷由"前言"（Introduction）、"翻译惯例"（Translation Conventions）、"杜甫诗"（The Poetry of Du Fu）、"典故"（Allusions）、"缩写"（Abbreviations）和"补充注释"（Additional Notes）组成。他对杜甫的 1457 首诗和 10 篇赋进行了排序和译介。该书中杜诗的排序主要参考的是明末清初著名学者仇兆鳌的《杜诗详注》，杜诗作为"诗史"，其诗序的排列尤其重要，宇文所安指出仇兆鳌对杜诗的编年相对可靠。至于文字底本，宇文所安主要参考《宋本杜工部集》和郭知达的《九家集注杜诗》（1703 年）。在每一卷的"补充注释"中，他列出了每首诗的参考来源，包括《文苑英华》（WYYH）、《宋本杜工部集》（SB）、郭知达的《九家集注杜诗》（Guo）、仇兆鳌的《杜诗详注》（Qiu）、施鸿保的《读杜诗说》（Shi）、信应举的《杜诗新补注》（Xin）、萧涤非《杜甫全集校注》（Xiao）和陈贻焮的《杜甫评传》（Chen）等，方便读者按图索骥。如第一卷第一首诗《游龙门奉先寺》：10497，SB 1, Guo 1, Qiu 1, Shi 3, Xin 1, Chen 60, Xiao 42。译本中的脚注仅限于基本理解译文所需的信息，其中收录了许多译者认为是杜甫本人所作的"原注释"（original notes）。鉴于读者的不同背景，对有些读者来说脚注可能太多，对另一些读者来说则不够，为了避免让读者频繁地交叉查阅，译者重复注释了某些信息。译本正文采用一页繁体中文原文，跟随一页英译，大部分诗之后辅以一定的校注和背景注释，杜诗中的用典通过脚注补充说明。

　　宇文所安在前言中介绍了杜甫的生平和唐代的情况。在谈到翻译时，他提到查赫的德文译本是自己读研究生时的阅读材料，当时没有完整的杜诗英译本，只有部分杜诗的翻译。此外，宇文所安也能紧跟中国国内研究的进展，2014 年，萧涤非主编的《杜甫全集校注》出版，宇文所安在《杜甫诗集》前言中高度评价此书"有可能取代仇兆鳌的版本成为标准本"（likely to supersede Qiu as the standard edition）①，就杜诗评注来源的精确度而言，该书已经是仇兆鳌版本的实用性替代了。由于出版时间较为接近，宇文所安的英译本来不及有效利用《杜甫全集校注》，但在补充注释中附上相关编码。

三　宇文所安《杜甫诗集》英译本的深度翻译模式

　　深度翻译（thick translation）来源于人类学研究中的"深度描写"（thick descriptions），"深度描写"由格尔茨（Geertz）借用赖尔的说法提出并发展而来，用以深度描写、解释人类学研究中的"文化"研究对象，"文化由具有建构性的符号相互作用而成，它不是一种可以用来解释社会事件、行为、机构或者是过程的权力：它是一种语境，在这种语境中事件、行为、机构或过程等都可能以可被理解的方式，也就是'厚重'或曰'深度'的方式加以描写"②。受文化人类学"深度描写"启发，美国普林斯顿大学哲学教授、哲学家、文化学家和小说家奎迈·安东尼·阿皮亚（Kwame Anthony

---

① Du Fu, *The Poetry of Du Fu*, trans. by Stephen Owen, Boston: Walter de Gruyter Inc., 2016, p.lxxxiii.

② 〔美〕克利福德·格尔茨：《文化的解释》，韩莉译，译林出版社，1999。

Appiah）提出：着力于通过注解及相关术语汇编将文本置于丰富的文化与语言语境之中的翻译，称为"深度翻译"。[①] 深度翻译既是一种具体的翻译方法，也是一种翻译研究的方法。作为具体的翻译方法，深度翻译的特点是以注释、术语表或引言等形式在翻译中加入大量解释性的内容，为译文读者理解原文提供丰富的背景信息，将翻译文本置于一个丰富的语境之中。深度翻译的概念本身就包含了实施深度翻译的方法，包括注释和评注的细节、语境重构和文化阐释，是一种异化翻译。译文本身的空间有限，为了最大限度保持译文的可读性，译者对于源语、文化背景等方面的学术阐释更多在注释里进行。深度翻译的实质是增量翻译，所增加的源语和源文化的信息主要放在注释部分，这也体现了"深度翻译"的学术性。

杜甫诗善于描写历史实况，内容广泛，大量取材于政治兴亡和社会动乱，反映唐代由盛转衰的情形。因此，文化负载信息是杜诗创作重要的组成部分，主要涉及历史事件、典故、建筑、服饰等众多方面的内容，这些文化要素在翻译过程中就会产生文化空缺或文化冲突的问题。作为长期研究中国文学、古典诗歌的汉学家和翻译家，宇文所安在杜甫诗英译本中采用深度翻译模式，通过多种形式的副文本来为西方读者架起一道文化沟通的桥梁，展现出深厚的文化功底和灵活的翻译方法。

（一）文内注解

宇文所安的杜甫诗译文从形式上看，具有鲜明的随文训诂的特点，其注解的内容紧随译文。这种文内注解主要是在译文正文

---

① Kwame Anthony Appiah，"Thick Translation," Venuti, *The Translation Studies Reader*, London，New York: Routledge, 2004，p.425.

之后添加注释。宇文所安在认为需要特别加注解释的地方都不遗余力地采用斜体字提供了详细的注解。其所加注释主要有以下几类。

1. 诗人创作背景注解

译者通过补充诗人创作诗歌的时间、地点、生活遭遇等背景信息，为读者再现立体鲜活的创作情景。如在《游龙门奉先寺》诗文之后补充："此诗为杜甫早期诗歌作品，作于洛阳龙门石窟一带，杜甫曾在洛阳地区拥有住所。"①

在《望岳》译文后补充了杜甫当时的生活经历和诗句中泰山的文化象征："杜甫踏入仕途之前，曾在中国东部地区游历，这个时期的诗歌创作主要集中在山东地区，较少写于长江地区。东岳泰山为五岳之一，中国的这五座名山分居中东南西北五个方位。"②

在《赠李白》译文后介绍了杜甫和李白相遇前后的基本遭遇："此诗为杜甫早期在东都遇由翰林供奉被放的李白时所作，之后不久，杜甫前往开封，再与李白、高适相见。"③

由于杜甫善于描写他生活时期唐朝的政治、战争、社会动荡，宇文所安在翻译杜诗时需要清楚掌握诗中涉及的历史信息，包括历史事件的起因、发展、结果，这些具有强烈地方知识特点的背景对于读者读懂杜诗具有非常重要的作用，宇文所安通过文内注

---

① Du Fu, *The Poetry of Du Fu,* trans. by Stephen Owen, Volume 1, Boston: Walter de Gruyter Inc., 2016, p.3.

② Ibid., pp.4-5.

③ Ibid., p.23.

解的形式，让读者准确了解了杜甫在创作诗歌时的历史背景和人文景观。

2. 历史人物注解

杜甫诗中出现了大量历史人物，其中包括杜甫的挚友、亲人、君王、名人志士等，宇文所安通过译文后注释对其进行概要式介绍，如在《李监宅》译文后介绍了李令问："a member of the imperial family and the Director of the Imperial Library. He was renowned for his extravagance and for being a gourmand."[1] 意思是：皇族，官至殿中监，好服玩饮馔，以奢闻于天下。

宇文所安在《重题郑氏东亭》译文后解释了诗中"郑氏"应为驸马郑潜曜，而且还介绍了"驸马"的意思：an "imperial consort" or *fuma* 驸马, the title given to the husband of an imperial princess。[2] 在《陪李北海宴历下亭》中介绍了李邕和李林甫；在《同李太守登历下古城员外新亭》中介绍了李之芳；在《赠特进汝阳王二十韵》中介绍了李琎；在《杜位宅守岁》中介绍了杜位。

可以看出，除了明确有具体身份信息的人名，宇文所安对于杜诗题目或诗句中没有明确身份的人名都在译文后做了补充注释，以便读者了解相关人物与诗文的关系。

3. 祭祀、习俗注解

宇文所安对中国古代传统祭祀礼法和节日风俗做出适当解释，以助于英语读者深入了解诗中的中国历史文化背景。例如，在《冬

---

① Du Fu, *The Poetry of Du Fu*, trans. by Stephen Owen, Volume 1, Boston: Walter de Gruyter Inc., 2016, p.21.

② Ibid., p.25.

日洛城北谒玄元皇帝庙》译文后，宇文所安介绍了唐朝皇家祭拜老子的活动：The Tang imperial house worshipped Laozi, who shared their surname Li, as a remote ancestor, thus combining religious Daoism and dynastic ancestor worship。[1] 在《乐游园歌》中解释了唐朝时期每逢正月晦日人们去长安乐游园（Leyou Park）登高赏玩的习俗：On the last day of the first lunar month, it became a gathering place to enjoy early spring。[2]

4. 译者点评

杜甫诗具有很强的现实性，真实反映了中国唐朝的社会和历史，宇文所安在译文中展示了自己对杜诗历史价值的理解。例如，在《兵车行》译文后，针对有些学者认为这首诗讽刺了唐玄宗天宝十载（751）对南诏的用兵，译者提出这首诗应该并非专指某场战役，而是揭露了唐玄宗长期以来的穷兵黩武给人民造成了巨大的灾难。

杜甫诗中有相当多一部分是送别诗，多采用写实的手法，表现出离别情境所蕴含和牵连的种种复杂的人生体验。宇文所安在《送樊二十三侍御赴汉中判官》译文后总结出了诗人针对送别友人上任的创作思路："诗人杜甫在诗中交代了当时的局势，解释了主人公新官职的军事作用。杜甫后期的诗歌中有大量这类主题，正是由于诗人非常了解当时的政治危机，此类诗歌就成为杜诗的特色。在和平年代，官员如果被调任异地，即便官职不降，他们往往也会产生

---

[1]　Du Fu, *The Poetry of Du Fu,* trans. by Stephen Owen, Volume 1, Boston: Walter de Gruyter Inc., 2016, p.63.

[2]　Ibid., p.69.

一些不满。杜甫在诗中会把这种情况解释为朝廷对官员能力的信任
（a mark of imperial confidence）。"①

5. 诗意注解

杜甫经常在诗中以委婉措辞和生动的语言表达个人的喜怒情
感，为了向读者充分展示诗句的含义，宇文所安在译文后补充了个
人的理解。例如，《示从孙济》记录了杜甫去堂孙杜济家中受到杜
济以米饭葵羹的招待，杜济可能露出勉强、不耐烦的神情和举动，
诗人发出一阵牢骚和教训的话。宇文所安在译文后准确指出了这首
诗要表达的人物情感："杜济认为杜甫到访就是为了混口饭吃，而
杜甫在诗文最后批评了他的态度。"②

（二）文外注释

相比文内注解，文外注释在宇文所安的《杜甫诗集》译本中数
量更多，内容更丰富，几乎每首杜诗都提供了一定数量的脚注，短
则一个短语，长则两三句，整体上信息简洁，语言精练，主要包括
以下几个主题。

1. 典故注释

在《杜甫诗集》的 1400 余首诗中，含有典故的诗多达 775 首，
用典多达 2312 条次，用典所涉及的古籍多达 140 余种，典故主要
出自唐以前的史书，同时兼及其他古代典籍和作家诗文，其中史书
出典列前三位的是：《史记》有 337 条次，《汉书》有 257 条次，《后汉
书》有 197 条次。古代诗歌中，出典最多的是《诗经》，凡 87 条次，

---

① Du Fu, *The Poetry of Du Fu,* trans. by Stephen Owen, Volume 1, Boston: Walter de Gruyter Inc., 2016, p.291.

② Ibid., p.157.

且多为语典。先秦诸子作品中,《庄子》出典最多, 有 120 条次。

由于东西方社会和文化差异, 典故翻译的难点在于语义的文化理解深浅和双语的语义不对等, 因此, 宇文所安在翻译诗中的典故词语时, 为了弥补译文中直译的不足, 采用脚注或尾注最大限度地还原典故的文化背景。

例 1
原文:

上白帝城

城峻随天壁, 楼高更女墙。江流思夏后, 风至忆襄王。

老去闻悲角, 人扶报夕阳。公孙初恃险, 跃马意何长。

英译:

Climbing White Emperor Castle

The walls are lofty, following the cliff's contours,

its towers high, with battlements further on.

As the river flows on, I recall the Lord of Xia, [1]

when the wind comes, I think back on King Xiang. [2]

Getting old, I hear the sad bugle,

others help me along, telling me it's evening.

Gongsun Shu at first relied on its fastness,

when he made his horse rear, how far-reaching were his

aims! [3]

　　这句诗中的"夏后"指大禹，夏后氏部落领袖，故称。后世用作咏山河治绩的典故。这里是追怀大禹疏导江河的千秋功业。"襄王"指战国时的楚襄王，即楚顷襄王。这里是诗人的联想，他登上白帝城，因清风迎面吹来，而想起昔日楚襄王赞风的故事。"公孙初恃险"指东汉公孙述凭恃西蜀天险自立为帝之事。这里以"公孙初恃险"为喻，警告崔旰割据之徒跃马，即公孙跃马称帝之意。跃马，谓驰骋疆场。这里用公孙述据蜀称帝事，暗指崔旰杀节度使事，谓其虽负雄心而不能久据。宇文所安在翻译这三处典故时，基本采用了直译方法，除此之外，还利用脚注对三个历史人物的背景分别做了简要注释：

　　　　1 Yu, who cut the Gorges.

　　　　2 Alluding to Song Yu's *"Fu on the Wind"*, supposedly presented to King Xiang of Chu.

　　　　3 Gongsun Shu was a pretender to the throne, based in Kuizhou, during the collapse of the Wang Mang interregnum in the third decade of the first century CE. Zuo Si, in his *"Fu on the Capital of Shu"* had the line "Gongsun made his horse rear and declared himself emperor." [1]

　　在"襄王"的注释中，译者准确指出了战国时期的楚国辞赋家宋玉在与楚襄王相见时作《风赋》的典故。对"公孙述"的注

---

① Du Fu, *The Poetry of Du Fu,* trans. by Stephen Owen, Volume 4, Boston: Walter de Gruyter Inc., 2016, p.131.

释更是增添了多条历史信息，包括公孙述益州称帝和左思《蜀都赋》中的"公孙跃马而称帝"。由此可见，宇文所安对历史人物的典故进行了详细的查阅，并以简短的语言为读者讲述了典故背景。

例 2

原文：

> 更寻嘉树传，不忘角弓诗。

英译：

> Again I hunt down the story of the fine tree
> and do not forget the Poem on the horn-bow.

此句中的"角弓诗"用的是《左传》的典故。春秋时各国使者来往，都要赋《诗经》里的诗句，借所咏的诗来说明自己要表达的意思。《左传》记载，韩宣子出使鲁国时，就赋了《角弓》诗，而且在宴会上赞美"嘉树"，鲁国的季武子就赋《甘棠》诗回报他，因为《甘棠》是写兄弟之情的，季武子是说"我"不会忘记您韩宣子。杜甫借用这个典故，表达自己不会忘记和李白同游齐鲁的兄弟之情。宇文所安在此句译文处通过脚注详细介绍了这个典故的背景：

> This refers to a story in the Zuo Tradition（Zhao 2）in

which Han Qi was sent by Jin on a mission to Lu. Han had recited the ode "Horn-bow" from the Classic of Poetry with the lines "Brothers and kin by marriage, /should not be remote from one another." After the formal reception, "he went to a banquet at the home of the Ji, and there was a fine tree there. Xuanzi [Han Qi] praised it, and [Ji] Wuzi said, 'Shall I dare henceforward not to nurture this tree that the "Horn-bow" not be forgotten?'" This may be simply that Du Fu does not forget Li Bai as Ji Wuzi does not forget Han Qi.[①]

例 3

原文：

饮子频通汗，怀君想报珠。

英译：

The potion often makes me sweat,

thinking of you, I imagine repaying with a pearl.[2]

"报珠"指用明珠回报以致谢。典出《文选》卷二十九东汉张衡《四愁诗四首》其三："我所思兮在汉阳。欲往从之陇阪长，侧身西望涕沾裳。美人赠我貂襜褕，何以报之明月珠。路远莫致倚踟

---

① Du Fu, *The Poetry of Du Fu,* trans. by Stephen Owen, Volume 1, Boston: Walter de Gruyter Inc., 2016, p.33.

蹰，何为怀忧心烦纡。"后世以"报珠"作为表达答谢他人的典故。这里用"报珠"表示对韦郎中来信寄药的感谢之意。

宇文所安在翻译"报珠"中采用直译，翻译为"repaying with a pearl"，为了弥补英文的语义空缺，以脚注形式对这个典故做了概述：

2 This refers to the story of the Count of Sui who healed a wounded snake and was later repaid with a precious pearl.[①]

例 4

原文：

赠崔十三评事公辅

飘飘西极马，来自渥洼池。飒飒定山桂，低徊风雨枝。我闻龙正直，道屈尔何为。且有元戎命，悲歌识者谁。官联辞冗长，行路洗欹危。脱剑主人赠，去帆春色随。阴沉铁凤阙，教练羽林儿。天子朝侵早，云台仗数移。分军应供给，百姓日支离。黠吏因封己，公才或守雌。燕王买骏骨，渭老得熊罴。活国名公在，拜坛群寇疑。冰壶动瑶碧，野水失蛟螭。入幕诸彦集，渴贤高选宜。骞腾坐可致，九万起于斯。复进出矛戟，昭然开鼎彝。会看之子贵，叹及老夫衰。岂但江曾决，还思雾一披。暗尘生古镜，拂匣照西施。舅氏多人物，无惭困翮垂。

① Du Fu: *The Poetry of Du Fu,* trans. by Stephen Owen, Volume 4, Boston: Walter de Gruyter Inc., 2016, pp.145.

这首诗是杜甫路经夔州，与崔公辅相会时的赠别诗。诗从崔之才华遭遇说起，对其沉沦下僚深表同情。接着祝公辅还朝效力，功业显赫，嘱其以百姓困苦、平息群寇为念。诗中借用了多个历史典故（见表四）。

表四　杜甫《赠崔十三评事公辅》所用典故

典故	出处	本义	诗中喻义
渥洼	《沙苑行》"渥洼"条	水名，在今甘肃西部瓜州县，为党河的支流。汉时，有人从渥洼水边得良马献给汉武帝，称为得自水中的神马	以"渥洼"为喻，称美崔公辅才华不凡
守雌	《老子》二十八章	意为安于柔弱，谦卑忍让	化用《老子》语意，感叹某些官员软弱无力
买骏骨	《战国策·燕策一》	即市骏、买骨。指战国时郭隗借买骏骨向燕昭王进言纳贤的故事。后世以"买骏骨""买骨"比喻求贤若渴	以"买骏骨"为喻，谓崔公辅是杰出人才，因而受到重用
得熊罴	《投赠哥舒开府翰二十韵》"非熊"条	指得到吕尚那样的熊罴之士。相传周文王（西伯）将猎，问卜，卜辞谓将获非熊，兆得贤辅。随后，文王果于渭水之阳得吕尚，载归，拜为师	后世用作帝王出猎或帝王访贤的典故。这里以周文王得辅佐之才吕尚比拟崔公辅被元戎重用
冰壶	《入奏行赠西山检察使窦侍御》"玉壶"条	即玉壶冰、鲍壶冰。南朝宋鲍照诗以"玉壶冰"比喻人情操高洁	以"冰壶"比喻人才冰雪聪明，以"冰壶动瑶碧"，谓冰雪聪明之人贵如珠玉，必能受到元戎的赏识
九万	《赠特进汝阳王二十二韵》"九霄鹏"条	指大鹏乘旋风而上九万里的高空。后世以"九万"比喻仕途通显，前程远大	这里以"九万"预祝崔评事公辅仕途通显，鹏程万里
西施	《吴越春秋·勾践阴谋外传》	春秋越国美女	用"照西施"比喻崔氏被掩抑的丰采、才华今被重视，重放光华

宇文所安对上述典故的翻译均采用了直译加注释补充的方法
（见表五）。

表五　宇文所安对杜甫《赠崔十三评事公辅》所用典故的注释

典故	英译	注释
渥洼	pools of Wowa	The legendary origin of the "horses of Heaven."
守雌	preserve the feminine	A phrase from *Laozi*, here used ironically to suggest passivity and tolerance.
买骏骨	bought superior bones	The King of Yan offered a thousand in gold for a fine horse, but did not find one. One of the king's ministers paid five hundred gold for the bones of a fine horse. As a result people knew that he would pay for fine horses, and three were offered.
得熊罴	got a bear	Primary Source: Shi ji 32, "The Lineages of Taigong of Qi": Taigong, is also known as Taigong Wang, Jiang Taigong, and Lü Shang. Implications: the recluse (fishing) being recognized by the ruler late in life.
冰壶	Ice in a jug	"Ice in a jug" suggests the purity of an official. The consequence of such is getting rid of enemies of the dynasty, "krakens and serpents."
九万	ninety thousand leagues	Comparing Cui to the mythical Peng bird, of such size that its wings cover both horizons.
西施	Xi Shi	The most famous beauty of antiquity, here suggesting great talent that may be revealed, perhaps Du Fu's own.

从以上译例可以看出，宇文所安在译文中通过直译方式更好地
保留杜诗中的典故文化要素，同时，恰当的注释帮助西方读者跨过
文化空缺的理解障碍，从注释内容来看，译者重点解释了每个典故
的基本背景和在诗句中的喻义，能够较好地解读杜甫运用典故的真

正含义。综观宇文所安《杜甫诗集》中典故的翻译方法，多半采用的是直译加注释的翻译方法，译者希望能最大化保留杜诗中的文化要素，还原诗句中蕴含的文化喻义。

宇文所安译本中的典故注释主要分为两种：脚注和尾注。能够用较简短语言解释清楚的典故采用脚注；需要大量背景信息展开介绍的典故采用尾注，尤其是涉及人物和特殊官职的典故。译本的尾注共提供了 70 条典故注释，每条注释都说明了典故的出处和引用典故的诗编号，对于有引申义的典故还解释了典义（Implications）。例如杜甫的《赠翰林张四学士》：

原文：无复随高凤，

空余泣聚萤。

英译：No more can I go with that high phoenix,

all that remains for me is to weep with gathered fireflies.

这句中的"聚萤"（gathered fireflies）出自《晋书》卷八十三《车胤传》，晋车胤入仕前家贫好学，常捕萤火虫置练囊中，借以照明读书。后世用作居贫苦读的典故。宇文所安在尾注中给出了典源和典义（车胤音译"Ju Yin"应为"Che Yin"），而且还列出了引用该典故的杜甫其他诗编号：

References: Fireflies. *Primary Source*: Jin shu 83. When Ju Yin was young he was so poor that he often had no lamp oil. On summer nights he would gather fireflies in a bag and read by their light. *Implications*: Devotion to study, poverty. Examples: 2.7; 6.22; 7.70; 8.19; 19.38.[①]

宇文所安对典故的注释有时同时采用脚注和尾注，如杜甫的《题郑十八著作丈故居》借用了"贾生对鵩"和"苏武看羊"两个典故：

中文：贾生对鵩伤王傅，

苏武看羊陷贼庭。

英译：When Jia Yi faced the owl, he felt pain at being a prince's tutor,

Su Wu tended sheep having fallen into the enemy's camp.

"贾生对鵩"典出《文选》卷十三贾谊《鵩赋序》，汉贾谊自太中大夫贬为长沙王太傅，有鵩鸟入宅。鵩鸟像猫头鹰，被看作不祥之鸟，贾谊作《鵩鸟赋》以自伤，后人以遭鵩鸟比喻遭贬或自伤不幸。由于该典故内容较为复杂，宇文所安在此处采用了尾注形式来解释这一典故：

References: Tutor Jia; the emperor moving his mat forward; owl; weeping in the courtyard; Changsha. *Primary Source*: Shiji 84. Jia Yi（200‑168 B. C.）was known as a talented writer. He was slandered because of his talents and exiled

---

① Du Fu, *The Poetry of Du Fu,* trans. by Stephen Owen, Volume 2, Boston: Walter de Gruyter Inc., 2016, p.361.

for three years to the post of Tutor to the Prince of Changsha. There he encountered a "funiao," a species of owl and bird of ill omen. He composed the "Poetic Exposition on the Owl" in which the owl delivers a message about the changes of fate, in face of which one should have equanimity. Han Wendi summoned Jia Yi back to court and held discussions with him late into the night in the emperor's private chambers, with the emperor moving his mat closer to hear what he had to say. Later he became Tutor to the Prince of Liang, and died of grief when the prince himself died in a riding accident. *Implications*: Man of talent slandered and sent into exile. Examples: 5.11; 6.19; 6.22; 8.21; 14.19; 14.39; 14.93; 16.8; 20.2; 22.20; 22.51; 22.54; 22.65; 23.3.[①]

"苏武看羊"典出《汉书·李广苏建传》。苏武字子卿，出使匈奴被拘，坚持节操，不降，啮雪餐毡，杖节牧羊，十九年后才归汉。后用此典称颂气节坚贞、不畏困苦、坚守节操的高尚品行。宇文所安利用脚注介绍了这一典故：

Su Wu was a Han envoy who was detained by the Xiongnu and spent a long period herding sheep before he was finally permitted to return. This alludes to Zheng Qian's enforced

---

① Du Fu, *The Poetry of Du Fu,* trans. by Stephen Owen, Volume 2, Boston: Walter de Gruyter Inc., 2016.

service in An Lushan's government.①

2. 历史名人注解

宇文所安的译本对杜甫诗中大量人物的介绍，除了采用文内注释形式之外，更多以脚注和尾注形式来解释，脚注主要介绍的是背景较为简单的人物，如杜甫的《九日杨奉先会白水崔明府》中的诗句"今日潘怀县，同时陆浚仪"，脚注仅交代了"潘岳""陆云"两个人物的共同背景，以及诗中喻指杨、崔两人："Pan Yue and Lu Yun（262–303）were two famous writers of the Western Jin who both served as county magistrates. Here they refer to Yang and Cui."②

如果人物背景信息较多，译本则以尾注形式来补充历史背景，如杜甫的《负薪行》中"何得此有昭君村"，句中的"昭君村"是指王昭君出生的村子，其村在归州东北，今湖北省兴山县。昭君，中国古代四大美女之一，汉元帝宫女，后嫁给南匈奴呼韩邪单于，终老于塞外。归州与夔州相邻，这里以"昭君村"出美女的史实，驳斥了夔州一带女子天生"粗丑"之说，诗中以反问的句式，为负薪女不幸的生活处境鸣不平，有力地抨击了不合理的封建礼教和土风恶俗。宇文所安在对"昭君"的脚注中，由于历史背景信息较多，脚注篇幅有限，仅以星号注明，在译本尾注的典故部分展开介绍：

① Du Fu, *The Poetry of Du Fu,* trans. by Stephen Owen, Volume 2, Boston: Walter de Gruyter Inc., 2016, p.31

② Du Fu, *The Poetry of Du Fu,* trans. by Stephen Owen, Volume 1, Boston: Walter de Gruyter Inc., 2016, p.207.

References: Evergreen Tomb, portrait, Mao Yanshou. Story: Wang Zhaojun was a beautiful court lady. The emperor asked the painter Mao Yanshou to paint portraits of his court ladies so he could choose among them. Wang Zhaojun could not afford to bribe Mao Yanshou, so he painted her as ugly. As a result, in marriage diplomacy, the emperor offered her to the ruler of the Xiongnu. Seeing her beauty for himself on departure, the emperor bitterly regretted his decision and had Mao Yanshou executed. Her tomb in the desert was a solitary patch of green, known as the Evergreen Tomb.[①]

3. 诗人原注

宇文所安的译文脚注中有一类注明了"Original notes"，表示是诗人杜甫做的注释，或后来编校者的注释，这些注释主要标注在诗的题目上，应该是译者在翻译过程中参阅相关文献时摘录的内容，而且原注后面还提供了中文原句。例如：

例 1

原文：过宋员外之问旧庄

英译：Passing By Supernumerary Song Zhiwen's Former Estate

Original note: "The Supernumerary's youngest brother was in the Imperial Guard and was known in the age, hence the last

---

① Du Fu, *The Poetry of Du Fu,* trans by Stephen Owen, Volume 4, Boston: Walter de Gruyter Inc., 2016, p.416.

lines below" 员外季弟执金吾见知于代，故有下句.

例2

原文：陪李北海宴历下亭

英译：In the Company of Li Yong of Beihai, Feasting in Lixia Pavilion

Original note："At the time the Retired Gentleman Jian was at the party." 时邑人蹇处士在坐.

例3

原文：奉寄河南韦尹丈人

英译：Respectfully Sent to My Senior Wei［Ji］, Metropolitan Governor in He'nan

Original note："My old cottage is in Yanshi, and there Lord Wei often graced me by his visits, hence the last lines below." 甫故庐在偃师，承韦公频有访问，故有下句.

例4

原文：路逢襄阳杨少府入城戏呈杨四员外绾

英译：On the Road I Met Sheriff Yang of Xiangyang Going to the Capital, Playfully to be Presented to Vice Director Yang Wan

Original note："On the day I set off for Huazhou, I promised to send Vice Director Yang some fuling fungus." 甫赴华州日，许寄员外茯苓.

宇文所安提供的这些杜甫原注，主要是为读者再现诗人创作诗歌时的相关事件，这些内容通常较为日常化和口语化，具有很强的个人化色彩，从中可以了解诗人创作诗歌时的生活、经历和人物关系。一般西方译者对于这种信息较少关注，大多数译本中也很少加以说明，因此，宇文所安译本中的注释能够为西方读者提供最完整、最可靠的杜诗面貌。

4. 传统习俗注释

例1

中文：蛛丝小人态，曲缀瓜果中。

英译：Spider webs absorb the attention of lesser folk, twisting adornment among melons and fruits.

脚注：Women placed fruit and melons out on the Seventh Eve praying for skill in weaving. If spiders spun webs on them, their prayers would be granted.

杜甫的这首《牵牛织女》是一首以七夕为主题的诗，通过牛郎织女鹊桥相会这一传说表现人间的传统，抒发了"有情人终成眷属"的美好愿望。七夕节，妇女们结彩楼，穿七孔针，陈瓜果于庭中以乞巧，有嬉子（蜘蛛）网于瓜上者，则以为得巧。"蛛丝小人态，曲缀瓜果中"就是描写了妇女根据瓜果上蛛丝盘绕的情况，来判断乞巧是否成功。译者首先使用简洁的语言表达了诗句中的基本信息，为了让读者更加清楚"蛛丝"和"瓜果"与七夕的关联，译者对此句补充了注释加以说明。

例 2

　　中文：至今犹破胆，应有未招魂。

　　英译：Even today the terror remains,

it must be that my soul was never called back.

　　脚注：Summoning the soul was a ritual associated with death, but not limited to it. In English one would say "frightened out of one's wits," and Du Fu tells us that he has not yet recovered his "wits."

　　神秘而庄严的招魂仪式是中国古人在庙堂和民间举行的一种具有浓厚民俗色彩的活动，早在《楚辞·招魂》中就有关于这一古老习俗的记录，历代各地文人的诗篇也屡屡提及。杜甫的《至德二载甫自京金光门出问道归凤翔乾元初从左拾遗移华州掾与亲故别因出此门有悲往事》诗中"应有未招魂"指安史之乱导致人心惶惶、魂飞魄散的情形。宇文所安在这首诗的脚注中，准确解释了"招魂"（Summoning the soul）① 的风俗，同时也进一步指明了诗人杜甫在此处的真正用意。

例 3

　　中文：端午日赐衣

---

① Du Fu, *The Poetry of Du Fu*, trans. by Stephen Owen, Volume 2, Boston: Walter de Gruyter Inc., 2016, p.43.

英译：A Presentation of Clothes on the Duanwu Festival

脚注：The fifth day of the fifth month, the Dragon Boat festival. It was customary that the emperor distributed summer clothes to his court officials on this day.

端午节是中国的一个重要传统节日，也是中华民族的文化遗产。在这个特殊的日子里，人们会佩戴香囊、赛龙舟、吃粽子，还有一项比较特别的活动就是赐衣。杜甫的这首诗作于唐肃宗乾元元年（758）。这一年，皇帝要在端午节这一天给恩宠的官员御赐衣物，杜甫随驾并于端午节受赏，得到赐衣，倍感荣幸，有感而发，遂作此诗。宇文所安在这首诗的题目注释中重点介绍了端午节的基本信息，并重点说明了"赐衣"的习俗，很好地展现了端午节这一传统文化节日的特色与底蕴，不仅让西方读者对端午节的传统文化有了基本的认识，也有助于读者对这首诗的理解。

除此之外，宇文所安译文注释中介绍的中国传统节日习俗还包括：《一百五日夜对月》中的寒食节（Cold Food Festival occurred one hundred and five days after the winter solstice）[1]，《腊日》中的腊八节（The eighth day of the twelfth month）[2]，《绝句》中的清明踏青［"Meadow walks"（literally "treading the green"）were associated with the Clear and Bright（Qingming）festival of

---

[1]　Du Fu, *The Poetry of Du Fu,* trans. by Stephen Owen, Volume 1, Boston: Walter de Gruyter Inc., 2016, p.263.

[2]　Ibid., p.361.

late spring〕^①。

5. 修辞注释

杜甫在诗歌中往往会通过运用多种修辞手法，来传达内心的复杂意绪，其中最突出的修辞手法就是借代，即以个性化的意象带来强烈的审美震撼，这形成杜诗的一种独特艺术风格。这些借代手法包括用事物的部分代事物的整体、用具体事物代抽象事物、用抽象事物代具体事物、用事物的材料代事物、用形象特征代人等，几乎涵盖了中国古诗中常见的所有借代手法，如"朱门酒肉臭，路有冻死骨"中的"朱门"，"孤雁不饮啄，飞鸣声念群"中的"孤雁"，"纨绔不饿死，儒冠多误身"中的"纨绔""儒冠"等，这些意象文笔精练、生动形象，能唤起读者的丰富联想。然而，在诗词翻译中，这种借代修辞存在着语义传递的效果问题，仅从意象本身来看，虽然直译能够表达基本的表层语义，但其代指的具体对象很难准确地表达出来。为了让西方读者充分了解杜诗中的意象所指，宇文所安花费了大量笔墨，利用脚注形式详细介绍了每个借代手法中的文化意象。

例 1

> 清笳去宫阙，翠盖出关山。
>
> 故老仍流涕，龙髯幸再攀。
>
> Then the clear reed pipes left the palace gate-towers,
>
> the kingfisher canopy came forth from barrier mountains.

---

① Du Fu, *The Poetry of Du Fu,* trans. by Stephen Owen, Volume 3, Boston: Walter de Gruyter Inc., 2016, p. 85.

The old folks still shed tears

that fortunately the dragon's whiskers could be clung to

again.

杜甫的这首《洛阳》真实地叙述了唐玄宗遭安史之乱出逃，后与肃宗先后还京的历史事实。诗中的"清笳"本指我国古代北方民族使用的一种乐器，此处为"贼营"之号，代指叛军。史载，至德二年（757）九月，郭子仪收复西京长安，安禄山叛军夜遁。"翠盖"原指以翠羽为饰的车盖，此代指御驾。史载，至德二年十月，唐肃宗进入长安，太上皇玄宗自蜀郡出发还京，所谓"出关山"。"龙髯"即龙的长须，这里用以代指太上皇玄宗李隆基与肃宗李亨重返长安。宇文所安在翻译这两句时通过直译保留了借代修辞手法，分别译出"清笳"（clear reed pipes）、"翠盖"（kingfisher canopy）和"龙髯"（dragon's whiskers），同时，在脚注中解释了这三处借代所指的历史事件：

The flight of An Lushan's troops from Chang'an.

The return of the emperors, Suzong and Xuanzong.

That is, Xuanzong's return. When the Yellow Emperor was carried off to Heaven by a dragon, over seventy of his officials clung to the dragon's whiskers and went off to Heaven with him.[1]

---

① Du Fu, *The Poetry of Du Fu*, trans. by Stephen Owen, Volume 4, Boston: Walter de Gruyter Inc., 2016, p.381.

例 2

> 鼎湖龙去远，银海雁飞深。
>
> The dragon has gone far from Cauldron Lake,
>
> in the Mercury Sea the geese fly deep beleow.

这首《骊山》中的"鼎湖"源于黄帝传说。黄帝铸鼎于荆山之下，鼎成后，有龙迎黄帝升天，其地遂名为"鼎湖"，后用"鼎湖"代指皇帝的陵墓。"银海雁飞"来自秦始皇陵墓内有"水银为江海，黄金为凫雁"的装设，后世用来代指皇帝陵墓。宇文所安在脚注中分别解释了这两个意象的文化背景。

> Cauldron Lake was so named because here the Yellow Emperor cast his sacred cauldron and then was carried off to Heaven by a dragon.
>
> This refers to Qin Shihuang's tomb with its seas and rivers of mercury and its golden statues of wild geese.[1]

除上述译例之外，宇文所安的杜诗译本中还有大量的意象注释，如表六所示。

---

① Du Fu, *The Poetry of Du Fu*, trans. by Stephen Owen, Volume 4, Boston: Walter de Gruyter Inc., 2016, p.383.

表六　宇文所安杜诗译本中的部分意象注释

诗作	意象	喻义	注释
《哀王孙》	金鞭断折	喻指唐玄宗以金鞭鞭马快跑而金鞭断折	The "gilded riding crop" and the "nine horses" are metonymy for the emperor and his entourage. The line suggests the urgency and speed of the imperial flight from the city.[①]
《送樊二十三侍御赴汉中判官》	威弧不能弦	喻指安禄山叛乱	This is a figure for imperial authority, which failed to prevent the rebellion of An Lushan. The Bow is a constellation pointed at the Wolf, the constellation governing insurrection. If the Bow does not point at the Wolf, rebellion will follow.[②]
《新婚别》	兔丝附蓬麻	喻指妻子须依靠丈夫生活	"Hare-silk" is a parasitic vine on plants. It was a standard figure for a wife's dependence on her husband. Dandelions and hemp are low and pliant; but the dominant image here is the dandelion puff as a figure for the traveler or soldier on campaign.[③]
《秦州杂诗二十首（其二十）》	鹪鹩在一枝	喻指一个安身之处	This is a positive figure for the recluse, the person who preserves his life by staying humble.[④]
《丈人山》	丹梯	指高入云霄的山峰，喻指寻仙访道之路	The "ladder of cinnabar" refers to a mountain peak rising into the clouds and hence a way to seek the immortals.[⑤]
《严中丞枉驾见过》	少微星	又称处士星，喻指弃官归隐之人	The Shaowei constellation is also known as the Recluse, hence standing for Du Fu.[⑥]
《戏为六绝句（其三）》	龙文虎脊	指千里马，喻指初唐四杰	"Dragon-stripes" and "tiger-spines" are figures for great steeds, in the interpretation above, figures for the "Four Talents."[⑦]

　　注：① Du Fu, *The Poetry of Du Fu*, trans. by Stephen Owen, Volume 1, Boston: Walter de Gruyter Inc., 2016, p. 249. ② Idid., p. 287. ③ Du Fu, *The Poetry of Du Fu*, trans. by Stephen Owen, Volume 2, Boston: Walter de Gruyter Inc., 2016, p. 89. ④ Ibid., p. 149. ⑤ Du Fu, *The Poetry of Du Fu*, trans. by Stephen Owen, Volume 3, Boston: Walter de Gruyter Inc., 2016, p. 35. ⑥ Ibid., p. 103. ⑦ Ibid., p. 113.

6．历史遗迹注释

杜甫一生云游大江南北，其诗歌也充满了浓厚的地方文化特色，中国读者能够从诗句中出现的各个地名、遗址名准确了解到诗句中涉及的地理信息，但对于西方读者，这些专用名称就存在着文化空缺。为了给西方读者补充这些地理知识，宇文所安在译文中提供了必要的注释，如杜甫的《八阵图》：

原文：功盖三分国，名成八阵图。

译文：His deeds covered a kingdom split in three,

his fame completed the Plan of the Eight Formations.

脚注：The "Eight Formations" were a group of rocks in the Yangzi near Kuizhou, supposedly set there by★Zhuge Liang to illustrate his proposed campaign against the state of Wu.[1]

上述诗句中的"八阵图"相传为诸葛亮所布设的作战石垒。八阵，指天、地、风、云、龙、虎、鸟、蛇八种阵势。诸葛亮所布"八阵图"相传有多处，此指夔州八阵图，位于长江北岸鱼复浦平沙之上。夏天水大淹没不见，冬天水枯则可见到，至今犹存。宇文所安在此处增补了脚注以说明该遗迹的背景。

除此之外，还注释了《龙门》中的"龙门"（Longmen, literally "Dragongate," was the site of a complex of temples just

---

[1]　Du Fu, *The Poetry of Du Fu*, trans. by Stephen Owen, Volume 4, Boston: Walter de Gruyter Inc., 2016, p.137.

south of Luoyang)①;《假山》中的 "香炉峰"(Incense Burner was one of the peaks of Mount Lu, so-called because its clouds were like smoke)②;《同李太守登历下古城员外新亭》中泰山脚下的 "梁甫" (Liangfu was a peak in the Mount Tai range, in the vicinity of the banquet)③;《望岳三首（其二）》中的 "玉女祠"(The shrine of the Jade Maiden Bright Star is on Mount Hua, with five stone basins where the Jade Maiden reputedly washed her hair)④;《玉华宫》中的皇家避暑行宫 "玉华宫"(Yuhua Palace had been constructed in 647 for Taizong as a summer palace to escape the heat of Chang'an. It was later made a temple, and was clearly abandoned by the time Du Fu saw it)⑤。

7. 日常生活文化注释

杜甫诗歌中记录了社会各阶层的生活百态，读者从中可以了解到唐朝时期人们生活的方方面面，包括饮食、中医、穿衣、居住、娱乐等。针对这些内容，宇文所安在翻译中更多采用脚注来提供简要介绍，如表七所示。

---

① Du Fu, *The Poetry of Du Fu*, trans. by Stephen Owen, Volume 4, Boston: Walter de Gruyter Inc., 2016, p.19.

② Ibid., p.19.

③ Ibid., p.27.

④ Ibid., p.47.

⑤ Du Fu, *The Poetry of Du Fu,* trans. by Stephen Owen, Volume 1, Boston: Walter de Gruyter Inc., 2016, p. 327.

表七 宇文所安杜诗译本中部分日常生活文化注释

诗作	概念	类别	注释
《赠李白》	青精饭	江苏地区的传统特色点心	"Green essence" food was part of the Daoist dietary regimen in which rice was steamed in a broth made from the leaves, stalks, and husks of the grain.①
《自京赴奉先县咏怀五百字》	内热	中医病症名	Neire 内热 ["burn within"] is a medical term, but one associated with zeal in service.②
《奉送郭中丞兼太仆卿充陇右节度使三十韵》	笳吟	中国古代北方民族的一种乐器演奏	Reed pipes were associated with the music of non-Han peoples.③
	罘罳	一种设在屋檐下防鸟雀来筑巢的金属网	Nets over the doors and windows of the palace to keep out birds.④
《晦日寻崔戢、李封》	瓮牖	贫穷人家用破瓮之口做的窗户	A window made from the broken rim of a large pot was a standard mark of a humble dwelling.⑤
《至日遣兴,奉寄北省旧阁老两院故人二首(其二)》	朱衣	唐宋四、五品官员所着的绯服	The crimson robes were worn by officials grade six and above at court on winter solstice.⑥
《洗兵马》	布谷	布谷催耕	When the shrike began to sing it was a sign that it was time to plant; the name for the bird here is bugu, which means "broadcast the grains."⑦
《遣兴五首·朝逢富家葬》	缌麻	中国旧制丧服名	fine-threaded hemp: Funeral clothing.⑧
《宿赞公房》	杖锡	云游僧所持法器	The tin scepter was part of the paraphernalia of a monk.⑨
《寄韦有夏郎中》	柴胡	中国传统中草药	A plant whose roots were used in medicine.⑩

注：① Du Fu, *The Poetry of Du Fu*,trans. by Stephen Owen, Volume 1, Boston: Walter de Gruyter Inc., 2016, p.23.② Ibid., p.209.③ Ibid., p.311.④ Ibid., p.311⑤ Ibid., p.233.⑥ Du Fu, *The Poetry of Du Fu*,trans. by Stephen Owen, Volume 2, Boston: Walter de Gruyter Inc., 2016, p.59. ⑦ Ibid., p.81. ⑧ Ibid., p.131. ⑨ Ibid., p.152. ⑩ Du Fu, *The Poetry of Du Fu*,trans. by Stephen Owen, Volume 4, Boston: Walter de Gruyter Inc., 2016, p.145.

---

① Du Fu, *The Poetry of Du Fu*, trans. by Stephen Owen, Volume 4, Boston: Walter de Gruyter Inc., 2016, p.23.

杜甫诗中的这些文化要素能够真实反映中国古人的日常生活状态和文化习俗，具有强烈的地方知识属性，宇文所安在译文中基本采用了直译和注释相结合的翻译方法，使用简洁的语言为西方读者补充了相关的文化背景信息，既保留了原诗作丰富的文化要素，还原了诗人细腻的描写细节，也解决了东西方文化空缺影响语义理解的问题。

"深度翻译"在翻译实践方法上注重提供各类注释或讨论式翻译副文本，通过副文本呈现源文本的历史、文化、语言语境，从而在注释中构建原文意义生成的话语网络，帮助目的语读者在原文内外文化信息交织而成的网状意义下理解原文，避免因语言的转换而将原文纳入本土文化的思维定式和文化预设中，从而产生误读或曲解。"深度翻译"中的注释、附录作为翻译副文本，不只是保留了"异化"翻译策略所强调的源语文化，而且较之"异化"翻译更多了一种对源语文化信息的深度诠释。在中国经典的跨文化传播研究中，需要重视研究他种文化对中国经典意义建构话语范式的解读与理解。从这个意义上来说，中国经典翻译需要通过"深度翻译"对文本的"地方性知识"进行跨文化诠释，体现中国经典文本在中国经学语境中的"意义"及其话语建构。

第六章

《资治通鉴》英译研究

第一节　译者张磊夫背景

雷夫·德克雷斯皮尼（Rafe de Crespigny），中文名张磊夫，1936年出生，先后就读于英国剑桥大学、澳大利亚国立大学，现为澳大利亚国立大学亚太学院终身讲座教授、澳大利亚国立大学学园行馆荣誉成员，是当代澳大利亚史学界研究中国东汉及魏晋史的先驱。他著作等身，代表作包括：《西汉的官衔》（*Official Titles of the Former Han Dynasty*, 1967）、《论三国志》（*The Records of the Three Kingdoms: A Study in the Historiography of San-kuo chih*, 1970）、《后汉的灾异谴告：襄楷给桓帝的上书》（*Portents of Protest in the Later Han Dynasty: The Memorials of Hsiang Kai to Emperor Huan*, 1976）、《北方边境：东汉的政与策》（*Northern Frontier: The Policies and Strategy of the Later Han Empire*, 1984）、《南方的将军》（*Generals of the South*, 1990）、《东汉与

三国人物志：公元23年到220年》（*A Biographical Dictionary of Later Han to the Three Kingdoms*: *23-220AD*，2007）、《国之枭雄：曹操传》（*Imperial Warlord: A Biography of Cao Cao*，2010）、《洛阳大火：一部东汉史（公元23年到220年）》（*Fire over Luoyang: A History of the Later Han Dynasty 23-220AD*，2017）。

作为一个英国史及欧洲史方面的专家，张磊夫接受的是纯粹的历史学训练，他的史学研究倾向于将一个时代总结为一段系统的历史，而非许多个别的现象。因此，他的研究方法论属于结构主义史学（Structural History）的年鉴学派分支，认为人类的行为是被人类所生活的自然及社会环境所界定的。基于此前提，年鉴学派的方法论将政治、地理、经济等环境因素定义为"结构"（Structure）或"结构因素"（Structural Factor），通过分析这些"结构"或"结构因素"去理解历史事件，包括地理、人口与经济。例如，在写作《洛阳大火》时，他就按照年鉴学派的方式，根据东汉皇帝的继位顺序安排章节，因为他认为每一位皇帝的统治都伴随着不同的危机，如皇位继承问题、外戚专权等。每种危机都产生于不同的"结构"，不同的"结构"标志着不同的时代。与此同时，也有一些不断重复的危机，如财政短缺、北方边患等，它们反映了不断延续的"结构"。

第二节　英译本体例

张磊夫的《资治通鉴》节译本共三册：《东汉》、《桓灵二帝》和《建安》，分别选取了《资治通鉴》第58~68卷、第54~59卷和第 59~69 卷的内容，时间跨度从汉纪四十六汉桓帝永寿三年到魏纪一魏文帝黄初元年。

1.《资治通鉴：东汉》

1969 年，张磊夫翻译的《资治通鉴》第一册《东汉》（*The Last of the Han: Being the chronicle of the years 181-220 A. D. as recorded in chapters 58-68 of Tzu-chi tung-chian of Ssu-ma Kuang*）[①] 在澳大利亚国立大学出版社出版。译本节选了《资治通鉴》第 58~68 卷的内容，图书封面设计了一只流行于古代中国南方的鸟龙的图案，译者在简短的致谢中感谢了曾给予他指导帮助的瑞典汉学家毕汉思（Hans Bielenstein）、哥伦比亚大学华裔汉学家房兆楹，以及澳大利亚国立大学柳存仁教授，书中的汉字由孟席斯图书馆（Menzies Library）的馆员 David Liu 提供，附录中的地图由澳大利亚矿产资源、地质和地球物理局（Bureau of Mineral Resources, Geology & Geophysics, Australia）的 H. F. Boltz 提供。

该译本的前言由四个部分组成，包括"司马迁与《资治通鉴》""《资治通鉴》文本演义""《资治通鉴》与汉朝灭亡史""译文编排"。译者采用的底本是 1956 年中华书局出版的点校本，为了便于研究者和读者对照查询，张磊夫在译本的检索部分和参考文献中提供了中文版的页码。译者在前言之后的大事记中介绍了汉灵帝的生平，并把《资治通鉴》第 58~68 卷中记载的 181~220 年重大历史事件以年表的形式做了梳理。由于中国的农历与西方使

---

① Rafe de Crespigny, *The Last of the Han: Being the chronicle of the year 181-220 A.D. as recorded in chapters 58-68 of Tzu-chi tung-chian of Ssu-ma Kuang*, Canberra: Australian National University, 1969.

用的太阳历不完全吻合，译者在编年史每年的开头，都标明了第
一天和最后一天的相应日期，文本中的每个日期都用西方的儒略
历（Julian calendar）来标识。在译文的每一页底部用缩写形式标
有中国年份和西元年的对应日期，如"光和四年"缩写为"KH4：
181"。译本最后的注释也按编年模式分年编号，另附有人名表、
古代官职表、地名表、引用文献和勘误表。

Chronological Table 181-220 A.D.:

Chapter 58:

Kuang-ho 光和 4 (181/182)   TCTC p. 1859
  birth of Liu Hsieh, son of Emperor Ling and the Beauty
  née Wang; murder of the Lady Wang by the Empress née Ho   61
Kuang-ho 5 (182/183)   1862
Kuang-ho 6 (183/184)   1864
Chung-p'ing 中平 1 (184/185)   1865
  Yellow Turbans rebel under Chang Chüeh   1865
  amnesty for Proscribed Faction   66
  destruction of Chang Chüeh   72
  rebellion in Liang Province   73
Chung-p'ing 2 (185/186)   1876
  rise of the Black Mountain bandits under Chang Yen   78
  expedition against the rebels in Liang Province   79
  defeat of the Liang-chou rebels at Mei-yang   81
Chung-p'ing 3 (186/187)   1882
Chung-p'ing 4 (187/188)   1884
  Liang-chou rebels in Han-yang   84
  rebellion of Wu-huan in Liao-hsi   85
  rebellion of the Chü-ko tribe of the Hsiung-nu   86

CHAPTER 58

Kuang-ho 4th year [2.II.181-20.II.182]

1859   In the spring, in the first month, there was appointed for
the first time an Assistant of the Stables for Splendid Horses,
responsible for collecting horses from among the commanderies and
kingdoms. The men of great family exploited the market, and the
price of a single horse rose to two million cash.
   In the summer, in the fourth month, on the day keng-tzu [9.V ?][1]
there was an amnesty for the empire.[2]
   The Wu-hu barbarians of Chiao-chih had long been making
trouble, and the provincial and commandery administrators could do
nothing to control them.[3] Liang Lung and other men of Chiao-chih
also made a rebellion, and they attacked and occupied several
commanderies and prefectures. An edict appointed Chu Chün of
K'uai-chi from Prefect of Lan-ling to Inspector of Chiao-chih.[4]
He attacked Liang Lung and beheaded him, he captured several tens
of thousands of men, and in a few weeks everything was settled.
Because of this good work, he was enfeoffed as Marquis of a Chief
Commune[5] and was summoned to court as Grandee Remonstrant and
Consultant.

《资治通鉴：东汉》 大事记   《资治通鉴：东汉》 译文

2.《资治通鉴：桓灵二帝》

1989年，张磊夫翻译的《资治通鉴》第二册《桓灵二帝》[①]
由澳大利亚国立大学出版社出版，该册为《资治通鉴》第54~59
卷，时间跨度为157~189年，其中第58、59卷基本与1969年
的第一册《东汉》第58、59卷相同。译者在序言中讲述了该
书的翻译历程，其中表达了对美国哥伦比亚大学毕汉思、瑞典

① Rafe de Crespigny, *Emperor Huan and Emperor Ling: Being the Chronicle of Later Han
for the years 157 to 189 AD as recorded in Chapters 54 to 59 of the Zizhi tongjian of Sima
Guang*, Canberra: Australian National University, 1989.

著名汉学家马悦然（Goran Malmqvist）、房兆楹、斯普林克尔（Otto van der Sprenkel），以及几位同事和朋友的感谢。该卷的翻译工作受到了澳大利亚研究资助委员会（Australian Research Grants Committee，ARGC）和澳大利亚国立大学科研基金（Faculties' Research Fund of the Australian National University）的资助。

该书的前言包括四部分："司马光生平""译文编排""东汉行政管理体系""公元157年之政治形势"。译者首先再次回顾了司马光的一生，并在结尾部分对司马光进行了较高的评价，他认为，司马光具有远大的视野（breadth of vision）和宏大的表现力（scale of presentation），《资治通鉴》的历史价值和重要性丝毫不亚于英国历史学家爱德华·吉本（Edward Gibbon）的历史巨著《罗马帝国衰亡史》（*The History of the Decline and Fall of the Roman Empire*），它的叙事过程具有戏剧性的冲击力，语言优雅质朴，能够给读者带来较强的愉悦感。

在前言之后，译者提供了"汉朝皇帝列表"和"汉朝大事记年表"，其中"汉朝皇帝列表"包括十三位皇帝的谥号、名、登基年份和去世年份，与中国传统史学对汉朝皇帝的界定不同的是，译者没有把两个傀儡少帝刘弘和刘恭列入表中，而把实际掌权的吕后列为汉朝公元前187~前180年的皇帝，并在脚注中说明了历史背景。

EVENTS 157-189 AD[1]

CHAPTER 54

Yongshou 3: 157	
rebellion in Jiuzhen	1736
barbarian rising in Changsha	1738
Yanxi 1: 158	
rebellion of the Xiongnu with the Xianbi and Wuhuan	1739
Yanxi 2: 159	
Xianbi raids against the northern frontier	1741-42
death of the Empress Liang	1742
alliance of Emperor Huan with the eunuchs	1746
destruction of Liang Ji and the Liang clan	1746
establishment of the Empress Deng	1747
arrest and execution of the critic Li Yun	1750-51
Yanxi 3: 160	
death of the eunuch Shan Chao	1755
Duan Jiong drives the Western Qiang from the frontier	1756
barbarian rising in Changsha	1757
settlement of rebellion in Jiuzhen	1757
Huangfu Gui settles rebellion of Shusun Wuji in Taishan	1757
Yanxi 4: 161	
salary reductions, levy of fief revenues, sale of offices	1759
rebellion of the Qiang, dismissal of Duan Jiong	1760
Huangfu Gui appointed to command in Liang province	1761
Yanxi 5: 162	
Huangfu Gui settles the Qiang in Liang province	1762
rebellion in Changsha and the south	1761-62
Feng Gun settles the rebellion in the south	1762-63

CHRONOLOGY

THE EMPERORS OF HAN
Part I: Former Han[1]

Dynastic name	personal name	acceded	died
Gao 高[2]	Ji 季/Bang 邦[3]	202	195
Hui 惠[4]	Ying 盈	195	188
[Empress-Dowager Lü 吕 of Emperor Gao][5]		187	180
Wen 文	Heng 恒	180	157
Jing 景	Qi 启	157	141
Wu 武	Che 徹	141	87
Zhao 昭	Fuling 弗陵	87	74
Xuan 宣	Bingyi 病已	74	49
Yuan 元	Shi 奭	49	33
Cheng 成	Ao 驁	33	7
Ai 哀	Xin 欣	7	1
Ping 平	Jizi 箕子; later Kan 衎	1 BC	AD 6
[Wang Mang 王莽]		AD 6/9[6]	AD 23

汉朝皇帝列表 汉朝大事记年表

该译本在排版方面与 1969 年第一册的形式略有不同。首先，译者在翻译文本的左边空白处标注有中文原文的页码，书后的索引也以该页码为依据，因此它既是翻译的索引，也是现代中文版的索引，便于学者查找和对照中文原书内容。其次，译文的每段在左边空白处标识了用于辨别"段落"的英文字母，同时每页的脚注中提供了各段落司马光参阅的《后汉书》文献信息。译者发现，司马光在编写这些段落时，经常对他选择的历史信息进行修改，为了句子更加精练，省略某些文字，甚至整个句子和段落。这方面，方志彤曾在《资治通鉴：三国志》中对第 69~79 卷进行了详尽研究，该译本在 Finding Notes 中提供了相关信息，供读者对比参考。张磊夫发现，由于《资治通鉴》中关于东汉的绝大多数内容都来自范晔的《后汉书》，大多数情况下，能够直接确定每个段落对应的原始文本。但是，译者参考的《后汉书》主要有两个版本：中华书局 1965 年出版的《后汉书》标点本和《后汉书集解》长沙王氏刻本。两个版本中过于相似的部分，便无法确定哪个是司马光选取的底本；也存在某些文本来源于其他文献的可能，无法确定其具体的来源，译者只能判断该段落出自司马光自己的编排。译者为了尽可能地让译本阅读起来简单明了，避免在翻译中使用括号。因为他认为，许多学者使用括号来显示某些无法准确翻译的中文文本内容，在大多数情况下，这样做更可能妨碍理解而不是有助于理解。此外，尽管中文传统习惯上在一段文字中第一次出现一个人名时使用完整的姓名，以后只提供名字，但译者在该译本中始终呈现完整的姓名。

该译本相比第一册译本最大的不同是，第一册分为两部分，前面的部分是翻译的文本，后面的部分是附注；而在第二册的译本中，所有附注都安排在每个页面的底部。由于一些附注较长，经常出现注释内容和对应章节的内容并不总是在同一页的情况，但这不妨碍

CHAPTER 54
*being Chapter 46 of the Chronicle of Han
and Part 1B of the reign of Emperor Han*

Yongshou 永壽 3: 157 AD
28 January 157 - 15 February 158
1736

A   In the spring, in the first month on the day *jiwei* [*yiwei*?: 9 Feb],[1] there was an amnesty for the empire.[2]

B   The magistrate of Jufeng [in Jiuzhen commandery] was greedy and oppressive and acted without restraint. Zhu Da and other men of the county joined forces with the local barbarians to make rebellion, and they attacked the magistrate and killed him. They gathered as many as four or five thousand men, and in the summer, in the fourth month they

---

A   *HHS* 7:302 (8a); the Annals of Emperor Huan.

[1]   The first day of this month was *guiwei* 癸未 (cyclical 20), and there was no day *jiwei* 己未 (cyclical 56). It seems most likely that the character *ji* has been miswritten for *yi* 乙: the *yiwei* day (cyclical 32), was the thirteenth day of the first month of Yongshou 3, equivalent to 9 February 157 in the Julian calendar.

[2]   On the significance of the amnesty (赦 *she*) and its function in Han China, see Hulsewé, *RHL*, 225-250, and the general work of McKnight, *Quality of Mercy*, 12-36.
        Though it is clear that the proclamation gave some general remission of punishment throughout the empire, the effect of any one amnesty is generally impossible to determine with precision. As Hulsewé has remarked, at 244-245:
                Of course we should not forget that we are dealing with historical works, not collections of documents, and that when the historian notes that on a certain date there was an amnesty, he actually summarises in very few words a complete edict of a form and content which may have been common knowledge among the historian's contemporaries and which it therefore was unnecessary to quote literally.
        Hulsewé considers the possibility of distinguishing between "great amnesties" (大赦 *dashe*) and simple amnesties, but comes to the conclusion, in agreement with Shen

《资治通鉴：桓灵二帝》第 54 卷

译本使用的便捷性。译者还专门解释了在翻译中处理中国地名、年代和官职名称的原则，如：文本中的地名主要通过《中国历史地图集》来确定；借助于薛仲三和欧阳颐合编的《两千年中西历对照表》（*A Sino-Western Calendar for Two Thousand Years, 1-2000 A. D.*）来确定中国古代年号纪年和西方纪年的换算，并且详细说明年号纪年年份的起止日期，如"永寿三年"是指公元 157 年 1 月 28 日至 158 年 2 月 15 日；在翻译文本中的官衔时，译者主要参考了德效骞（Homer H. Dubs）的《汉书》译本 *The History of the Former Han Dynasty by Pan Ku*；翻译汉代的行政机构名称除了参考毕汉思的《汉代的官僚制度》（*The Bureaucracy of Han Times*），译者还自己修订了一些英文名称，并进行了考证。

3.《资治通鉴：建安》

1996 年，张磊夫翻译的《资治通鉴》第三册《建安》[①] 在澳大利亚国立大学出版社出版，该册节选了《资治通鉴》第 59~69 卷，涵盖 189~220 年的历史。译本采用了 1989 年出版的《资治通鉴：桓灵二帝》的体例，译文的左边空白处标注有中文版的页码，译文的每段在左边空白处标识了用于辨别"段落"的英文字母，同时每页的脚注提供了各段落司马光参阅的《后汉书》的文献信息。在内容节选上，虽然与 1969 年出版的《资治通鉴：东汉》章节大部分重叠，但内容进行了重新翻译，所有中文年号、地名、人名改用汉语拼音，大部分较长的段落拆分为多段，提升了阅读体验，并且补充了大量

---

① Rafe de Crespigny, *To Establish Peace: Being the Chronicle of Later Han for the years 189 to 220 AD as recorded in Chapters 59-69 of the Zizhi tongjian of Sima Guang*, Canberra: Australian National University, 1996.

文本注释和背景信息，译本内容更显充实。

该译本序言部分由四部分组成："《资治通鉴》与汉朝灭亡""译文与注释编排""东汉军事机构概况""东汉末年"。其中，"东汉军事机构概况"介绍了东汉都城和各州郡的军事机构设置和官职，在"东汉末年"中详细介绍了汉献帝执政、曹操专权、曹操时期的南方对手和赤壁之战、208~220 年长江中下游之争和三国鼎立。文中有关汉朝的相关历史背景知识与译者有关汉朝的研究成果有着密不可分的联系，如《东汉与三国人物志：公元 23 年到 220年》《北方边境：东汉的政与策》《南方的将军》《国之枭雄：曹操传》《洛阳大火：一部东汉史（公元 23 年到 220 年）》，译者还在不同章节绘制了一共 24 幅地图，借以说明东汉重要历史事件的地理信息。因此，该译本也具有研究东汉政治军事的重要学术价值。

第三节　张磊夫译《资治通鉴》中的多功能译者注

《资治通鉴》全书共计三百余万字，分为 294 卷，以时间为纲，以事件为目，从周威烈王二十三年（前 403）写起，到五代后周世宗显德六年（959），时间跨度长达 1362 年。这部经典主要是一部政治史，记载重点是朝代兴亡始末、重大事件、君臣事迹、政见政论、战争战役、计谋策略。原文卷帙浩繁，张磊夫的《资治通鉴》英译本在正文之前采用大事记的方式浓缩出《资治通鉴》中每一年发生的重大历史事件，为西方读者快速呈现了这部经典的核心脉络。

1. 释读原典疑误

《资治通鉴》原典中涉及大量中国历史信息，包括时间、事件、人物等内容，译者在翻译过程中对其中存在疑问的内容进行了查证判断，并在译文中做出标记，在文后的注释中进行了解释，因此，这些注释能够再现译者在翻译《资治通鉴》过程中的严谨治学态度和对中国历史文献的探究能力。

例1　原典："夏，四月，庚子，赦天下"。

英译：In the summer, in the fourth month, on the day keng-tzu [9-V？] there was an amnesty for the empire.

译者对原文中的"庚子"时间持有怀疑，使用 [9-V？] 注明应为5月9日，而且在注释中说明了自己的判断依据：

> There was no keng-tzu 庚子 day in the fourth month of this year. There was a keng-tzu day in the third month, being equivalent to the western 9 April, and another in the fifth month (8 June). However, since TCTC and HHS annals are clear that this event took place in the summer and in the fourth month, it seems most likely that the character tzu 子 is an error for wu 午. Such a mistaken transcription is fairly common, for the two characters are easily confused, and a keng-wu day appears in the fourth month of this year, being equivalent to the western 9 May.[①]

---

① Rafe de Crespigny, *The Last of the Han:Being the chronicle of the year 181-220 A.D. as recorded in chapters 58-68 of Tzu-chi tung-chian of Ssu-ma Kuang*, Canberra: Australian National University, 1969, p.360.

译者根据对中国古代纪年的分析，认为光和四年四月并没有庚子日，而在三月有一个庚子日（即西历 4 月 9 日），另外一个庚子日在五月（即西历 6 月 8 日）。然而，《资治通鉴》和《后汉书》中有很清楚的记载，"赦天下"的事件发生在夏天和四月，由此，译者得出结论，"子"字应该是"午"字之误，这两个字很容易混淆，错写也是相当常见，光和四年四月确实有一个庚午日，相当于西历 5 月 9 日。

例 2 原典："庚子，南阳黄巾张曼成攻杀太守褚贡。"

On the day keng-tzu [23.iv], the Yellow Turban of Nan-yang Chang Man-ch'eng, attacked and killed the Grand Administrator Ch'u Kung.

译者同样对此句记载的事件时间"庚子"标注了更正，并且提供了自己的分析：

Both TCTC and HHS annals 8, p.11a, agree that the day should be in the third month, but in this year the third month had no keng-tzu day. It seems likely that keng-tzu 庚 子 should read keng-wu; the keng-wu day in the third month is equivalent to the western 25 April, 184 (cf.note 1 to KH4).①

---

① Rafe de Crespigny, *The Last of the Han:Being the chronicle of the year 181-220 A.D. as recorded in chapters 58-68 of Tzu-chi tung-chian of Ssu-ma Kuang*, Canberra: Australian National University, 1969, p.369.

译者根据中国典籍《资治通鉴》和《后汉书》中的记载，指出此处的时间在"三月"，但这一年的三月并没有庚子日，因此，他得出结论，此处应该为"庚午"，三月庚午日即公元 184 年 4 月 25 日。

2. 补充历史背景

《资治通鉴》的内容以政治、军事和民族关系为主，兼及经济、文化和历史人物评价，其中涉及大量中国历史事件和人物，译者张磊夫凭借深厚的汉学功底和严谨的史学态度，通过大量历史文献考证，对《资治通鉴》中众多的历史文化信息进行了补充解释和说明。

（1）地理背景

例 1 原典："交趾乌浒蛮久为乱，牧守不能禁。"

英 译: The Wu-hu barbarians of Chiao-chih had long been making trouble, and the provincial and commandery administrators could do nothing to control them.

该句中的"交趾"是古代地名，位于今越南北部红河流域，这一地名在南越国时代之前已有。公元前 111 年，汉武帝灭南越国，并在今越南北部地方设立交趾、九真、日南三郡，实施直接的行政管理；交趾郡治交趾县即位于今越南河内。"乌浒"是古代南方少数民族名，亦指其居住地区。《后汉书·南蛮传》记载："灵帝建宁三年（170），郁林太守谷永以恩信招降乌浒人十余万内属，皆受冠带，开置七县。"为了给西方读者补充基本的地理背景信息，译者在注释中对原典中的"交趾"和"乌浒蛮"进行了简要的介绍：

Under the Han dynasties, the characters Chiao-chih

denoted two geographical entities: firstly, the southernmost province of the empire, occupying roughly the area of present-day Kwangtung, Kwangsi and northern Vietnam; secondly, a commandery within that province, occupying roughly the area of the Red River basin around Hanoi in presentday North Vietnam. The Wu-hu barbarians gained their name from a mountain now in Henghsien 横县 in Kwangsi, and thus although their rebellion may have had repercussions over a wide area, their territory was officially under the control of the commandery of Yü-lin. The rebellion had begun three years earlier, in the first year of Kuang-ho（178/9）.[①]

从注释中可以了解到，在汉朝时期，"交趾"代表了两个地理区域：首先是汉帝国最南端的郡，大致涵盖今天的广东、广西和越南北部；其次，交趾刺史管辖的现在越南北部河内周围的红河流域。"乌浒蛮"名字源于广西横县的一座山名，因此，尽管他们的叛乱可能在大片地区产生了影响，但他们的活动区域实属郁林太守管辖。乌浒叛乱始于光和元年（178）。

例2 原典："帝校猎上林苑，历函谷关，遂狩于广成苑。"

英译：The Emperor went on a hunting expedition to the Shang-

---

lin Park. He travelled by way of the Han-ku Pass and he also made a tour to the Kuang-ch'eng Park.

The Shang-lin Park was the great hunting reserve and pleasure ground of the emperors of Former Han and it lay west of Ch'ang-an in the valley of the Wei River. With the transfer of the capital to Lo-yang under Later Han, the park was naturally used less often and became less important, but it was still to some extent maintained.[①]

上林苑是中国历史上最负盛名的苑囿之一，位于汉都长安郊外（今西安附近）。上林苑最初是秦代修建的。汉武帝即位后，于建元三年（前 138）进行了扩建。译者在脚注中不仅介绍了苑囿的地理位置和园林特点，还说明了随着都城迁往洛阳，上林苑逐渐失去了往日的辉煌。

（2）官职背景

例 1　原典："诏拜兰陵令会稽朱俊为交趾刺史。"

英译：An edict appointed Chu Chün of K'uai-chi from Prefect of Lan-ling to Inspector of Chiao-chih.

刺史制度是汉武帝在秦御史监郡和汉初丞相史出刺基础上的独创，是专制主义中央集权的产物。汉代刺史制度的形成、发展与演变都有着其特定的历史背景。译者在文后注释中对"刺史"官职做了简要介绍：

---

① Rafe de Crespigny, *The Last of the Han: Being the chronicle of the year 181-220 A.D. as recorded in chapters 58-68 of Tzu-chi tung-chian of Ssu-ma Kuang*, Canberra: Australian National University, 1969, p.365.

Under the Han dynasties, Inspectors of provinces held comparatively low rank: their nominal salary was 600 piculs, while the head of a commandery or kingdom was ranked at 2000 piculs. An Inspector was primarily appointed to supervise the administration, and in most provinces he could report to the throne on any wrongdoing but could not take action without further authority. In Chiao-chih, however, the Inspector was granted special credentials （节 chieh）, which gave him the right to make executive and legal decisions and take action on his own initiative（Han shu 28A, commentary quoting Hu Kuang［91-172］）. Apart from these civil arrangements, in all provinces the Inspector was responsible for the raising of an army to deal with any rebellion or banditry which might be more than an individual commandery could handle.[1]

此处注释明确说明了在汉朝时期，刺史级别相对较低，他们的一般薪资为 600 石，而郡守为 2000 石。刺史的主要功能是监督行政，在大多数郡县，他可以向皇帝报告郡守的任何不当行为，但如果没有授权就不能采取行动。然而，在交趾地区，刺史被授予象征权力的"节"，凭此可以做出行政和法律决定并主动采取行动。除了这些行政事务，各州的刺史也负责召集一支军队来处理任何个别指挥官可能无法处理的叛乱或土匪活动。

---

[1] Rafe de Crespigny, *The Last of the Han: Being the chronicle of the year 181-220 A.D. as recorded in chapters 58-68 of Tzu-chi tung-chian of Ssu-ma Kuang*, Canberra: Australian National University, 1969, p.361.

例2 原典：“以功封都亭侯，征为谏议大夫。”

英译：Because of this good work, he was enfeoffed as Marquis of a Chief Commune and was summoned to court as Grandee Remonstrant and Consultant.

东汉时期，列侯分为县侯、乡侯、亭侯三级，包括县侯、乡侯、都乡侯、亭侯、都亭侯，授予不同级别的功臣。封邑之行政区划级别，是判定列侯等级的重要标志之一。此外，又以功之大小授以不同的食邑户数，以明等秩。如亭侯，就有三百户、六百户、千户等。按照常规，县侯的食邑户数必多于乡侯，乡侯必多于亭侯。

Under the Han dynasties, marquis hou or lieh-hou was the highest rank of nobility that could be granted to a man who was not a close imperial relative. The title carried no feudal power, but a marquis received a proportion of the tax revenue from his fief, and on occasion the value of the fief was stated by the number of households that were to be taxed for his pension. In many cases, a marquis was enfeoffed with a prefecture, but there were lesser units of territory, districts and communes, and this marquisate of a chief commune awarded to Chu Chün indicates that the fief comprised a village or township larger than average, probably the headquarters of a district or a prefecture.[1]

---

① Rafe de Crespigny, *The Last of the Han: Being the chronicle of the year 181-220 A.D. as recorded in chapters 58-68 of Tzu-chi tung-chian of Ssu-ma Kuang*, Canberra: Australian National University, 1969, p.362.

此处注释详细介绍了东汉时期的列侯制度，指出侯或列侯是非宗亲可以受封的最高爵位，虽然这个头衔没有管理封地的权力，但侯爵可以从他的封地获得一部分税收，封地的价值通常是由他们征税的食邑户数来决定的。一个侯爵所封食邑可以是县，也可以是更小的乡和亭。文中朱俊被封的"都亭侯"封地应该是一个规模稍大的村庄或乡镇。

（3）人物背景

《资治通鉴》这部编年体通史巨著不仅形象生动地展现了波澜壮阔的社会生活画面，还成功地塑造了大量栩栩如生的历史人物，出现过的人名数量超过 5000 个，他们既有帝王将相，也有奸党阉宦。为了让西方读者了解这些人物的背景信息，张磊夫在译本中花费了大量笔墨，通过脚注对各历史事件中的主要历史人物进行了注释。

例 1　原典："鲜卑寇幽、并二州。檀石槐死，子和连代立。"

英译：The Hsien-pi ravaged You and Ping provinces. T'an-shih-huai died and his son Ho-lien succeeded him.

檀石槐（137~181），代郡高柳（今山西省阳高县）人，鲜卑族。东汉时期历史人物，部落首领投鹿侯的儿子。他勇敢健壮，富有谋略，被选为部落首领。东汉末年，在弹汗山建立王庭，曾拒绝汉桓帝封王与和亲。译者在注释中重点介绍了檀石槐的影响力：

T'an-shih-huai had been chief of the Hsien-pi, a barbarian

people whose homelands at this time were about the borders of present-day Mongolia and Manchuria. T'an-shih-huai himself had conquered an empire described as stretching from Manchuria to Lake Balkash, he had defeated several Chinese armies, and he had led constant and devastating raids into the northern provinces （HHS 80, pp.8a-11b）.[①]

译者明确指出鲜卑首领檀石槐统治的帝国范围，从中国东北延伸到巴尔卡什湖。根据《后汉书》记载，他曾多次打败过汉军，对北部州郡进行持续不断的袭击。

例2 原典："上诘责诸常侍曰：'……今党人更为国用，汝曹反与张角通，为可斩未？'皆叩头曰：'此王甫、侯览所为也！'"

英译：the Emperor turned on his eunuch attendants and said："…But now it appears that the men of faction are servants of the state and it's you people that follow Chang Chüeh. Why shouldn't I have you beheaded？" The eunuchs kowtowed and said："This was all the fault of Wang Fu and Hou Lan."[②]

这句原典的背景主要是东汉时期的党锢之祸，汉桓帝、汉灵帝纵容宦官为非作歹，贪赃枉法，引发了众多正直之士的不断抗争。

---

① Rafe de Crespigny, *The Last of the Han: Being the chronicle of the year 181-220 A.D. as recorded in chapters 58-68 of Tzu-chi tung-chian of Ssu-ma Kuang*, Canberra: Australian National University, 1969 ,p.362.

② Ibid., p.11.

公元169年的"党锢之狱",令清流党人遭到前所未有的重创,王甫、侯览等人便是构害党人的主谋。译者在此处补充了有关"王甫""侯览"两人的背景介绍:

Wang Fu and Hou Lan（biographies in HHS 68）were two eunuchs who dominated the court in the early years of Emperor Ling. Hou Lan had been impeached and compelled to commit suicide in 172 and Wang Fu had been imprisoned on a charge of corruption in 179 and died in jail. The Emperor's attendants are evidently using their dead and discredited colleagues as scape-goats, implying that Feng, Hsü and the other traitors were Wang's and Hou's proteges and had no connection with themselves.[①]

译者在此处指出王甫、侯览是汉灵帝早期擅权的两个宦官。侯览于172年被弹劾后自杀,王甫于179年因腐败指控入狱,死于狱中。很显然,皇帝的侍从是在用他们死去的、名誉扫地的同僚当替罪羊,暗示冯、徐和其他叛徒是王甫、侯览的门徒,和他们自己没有关系。

例3 原典:"自张角之乱,所在盗贼并起,博陵张牛角、常山褚飞燕及黄龙、左校、于氐根、张白骑、刘石、左髭文八、平汉大计、

---

① Rafe de Crespigny, *The Last of the Han: Being the chronicle of the year 181-220 A.D. as recorded in chapters 58-68 of Tzu-chi tung-chian of Ssu-ma Kuang*, Canberra: Australian National University, 1969, pp.368-369.

司隶缘城、雷公、浮云、白雀、杨凤、于毒、五鹿、李大目、白绕、眭固、苦蝤之徒，不可胜数，大者二三万，小者六七千人。"

《资治通鉴》中出现了众多不知名的人物，诸如此句中记录了东汉末年各地的农民起义首领，这些人物没有显赫的事迹，译者则重点从这些富有特色的人名中尝试解读了人物的基本信息：

With the possible exception of Ox-horn Chang and Flying Swallow Ch'u, the names and nicknames of these bandit leaders indicate fairly clearly that they were of peasant origin. The rendering of these styles presents some difficulties: tso-hsiao, translated as Controller on the Left, probably reflects the man's earlier career as a convict labourer under the Court Architect (see note 24 to CP1), although it could be a corruption of the military title tso hsiao-wei Colonel on the Left. Ti-ken was almost certainly a nickname given to the man whose surname was Yü, but it is difficult to translate: Ti may refer to one of the Five Barbarian tribes of that name in the time of the Shang dynasty, but it may also be translated simply as "foundation", or something "hanging down". With this latter meaning, in combination with ken, it can refer to a root, and the nickname was perhaps a reference to Yu's genitals.[1]

---

① Rafe de Crespigny, *The Last of the Han: Being the chronicle of the year 181-220 A.D. as recorded in chapters 58-68 of Tzu-chi tung-chian of Ssu-ma Kuang*, Canberra: Australian National University, 1969, pp.376-377.

译者发现，除了张牛角和褚飞燕以外，从这些土匪首领的名字和绰号上能明显看出来，他们都是农民出身。这些独特的人名在翻译时颇有些困难，如"左校"译为 Controller on the Left，有可能代表这个人早期的职业是一位修造宫室的劳工，也有可能是军衔"左校尉"的简称。"氐根"应该是一个于姓人的绰号，但很难翻译，"氐"是商朝时期五个野蛮部落之一的名字，它的意思即为"foundation"（基础），或"hanging down"（悬挂），这个人的绰号中的"氐根"意指根部，代指他的生殖器。

The characters wu-lu, here translated as "Five Deer" and regarded as a nickname, were also known as a double-character surname under the Han, held in particular by Wu-lu Ch'ung-tsung, who became Privy Treasurer in 38 B. C. (Han shu 19B, p.13b). In this text, however, the immediately following three characters cannot possibly be treated as a personal name, so Wu-lu must refer to one of the leaders, perhaps in reference to some badge that he bore.[1]

译者解释了"五鹿"作为一个绰号，可译为"Five Deer"，这是汉代的一个复姓，如西汉时期大臣五鹿充宗，建昭元年（前 38）官少府。句中的"李大目"应该不是人名，所以"五鹿"应该指一位头领，以他所佩戴的某种徽章代指。

（4）天文现象

《资治通鉴》中记录了许多自然现象，包括日食、彗星、陨石，

[1] Rafe de Crespigny, *The Last of the Han: Being the chronicle of the year 181-220 A.D. as recorded in chapters 58-68 of Tzu-chi tung-chian of Ssu-ma Kuang*, Canberra: Australian National University, 1969, p.377.

以及地震、水灾、旱灾等天灾记录。在古代，天文学是一个非常庞大的学科，涵盖的知识面很广。如星宿就分为三垣和二十八宿，三垣指的是紫微垣、太微垣和天市垣。紫微星是十二宫中最重要的主星之一，也是紫微垣中的核心星，为天帝的座位，被认为是至高无上的明星。因此，古人认为紫微星象征帝王，紫微星的位置和星象，直接决定了皇帝的吉凶祸福。这些中国古代天文知识对于理解《资治通鉴》有很重要的作用，张磊夫在译文中对其进行了准确的补充说明。

例1 原典："秋，七月，有星孛于太微。"

英译：In the autumn, in the seventh month, there was a comet in the T'ai-wei.

此句中的"太微"即中国古代天文中三垣中的上垣，位于紫微垣之下的东北方，北斗七星的南方。在中国古代文化中，太微垣又称天庭，就同皇朝庭宫一样，是贵族和大臣居住的地方。译者在脚注中对此说明如下：

The T'ai-wei constellation is composed of ten stars in the western groups of Virgo and Leo（Schlegel 565）. In Chinese astrology this constellation represented the emperor and his court. HHS treatise 12, p.4b, refers to the comet and interprets it as "the empire changing rulers".①

---

① Rafe de Crespigny, *The Last of the Han: Being the chronicle of the year 181-220 A.D. as recorded in chapters 58-68 of Tzu-chi tung-chian of Ssu-ma Kuang*, Canberra: Australian National University, 1969, p.364.

译者在注释中介绍了太微星，它由处女座和狮子座的十颗恒星组成。在中国的占星术中，这个星座代表了皇帝和他的宫廷。根据《后汉书》记载："彗星扫太微宫，人主易位。"中国古代星象学家认为，北极星和太微星象征地上君王之位，尊严不可侵犯。如果有其他星体接近、穿过或进入，显示将会发生犯上作乱的事件。

例2 原典："二月，有星孛于紫宫。"

英译：In the second month there was a comet in Tzu-kung.

此句中的"紫宫"又叫紫微宫、紫微星，位处三垣之中的中垣。紫微星是位于天空最中间永远不动、位置最高的星，故最为尊贵，象征帝王之所居，隋唐故宫名曰紫微城、明清故宫名曰紫禁城。此处，译者借助西方星座知识为读者解释了中国古代文化中"紫宫"的含义：

TCTC commentary identifies the Tzu-kung constellation with the T'ai-wei-huan, being ten stars in western Leo and Virgo (Schlegel 363); normally, however, Tzu-kung is recognized as the Tzu-wei-huan, a large group of stars about the area of Cepheus, Draco and the Great Bear (Schlegel 699). In Chinese astrology, the constellation represents the emperor and his court, and HHS treatise 12, p.5a, interprets this comet as "the empire changing rulers". [1]

---

[1] Rafe de Crespigny, *The Last of the Han: Being the chronicle of the year 181-220 A.D. as recorded in chapters 58-68 of Tzu-chi tung-chian of Ssu-ma Kuang*, Canberra: Australian National University, 1969, p.382.

译者说明"紫宫"即太微，即狮子座西部和处女座的十颗星，但是，紫宫通常被视为紫微垣，即仙王座、天龙座和大熊座，在中国占星术中，它代表皇帝和他的宫廷，据《后汉书》记载："彗星扫太微宫，人主易位。"

（5）中国传统纪年

干支纪年是指中国传统纪年法，它以十天干和十二地支依次相配，组成六十个基本单位。天干地支的发明影响深远，至今仍用于历法、术数、计算、命名等各方面。《资治通鉴》中的这些纪年法在翻译中属于典型的文化空缺，张磊夫利用详尽的脚注给读者讲解了其中的原理。

例 原典："讹言'苍天已死，黄天当立，岁在甲子，天下大吉。'"

英译：They spread the story that "The blue Heaven is dead, and a yellow Heaven will take its place. When the year is chia-tzu, great fortune will come to the world."

此句中的"甲子"是干支之一，干支纪年时六十组干支轮一周，亦称一个甲子，共六十年。干支纪年中一个循环的第一年称"甲子年"。

The characters chia-tzu 甲 子，being the first of the "ten celestial stems" combined with the first of the "twelve earthly branches", represent the first position in the sexagenary era used by the Chinese for their calendars. The year after Kuang-ho 6，184 A. D. by western reckoning, was attributed with the characters chia-tzu and thus marked the beginning of a new cycle. For a millenary doctrine such as Chang

Chüeh's, this was a most suitable omen for the beginning of the rebellion that was to overthrow the established order of the world.

译者在此处注释中指出甲子是"十天干"中的第一个与"十二地支"中的第一个的组合，代表了中国干支纪年的第一个位置。而且还说明了文中的光和六年（183）之后的一年为甲子年，标志着一个新周期的开始。对于张角来说，这是一个发动叛乱的最佳预兆。

（6）历史事件背景

《资治通鉴》以"纪年"为主线，采用编年体的形式，将各个历史时期的事件按年、月、日顺序排列，记录了各个时期发生的重要历史事件，包括军事战役、皇权政变、宦祸党争等，展现了历史的风风雨雨。张磊夫在译本中通过适当的脚注给读者讲解了一些重要的历史概念。

例 原典："帝召群臣会议。北地太守皇甫嵩以为宜解党禁，益出中藏钱、西园厩马以班军士。"

英 译：The Emperor summoned, all his ministers to a council. The Grand Administrator of Pei-ti, Huang-fu Sung, gave his opinion that the proscription of officials should be ended, and that the resources of the palace treasury and the horses in the Western Garden stables, should be distributed to equip the army.

该原典所讲历史事件为发生于汉末的黄巾之乱，黄巾军一个月内在全国七州二十八郡发生战事，朝廷震动。儒臣们趁机上谏，要求解除党禁，汉灵帝遂大赦党人，疏解了人们的怨气。该历史时期涉及汉灵帝在位期间的党禁事件，译者通过查阅《后汉书》，在注释中对"党禁"做了以下说明：

> At the beginning of the reign of Emperor Ling, following an unsuccessful resistance to the power of the eunuch attendants of the Emperor, edicts had been issued to prohibit members of the opposition faction from holding office in the bureaucracy. A list of these proscribed men was kept in the offices of the three dukes (HHS 57, p.3h). Since that time, the accusation of faction(tang) had often been sufficient to bring about the exile or punishment of other officials whom the eunuchs felt could be a threat to their privileged position. By this time, more than ten years after the earliest proscriptions, there were many leading scholars and gentry in the empire who had been barred from office in this way, and as Lü Ch'iang points out, their disaffection could be dangerous to the government if they decided to join with the Yellow Turban rebels.[①]

该注释介绍了灵帝统治初期的党禁事件背景，在党人抵抗宦官专权失败之后，政府颁布法令禁止党人做官，这些被禁者的名单掌握在三公手中。自此，对党人的指控往往导致他们被流放或被惩

---

① Rafe de Crespigny, *The Last of the Han: Being the chronicle of the year 181-220 A.D. as recorded in chapters 58-68 of Tzu-chi tung-chian of Ssu-ma Kuang*, Canberra: Australian National University, 1969, p.367.

罚，因为宦官认为这些党人可能威胁到他们的特权地位。禁令颁布后的十年内，众多名士被禁止做官，如果他们加入黄巾军，会给政府带来很大危险。

（7）注疏背景

司马光编撰《资治通鉴》参考过的二三百种书籍，大半以上原书已经散佚，赖《资治通鉴考异》得以保存，考异一方面是对史料的真伪加以考辨，另一方面又以存异的形式保存了有争议的史料，可供读者研究，因而具有较高的史料价值。

例　原典："巴郡张脩以妖术为人疗病，其法略与张角同，令病家出五斗米，号'五斗米师'。"

英译：Chang Hsiu of Pa commandery had cured people's sickness by magical tricks, and his teaching was in many respects like that of Chang Chüeh. He ordered families where there was sickness to offer up five pecks of rice, and he was called the Five Pecks of Rice Teacher［wu-tou-mi shih］.

译者在翻译该句时，通过参阅《资治通鉴考异》发现，历史上出现过多种关于"五斗米师"张脩的文献记载，故在注释中总结出其中三个主要来源：据《后汉书》，巴郡张脩五斗米道是东汉末年五斗米道的首领；据刘艾的《汉灵帝纪》和鱼豢的《典略》，张脩是灵帝熹平年间的五斗米道首领；据鲁传，"祖父陵、父衡，皆为五斗米道。衡死，鲁复行之"。此外，译者还补充了裴松之在《三国志》注中的分析，原句中的"张脩"应是"张衡"误写，这位"张脩"，就是张陵之子张衡，也就是说五斗米教乃是张衡所创。除此之外，译者还进一步查阅了晚清学者、诗人、书法家沈曾植的读书笔记《海日楼札丛》，发现了"五斗米"的"五斗"与中国古人对天象的理解有关，该书卷六有"五斗"一条，认为"五斗米"的"五斗"的意义也许是指东斗、西斗等五斗，五斗米当是祀五斗时向教民收的米谷。由此可以理解为，祭拜五方星斗所用的米称为"五斗米"（rice offered in sacrifice to the five constellations），这是一种与人的命运紧密相关的所谓"星命米"。

张磊夫《资治通鉴》英译本中的这些文化信息具有典型的"深度翻译"特征，通过多元化的注释、评注，将翻译文本置于丰富的历史文化和社会环境中，营造出深度的语境化效果。这种深度翻译策略不仅拓展了译者的话语空间，再现了原文的历史文化语境，更使他者文化发出自己的声音，促进多元主体间的对话，加强跨文化交流与理解，译者作为文化协调人的文化身份得到了强化，译者主体性得到发挥。

第七章

二程理学英译研究

第一节　葛瑞汉译介二程思想

程颢（1032~1085）和程颐（1033~1107）长期居住洛阳讲学，吸引了众多的弟子，他们从年轻时起就自觉地致力于直承孟子，以创建一种关于道和理的哲学，并成为宋代新儒学的主导力量。此外，他们还强调心智方面的自我提升，并且一直根据他们心灵的深切体验来发表看法。作为第二代新儒学代表人物，程氏兄弟年轻时曾跟随周敦颐学习，受到周敦颐所提出的"孔颜乐处"问题的启发，程颢甚至打算放弃科举，以便潜心于对"道"的探求。程颢、程颐的主要思想体现在他们与门人弟子的讲论当中，这些讲论被编为《河南程氏遗书》。

英国著名汉学家葛瑞汉（A. C. Graham）年轻时就读于牛津大学，学习神学，治学范围宽广，研究《庄子》，翻译《列子》，倾心于后期墨家哲学，译注唐诗。其编著的《两位中国哲学家：程明道和程伊川》(*Two Chinese Philosophers: Ch'eng Ming-tao and Ch'eng Yi-ch'uan*)被誉为研究中国思想必读的经典名著，于 1958 年在英国第一次出版，1978 年发行第二版。这本书的初稿，是作者 1953 年 6 月向伦敦大学提交的哲学博士学位论文，在撰写论文过程中，葛瑞汉与著名汉学家刘殿爵先生进行过多次关于中国哲学的讨论，并受到深刻的启发。1954~1955 年，在东方与非洲研究学院（School of Oriental and African Studies）的资助下，葛瑞汉到香港和日本游学一年，这期间，东京东洋文库的桧木教授推荐他使用了一些日本图书馆的资料，葛瑞汉在获得新资料后，对初稿进行了修改。葛瑞汉在书中表现出了清晰的思路、极强的条理性，他的语言平易流畅，就像是与读者对话，亲切易懂。葛瑞汉在书中使用的《二程遗书》是《国学基本丛书》本。葛瑞汉引用二程语录（包括文摘）共计 564 条，其中 272 条被译为英文。葛瑞汉音译用的是西方学术界通行的韦氏音标，只有一处例外，"易、颐"音译取 vi，而不取 i。附录中葛瑞汉列出的文献共计 186 种，其中现代西文著作 27 种，现代中文、日文著作 36 种，古典原著 123 种。1992 年该书在美国再版时，增附由 P. J. Vanhoe 和 Jon W. Schofer 编辑的"人名和术语索引"。

哥伦比亚大学东亚研究所的艾琳·布鲁姆（Irene Bloom）在序言中高度评价这本书：

Among western scholars, none of his successors has attempted a work of comparable scope or considered the work of the Ch'eng brothers in so encompassing a philosophical perspective, nor, to my knowledge, have there been any who have seriously challenged the validity of his scholarship or cogency of his judgments. This book, small in length but large in scope and rich with insight, still stands as one of the finest and most lucid introductions to the Neo-Confucian thought of the Sung period.

Graham was a master of contextualization. Two Chinese Philosophers remain especially valuable as a consummately intelligent discussion of the thought of the two Ch'engs in the philosophical context of eleventh-century China. Graham considers the thought of these two masters in light of their own writings and conversations and the views of their disciples as well as the later interpretations by Chu Hsi in the twelfth century. The topical division of his text is apposite, and the discussion of some of the most fundamental problems in Sung Neo-Confucian thought is spare and economical, yet also illuminating and suggestive. Although Graham's thought developed significantly, the work he left us from the outset of his career remains as fresh and as timely as it was when it first appeared—an enduring testament to a penetrating intelligence and scholarly integrity that the two Chinese philosophers whom he studied would themselves have profoundly appreciated and esteemed.[1]

---

[1] A. C. Graham, *Two Chinese Philosophers*: *Ch'eng Ming-tao and Ch'eng Yi-ch'uan*, London: Lund Humphries, 1958, p.x.

"在西方学者中，葛瑞汉的后继者没有谁的研究有他那样广的视野，没有谁以如此全面的哲学眼光来评介二程的著作。据我所知，也没有谁敢于对葛瑞汉本人学术成就的权威性及其论断的中肯，提出认真严肃的挑战。这部书篇幅不大，涵盖很广，洞幽烛微，发人深思，至今仍然是对宋代新儒学最好、最透彻的评介著作之一。

葛瑞汉是一位擅长条理化的大师，他把二程思想放进 11 世纪中国哲学的源流中加以研究，那近似完美的绝妙论述，至今弥足珍贵。他依据二程自己的著作和语录及其弟子、后学的观点，还有后来 12 世纪朱熹的阐释，来评介这两位大哲的思想。这部书章节划分恰当，对宋代新儒学一些最基本问题的探究简明扼要，深入浅出。虽然葛瑞汉的思想后来有重大的发展，但他留给我们的这部开山之作，仍然如它初问世时一样新颖、适时——这是作者那洞悉无遗的睿智和严谨治学精神的不可磨灭的明证。东风西渐，真经薪传，他所研究的这两位中国大哲，若地下有知，也会十分赞赏。"

哥伦比亚大学教授狄百瑞（William Theodore Debary）对此书给出了这样的评价：

Since the original publication of A. C. Graham's *Two Chinese Philosophers* in 1958 there has been enormous growth and change in the field of Neo-Confucian studies. This book has not only contributed to that growth but, remarkably, has retained its relevance and usefulness as the most lucid and comprehensive study in English of the thought of the Northern Sung masters, Ch'eng Hao and Ch'eng Yi. It represents the point of entry for students first encountering the challenges of eleventh-century thought as well as a point of reference for scholars devoted to the ongoing exploration of that thought.[①]

"葛瑞汉的《两位中国哲学家》一书，自 1958 年首次出版以来，新儒学研究领域大为拓展，变化日新月异。这部书不仅对这些拓展和变化起到了推动作用，而且作为研究北宋时期程颢、程颐两位大哲思想的最清晰、最全面的英文文献，至今仍然保持着其现实意义和实用价值。它为那些初次遇到中国 11 世纪哲学思想挑战的学子标明了起点，也为致力于这一思想领域研究的学者提供了参考。"

加利福尼亚大学资深教授芬格利特（Herbert Fingarette）也高度评价此书：

Graham's extensive exposition and rigorous analyses of the thought of these two central Neo-Confucian philosophers still stands as unique in the literature. If remains a sine qua non for scholars, Western or Eastern, seeking to understand the development of later Chinese thought.[②]

"葛瑞汉对新儒学领域最核心的两位哲学家的思想所做的全面阐述和严密分析，在这一领域的文献中是绝无仅有的。这部书对那

① A. C. Graham, "Review excerpt on book cover," *Two Chinese Philosophers*: *Ch'eng Ming-tao and Ch'eng Yi-ch'uan*, London: Lund Humphries, 1958.
② Ibid.

些试图弄懂中国思想后期发展的学者（无论是东方的还是西方的）来说，是必读的文献。"

第二节　研究思路与译介特色

一　研究思路

葛瑞汉对于中国哲学的特点有比较深切的理解，他在《两位中国哲学家：程明道和程伊川》一书的自序中说："中国人看待世界的思维方式倾向于：相互依存，而不是各自孤立（the interdependent rather than the isolated）；整中有分，而不是部分的集合（whole divisible in various ways rather than collection of units）；对立的双方相互补充，而不是相互矛盾（opposites as complementary rather than contradictory）；认为万物是变化的（周而复始地循环变化，并非向前发展），而不是静止的（the changing rather than static）；看重物之用，而不是物之质（the functions of things rather than their qualities）；关心相互感应，而不是因果关系（mutual stimulation and response rather than effect following cause）。"[①] 他对宋代理学有着高度的评价，认为："中国思想史上，有两个伟大的时期，一个是东周战国时期，另一个是宋代。"[②] 对于宋代理学代表，他这样评价，"程明道、程伊川这两位新儒学大师，确确实实应该被视为宋代哲学家中最富有创

---

① A. C. Graham, *Two Chinese Philosophers: Ch'eng Ming-tao and Ch'eng Yi-ch'uan*, London: Lund Humphries, 1958, p.xi.

② Ibid., p.xv.

造性者。"① 他发现，当时还没有人用西方语言对二程的著作发表过一篇完整的报道和阐述。

葛瑞汉撰写这本书的目的，其一是想强调中国与欧洲之间的"异"而不是"同"对研究更有益。相同之处，显而易见，会诱使西方人误解中国人的观念，把它们类比于西方人过去或现代的见解。类比于西方过去的见解时，会毫无缘由地轻视中国，或者为之辩护；类比于西方现代的见解时，又会空洞地恭维一番。相异之处，难以捉摸，一旦发现，更有价值。这些相异之处将西方人自身无意识的先入之见显露出来。其二是作者是要把二程的思想带给一般的西方读者大众，因此，作者把纯专业性的深入讨论、大量的旁征博引以及对原始文献的考证校勘全部放在正文后的附录中，供汉学家阅读研究。

该书的研究范围，主要集中于二程的哲学、两人的相互关系以及二程前后新儒家们的思想。书中并不涉及新儒学的政治背景及其受佛教影响的程度。葛瑞汉发现，宋代哲学家们强烈反对同时代伟大的改革家王安石的变法，早期的新儒学学派（张载的"关学"和二程的"洛学"）即是在张载和程明道因反对变法被解职后不久形成的。他承认自己对宋代历史所知甚少，无法判断二程保守主义的政治态度与其哲学关系的深浅程度。至于新儒学与佛教的关系，他也仅提及表面性的问题，因为他对中国的佛教同样生疏。

---

① A. C. Graham, *Two Chinese Philosophers: Ch'eng Ming-tao and Ch'eng Yi-ch'uan*, London: Lund Humphries, 1958, p.xi.

二 译介特色

葛瑞汉深知，翻译中国哲学家的著作，虽然不可能没有某种程度的失真，但是要为无意中误解的可能性设定一个界限。如果偏离这个界限，那肯定只能算作自由解说了。他对二程思想的译介有着独特的理解，他认为二程的著作并不适宜整篇连续不断地译出来，应当尽可能多地选译语录。这样做的目的是让读者认识到，在二程著作所表达的思想中，有多少是二程本人明白无误说的，又有多少是他人提供的，使得这些思想以欧洲人的思维方式也能读懂。

对西方人来说，二程和其他新儒家，乃至中国哲学家所持有的那些相同的见解，都需要给予同样多的阐释。对于这些相同的见解，葛瑞汉不仅用二程的语录，还用其前辈、弟子、后学等的语录来说明。只要他们对这些见解述说得比二程本人更清晰，不管是谁的语录都可以予以采用。

基于同样的理由，葛瑞汉在《两位中国哲学家：程明道和程伊川》中还引用了二程兄弟之间归属不明的语录（通常在引文出处页码数字后用一个问号来注明），以说明兄弟俩相同的观点。只有当所引语录涉及兄弟俩不一致的见解时，才会指明该语录的归属。

葛瑞汉在书中探讨二程哲学思想的方法是逐一解释其专门术语。例如，讲到"理"，他选用"principle"，希望这个约定的对译词能逐渐地摆脱它的一些英文含义，更多地附着中文"理"的含义。凡遇到有可能产生误解的严重危险时，他认为译者需要保留中文词的原本语义。该书所使用的对译词，有些能够表达较多的中文原义，极少会产生完全的误解（如"性"nature、"心"mind）；有些在具体语境中足以表达中文原义，但在另一些场合词义变化多端，有必要经常使用中文原词（如"理"principle）；还有些对译词被选中，只是因为它的英文含义很少，不至于产生误解（如"气"ether）。

每当介绍一个新术语时，葛瑞汉先给出一个粗略的定义，然后引证中国人的各种解说（这些解说常常只是强调其含义的某一侧面，而且对欧洲人来说，也许不是最重要的侧面），唤起人们对词源意义的注意，词源意义越具体，它的英文对译词通常越准确。这种意义通常能够控制住对译词词义的引申。

但是，人们不可能指望作者对每个词的含义都做出充分的说明，对关键术语理解的深度取决于他们对这种哲学整体理解的程度。葛瑞汉认为，新儒学体系是通过对诸如"理""气""性""格物"等专门术语的解说，让它逐渐浮现出来后，才能够得到阐释。新儒学体系的轮廓越明晰，这些术语的意义也自然会越丰满。

葛瑞汉也指出，读者不要因为作者强调这些术语的具体含义，而误认为它们不像类似的英文词那样抽象。例如，"理"的基本意思，传统上认为是"治玉""玉之纹理"。有时，新儒学大师使用"木材中的纹理"这一具体形象作为解释，使弟子们明白易懂。但如果认为哲学术语的"理"在中国人心目中通常引起的联想，就是"有纹理的玉石或木头"，那就大错特错了。葛瑞汉用合成词"影响"（influence）来举例说明，他首先说明这个词含有"影子"（shadow）和"回声、反响"（echo）两个词义，由"影"和"响"两个单字组合而成。但是，中国人使用这个词时，眼中不会出现影子，也听不到回声。其次，他进一步对比，正如英国人说 influence 时，脑子中不会出现溪水汇入河流的景象。一个不会写"影响"二字的中国人完全不知道这个词的本义是"影子"和"回声"，正如不懂拉丁文的英国人不知道 influence 的词源一样（influence 的词根 in 意为"进入"，flu 等于 low，意为"流"）。

必须承认，长篇累牍地引用语录而且经常出现重复，或者被引用的语录只是部分地与所探讨的问题有关，或者其只是用来说明似乎很清楚的观点，有时会使读者感到沉闷。然而，葛瑞汉强调，对于一个中国哲学术语煞费苦心地做出的解释，值得在不同的语境里反复多出现几遍。引用的语录越多，能够使读者听到二程自己声音的机会就越多，也越能够把他们俩的话与译者的话区分开来。

第三节　二程理学范畴解读

葛瑞汉在《两位中国哲学家：程明道和程伊川》中用两个部分对二程哲学思想的代表性概念分别进行了详尽的释读。第一部分"程伊川的哲学"分为八个小节，包括九个概念："理""命""气""性""心""诚""敬""格物""辟佛"。第二部分"程明道的哲学"分为五个小节，包括"仁""易、神""一元论与二元论""善与恶""明道论性"。

一　词源解读

葛瑞汉在介绍"理"这一概念时，首先说明这个字既作名词，意为原理、原则（principle），又作动词，意为治理（put in order）。由于"理"的偏旁为"玉"（jade），中国人很早以前赋予它的最初含义就是作名词，意为"玉石中的纹理"（veins in jade）；作动词，意为"治玉"，即甄选、抛光玉材（dress jade）。这种词源上的释义在宋代已经得到公认，"理"在"条理"（twig）、"道理"（path）和"脉理"（veins of body）等组合词中所蕴含的意义，体现了"理"的词义为人们广泛接受所造成的影响。

针对儒家思想中"性"的概念，首先，葛瑞汉指出"性"的读音与"生"相近，由"生"加偏旁"心"组成。[①]"生"在不同的语境里，可以作及物动词、不及物动词和形容词。作及物动词，如"生孩子"（give birth to child）、"生头发"（grow hair）、"生疮"（grow boils）等。作不及物动词，如"出生"（be born）、"生长"（be grown）等。"生"也可表示"活着"，与"死"相对。作形容词，如"生食"（raw food），与"熟食"（cooked food）相对。"生"作形容词可以指受外界影响之前，保持出生或生长时的原状。与此相对应，"性"（nature）作名词时，意指受外界影响以前，我们生来就有的品质。

其次，葛瑞汉从《孟子》和《中庸》中准确找到了程伊川所使用的"性"的三个古老定义[②]：

"天命之谓性"（The decree of heaven is what is meant by nature，《中庸》）。说某事物是天命，即是说人力无法改变它。

---

① A. C. Graham, *Two Chinese Philosophers: Ch'eng Ming-tao and Ch'eng Yi-ch'uan*, London: Lund Humphries, 1958, p.47.

② Ibid.

如此说来，我们对自己的性无能为力。

"生之谓性"（Inborn is what is meant by nature，《孟子·告子上》）。性与生俱来，与后天所学相对。十九世纪时，译出《中国经典》的伟大翻译家理雅各将"生命之谓性"译作：Life is what is called nature。

"天下之言性也，则故而已矣"（What everyone speaks of as "nature" is simply Ku，《孟子·离娄下》）。"故"〔原意为"旧"（old）〕是隐在幕后的东西，通常表示事物的理由和原因。程伊川认为，孟子接受了这样的词义，把"故"解释为"本如此（是）"（what something is like fundamentally）。

葛瑞汉还强调中文"性"肯定是名词，意指 nature（本性、自然），而不是形容词 natural（自然的、天生的）。

二 对比式释读

葛瑞汉不仅对二程理学思想概念的本身进行释读，还从中国古代思想家、东西方哲学思想、中英语言体系多重角度进行对比解读，展现宽广的学术视野和深厚的中国文献研读能力。

1. 中国古代思想家对比

在研究二程理学重要概念"理"的过程中，葛瑞汉不仅经常对比二程兄弟之间的不同观点，更是将二程思想与宋代其他理学思想家的思想进行对比。如他发现许衡（1209~1281）在《鲁斋遗书》中有一个与二程的"理"相一致的定义多次出现：

穷理至于天下之物，必有所以然之故，与其所当然之则，所谓理也。

If we exhaust the principles in the things of the world, it will be found that a thing must have a reason why it is as it is（so-yi jan chih kw 所以然之故）and a rule to which it should conform（so tang jan chih tst 所当然之则），which is what is meant by "principle". ①

葛瑞汉指出，这句话中的"所以然之故"和"所当然之则"是用来解释"理"的两个词组，这与二程兄弟的解释相契合：

物物皆有理，如火之所以热，水之所以寒……（《二程遗书》）

All things have principles, for example that by which（so-yi）fire is hot and that by which water is cold. ②

物我一理，才明彼即晓此，合内外之道也。语其大，至天地之高厚；语其小，至一物之所以然，学者皆当理会。（《二程遗书》）

There is a single principle in outside things and in the self; as soon as "that" is understood "this" becomes clear. This is the

① A. C. Graham, *Two Chinese Philosophers: Ch'eng Ming-tao and Ch'eng Yi-ch'uan*, London: Lund Humphries, 1958, p.8.
② Ibid.

way to unite external and internal. The scholar should understand everything, at one extreme the height of heaven and thickness of earth, at the other that by which a single thing is as it is（so-yi jan）.①

由此，葛瑞汉认为，"理"既是自然的原则，又是伦理道德的原则，两者之间没有任何区别。

葛瑞汉还对比了与二程同一时期的重要思想家周敦颐和张载对"理"的使用情况，发现在周敦颐的著作中，"理"的使用并不突出；张载经常谈到一些特殊的"理"，用以说明阴阳交替、知、尘世的成功、天体运行等，但是，他没有提到一种能够包容万物的"理"，而是把所有儒家传统概念归结于"太虚"（Supreme Void）。

在讲到"性"这个重要概念时，葛瑞汉回顾了宋之前的一千年间孟子、荀子等人的观点，其中颇具特色地提出了"中间立场"（intermediate positions）的分类②：

"中间立场1"，扬雄认为：人之性也善恶混，修其善则为善人，修其恶则为恶人。

"中间立场2"，人不同，性亦不同。本性善的可以因教育而得到发展，本性恶的可以因惧怕惩罚而收敛，但两者都不会从根本上有所改变。王充（27~约100）认为人性各异，正如

---

① A. C. Graham, *Two Chinese Philosophers: Ch'eng Ming-tao and Ch'eng Yi-ch'uan*, London: Lund Humphries, 1958, p.8.

② Ibid., p.45.

形体、气质各异。荀悦（148~209）和韩愈（768~824）声称人性分"善""中""恶"三品，只有第二品"中"才能改变。

"中间立场3"，人性既不善也不恶。此说至少有以下两种形式。

"中间立场3-1"，人性呈中性。"人性之无分于善不善也"，它既能变好也能变坏。这是被孟子所攻击的告子（前4世纪）的观点。

"中间立场3-2"，行善是顺着人性（"率性为善"），作恶是逆着人性，但性本身不能称为善。

根据这一分类，葛瑞汉认为新儒学运动之外的学者司马光拥护扬雄说，属于中间立场1；李觏拥护韩愈说，属于中间立场2；王安石似乎认为性呈中性，属于中间立场3-1；苏轼认为，道和性不能称为善，虽然循道随性是善，属于中间立场3-2；周敦颐视性为善恶的混合体，属于中间立场1；与程伊川关系最密切的两位思想家，其兄程明道和表叔张载对于性的看法属于中间立场3-2。

葛瑞汉还注意到程伊川与宋初大多数哲学家观点上的差异：

We noticed in the last chapter the difference of approach between Yi-ch'uan, concerned with moral and logical principle, and most other early Sung philosophers, concerned with an ultimate source out of which things are generated. The former approach leads to dualism, the latter to monism. Liu Mu and Shao Yung explain the evolution of the universe by the division of a primal one, the Supreme Ultimate.[1]

"程伊川关注的是道德和逻辑的理，而其他哲学家关注的是万物生长的终极源泉。程伊川的观点导致二元论，而后者导致一元论。刘牧和邵雍用太极的再分来解释宇宙的演变。"

In Chou Tun-yi's system the Supreme Ultimate "grows" or "breeds" (shing) the Yin and Yang ether, the word shing (which can be applied to a body growing hair but not to a man making a pot, as might be supposed when it is translated "produce") implying that the new comes out of and is the same in kind with the old. In Chang Tsai's system things are ether condensing from the rarefied ether, the Supreme Void. He rejects all suggestions that the ether is produced by the void or that things are inside the void without being connected with it.[2]

"在周敦颐的体系中，太极生出阴阳二气，'生'指人体毛发生长，不是人制造器物（例如一只罐子）的生产。'生'意指生成的新物与旧物属于同一类。在张载的体系中，万物由稀薄的气（太虚）凝聚而成，他排斥那些主张气由虚生或万物在虚中却又与虚无关的所有观点。"

---

[1]　A. C. Graham, *Two Chinese Philosophers: Ch'eng Ming-tao and Ch'eng Yi-ch'uan*, London: Lund Humphries, 1958, p.120.

[2]　Ibid., pp.120-121.

2. 东西方哲学思想对比

在谈到二程哲学中"命"的概念时，葛瑞汉对比了孟子对"命"的理解，指出孟子所说的"莫之为而为者，天也；莫之致而至者，命也"，对程伊川来说，这只是理的一个侧面。人们必须遵循的理是"自然"（thus of themselves）之事，它不能被随意编造以适应我们的需要。此外，葛瑞汉还进一步延伸到了欧洲哲学和神学关于 decree（命）的一种说法，即一个谋杀事件由上帝预先所确定或者被前因后果所注定，但是，谋杀者仍然本不应该这样做。他发现，初看起来，程伊川的立场似乎与这个观点一致。然而，当西方人读到中国人关于命的讨论时，总是不安地觉察到，中国人的讨论不管多么接近自由意志（free will）问题，两者的前提仍然存在着难以捉摸的差别。

除此之外，葛瑞汉把理学思想放在西方古典哲学背景下进行对比分析，例如在介绍二程思想中的核心概念"理"时，他指出：

It is natural for a European to conceive the li of a thing after the analogy of the Platonic ideas and universals of our own philosophy. But it will be noticed that in most of these quotations the li accounts not for the properties of a thing but for the task it must perform to occupy its place in the natural order.[1]

"对欧洲人来说，很自然会依照柏拉图（Plato）式的思想和西

─────────────

[1] A. C. Graham, *Two Chinese Philosophers: Ch'eng Ming-tao and Ch'eng Yi-ch'uan*, London: Lund Humphries, 1958, p.18.

方哲学的一般概念来类推设想中国人的'物之理'。但应该指出，在引用的大多数语录中，'理'不是用来描述一物某个方面的特性，而是用来说明它应该完成的某项任务，以便在自然秩序中占据某个位置。"

在讲到五行对应关系中"能动的阳与被动的阴"的概念时，葛瑞汉提到了著名历史学家汤因比（Arnold Toynbee）在他的《历史研究》（*A Study of History*）中，就曾经使用了"阴阳说"。"The distinctions they reflect are in many cases objective, in that even a European, when presented with a new pair（for example, above and below, speech and silence, ruler and minister），can often guess that the former is Yang and the latter is Yin."[1]［阴阳所反映的特征，在大多情况下都是客观的。即使对于欧洲人来说，如果遇到新的对应物（例如，上与下、发言与沉默、君主与大臣），通常都能猜出前者为阳，后者为阴。］

对于"气"在新儒学中的位置，葛瑞汉把它比作"物质"（matter）在西方哲学中的位置。研究新儒学的第一批西方学者列·戈尔（Le Gall）把"气"译作"质"（德文为 matiere，意为物质）。但是，葛瑞汉指出：

But in many respects it is very unlike what we understand by matter, and an analysis of the differences is perhaps the best way to approach it. For us matter is what has mass, and is most

---

[1] A. C. Graham, *Two Chinese Philosophers: Ch'eng Ming-tao and Ch'eng Yi-ch'uan*, London: Lund Humphries, 1958, p.33.

obviously itself in solid things such as metal; to say, for example, that air is matter, makes sense to us only because we suppose that it consists of atoms similar to those composing metal but more widely distributed in space. But ether is more easily recognized as air, pure, active, and freely moving, than as metal, in which it is impure, dense, obstructed.[①]

"'气'在很多方面与我们西方人对'质'的理解大不相同。对两者差异的分析或许是接近'气'这个中国哲学术语的捷径。对于我们来说，物质是凝聚在一起的，最明显地表现在物质本身以实在的形态存在，像铜铁等金属那样。如果要说空气也是物质，那只有在我们认定空气也是由原子组成、其原子和组成金属的原子相类似、只不过空气中的原子在空间里散得很开时，才讲得通。对新儒家来说，空气比金属更容易被认作气，因为空气中的'气'纯净、活跃、自由运动，而金属中的'气'混浊、稠密、处处受阻。"

葛瑞汉深知"气"难以理解的主要原因，在于宋代哲学没有给诸如力与物质、生物与非生物、心灵与肉体等哲学术语之间的区别划分出西方人习惯的界限。对西方人来说最自然不过的观点是，物质（matter）是不动的（inert），只有在外力作用下才能运动。当遇到"气""阴阳""五行"这类中国人的术语时，西方人倾向于假定它们指物质或力。

---

① A. C. Graham, *Two Chinese Philosophers*: *Ch'eng Ming-tao and Ch'eng Yi-ch'uan*, London: Lund Humphries, 1958, p.33.

因此，葛瑞汉明确指出了列·戈尔的理解存在错误：

Le Gall, whose mistakes, since he was genuinely trying to define clearly what the Neo-Confucians mean, are stimulating rather than confusing, was tricked by his identification of ch'i and matter into supposing that the assembly and dispersal of ether implies that it is composed of atoms.[①] （虽然他真诚地想说清楚新儒家的意思，但他把"气"与"质"等同起来，从而误认为"气的聚散"意指"气由原子组成"。他的错误与其说引起了混乱，还不如说激励了人们去探明气的概念。）

Le Gall again made an illuminating mistake, which is criticized by Bruce; he assumed that since the ch'i is matter and matter is inert, it must be moved by the li. "Li est le principe d'activite, de mouvement, d'ordre dans la nature; ce que nos evolutionnistes contemporains M. Spencer, Darwin, Haeckel, appellent une force de developpement inherente d la matiere, qui sans elle resterait inerte."[②] ［列·戈尔又犯了一个发人深省的错误，卜道成对此提出了批评。列·戈尔认为既然"气"是物质，物质是不动的，那它必然被"理"所驱动。他说，"理"是活动之理、运动之理、自然之法则。这正是我们当代进化论者斯宾塞（M.

---

① A. C. Graham, *Two Chinese Philosophers*: *Ch'eng Ming-tao and Ch'eng Yi-ch'uan*, London: Lund Humphries, 1958, pp.33-34.

② Ibid., p.35.

Spencer）、达尔文（Darwin）、海克尔（Haeckel）所说的物质
内部固有的发展力，物质没有它，就会保持不动的状态。]

葛瑞汉发现，欧洲人和中国人在理解"气"这一概念时确实存
在着明显的思维差异。对欧洲人来说，生物与非生物之间的主要区
别在于，生物是自我驱动的（self-moving）。但对于中国人来说，
很明显，生物与非生物的区别只是气的活动程度上的差别。"气"或
清纯活泼，或混浊迟钝。这正如在西方人看来，风、火在性质上与
人体内生命之液（活力）不同，而与金、石相同是一样的。欧洲人
初次读到宋代哲学著作时，会发现自己要不停地询问："物"是事物
（thing），还是动物（animal）？ "生"是生产（produce）、被产生
（be produced），还是生下了（give birth to）、出生（be born）？但
不久，他们就会明白，在许多语境里，这些问题都没有实际价值。
葛瑞汉认为："But since the Chinese shared the belief in spontaneous
generation which survived in Europe until its refutation by Pasteur, the
last criterion does not imply an absolute distinction between animate
and inanimate."[1] ［虽然中国人也相信过去流行于欧洲的"自发生成
说"（欧洲人是在巴斯德的驳斥后才放弃这种信仰），但他们的最终
评判标准并不意味着生物与非生物之间存在绝对界限。］

从葛瑞汉的分析中我们可以看到，对欧洲人来说，心灵与肉体
之间有绝对清晰的界线。之所以如此，是基于这样的假定：虽然
思、情、欲在不停地变化，时间上有始有终，但它们缺乏物质的其

---

[1] A. C. Graham, *Two Chinese Philosophers: Ch'eng Ming-tao and Ch'eng Yi-ch'uan*, London: Lund Humphries, 1958, p.36.

他特征——质量和空间上的广延。新儒家并不赞同这一描述所立足的假定。对他们来说，质量不是"气"的必要特征，只是气浊的一个明证。形（form）的特征是它不仅在空间上，而且在时间上具有界限，"理"则不受空间和时间的限制。根据现代西方人的观点，人们通过外部感觉，以不同的方式察觉同一物质性的事物；通过内部感觉，察觉我们物质性的躯体内所发生的一切（例如，举起一只手臂的动觉）。对于西方二元论者来说，精神活动与身体活动之间，存在着巨大的区别，虽然实际上有时难以区分（例如，用心思时的心力与肌肉运动初始时产生的动觉）。葛瑞汉发现："中国人的形而上思维是动态的，他们不是静止地视甲为乙或非乙，而是想象着甲从乙中形成或在乙中消融。不可察觉的可以显露自身（微显变化）；稀薄的可以凝聚成为实体（虚实变化）；'无'可以获得形与色（'无'有变化）。不可见的源泉与可见的世界之间的关系，用独特的隐喻含蓄地表示为'本与末'（root and tip）、'源与流'（spring and current）的关系。"[①]

对于"性"的理解，葛瑞汉对比了儒家哲学中的人性论和西方人文思想。对西方人来说，人性问题一点也不陌生。对西方所有自然主义道德家来说，更是司空见惯。当然，对基督教徒来说则完全不同，他们认为道德的权威是上帝（God），西方人的自然倾向对上帝意愿的反叛是他们本性堕落的明证，只有靠上帝的恩宠，他们才会下决心行善。葛瑞汉发现，对儒家来说，正像对西方人文主义者那样，人性问题与其说是善与恶之间的问题，不如说是善与道德

① A. C. Graham, *Two Chinese Philosophers: Ch'eng Ming-tao and Ch'eng Yi-ch'uan*, London: Lund Humphries, 1958, p.120.

中性（或称作"混合型"）之间的问题。对大多数儒士来说，"人性恶"说不单是个学术上的错误，它在伦理道德上也是危险的。因为对于儒家来说，无论如何，人们不可能有理由违背自己的本性去行事。

在介绍宋代哲学家关心的最基本问题时，葛瑞汉将之与欧洲人的宇宙观进行了对比。宋代哲学家认为万物是由处于宇宙之根的"某种东西"（Something）"生"（breeding、growth）出来的，他们不认为万物是由置身于宇宙之外的"某人"（Someone）"创造"（creation）而出。葛瑞汉发现："The idea that the universe must have had a beginning in time, which seems obvious, even a logical necessity, to many Europeans, is quite foreign to Chinese thought；thus Chu Hsi, who held with Shao Yung that the universe is annihilated and reborn every 129,600 years, took it for granted that there were other cycles before the present cycle. Nor, of course, did the Sung philosophers have any idea of universal causation, in terms of which every event is explicable except the event which started the series。"①（对许多欧洲人来说，宇宙在时间上应该有个起点，这甚至是逻辑上的必需。但对中国人来说，起点的概念相当陌生。因此朱熹和邵雍都认为宇宙每 129600 年毁灭并再生一次，认为在目前这个轮回之前还有别的轮回。当然，宋代哲学家同样没有任何关于宇宙因果关系的概念。如果有因果关系，那么除了循环开始的宇宙起源这一点以外，其他一切事件都好解释。）

对于"神"这个概念，葛瑞汉对比了这个词在东西方语言体

---

① A. C. Graham, *Two Chinese Philosophers: Ch'eng Ming-tao and Ch'eng Yi-ch'uan*, London: Lund Humphries, 1958, p.108.

系中不同的搭配和联想。在欧洲，从一物发散出来的神秘力量和灵性之气被归于此物内部的有人格的神灵，修饰这种气的形容词 daemonic（恶魔的、超凡的）、psychic（精神的、通灵的）是由名词 daemon（恶魔、精力过人者）、psyche（心灵、灵魂）转化而来的。这类可供选用的形容词相当少，因为那些从神灵化名词转化而来的大部分形容词都意指道德品质，而不能表示神秘的力量或灵性，如 angelic（天使般的）、devilish（魔鬼般的）、spiritual（精神的、神圣的）、soulful（灵魂的、真诚的）。葛瑞汉发现，"But in China the tendency to abstract a personal spirit from the numinous influence of a thing or place is much weaker than in Europe, and it has not affected the use of shen in philosophy. Thus in the appendices of the *Book of Changes* the word is less frequent as a noun than as an adjective, for which the least unsatisfactory English word is perhaps 'psychie', applied to the Way, the Changes, the divining stalks, the sage, and the inner power or 'mana'（te, usually translated 'virtue'）"。[1]［在中国，把某物或某地的神秘力量抽象地描述为一种有人格的神灵的倾向，与欧洲相比要弱得多。而且这种倾向不影响"神"在哲学上的应用。《易传》中"神"作为名词比作为形容词的情况少。由此看来，比较满意的对译词或许是形容词 psychic（精神的、通灵的），用来说明道、易、蓍草、圣人和内在精神力量，或称"mana"，"德"通常译为 virtue。］"神"和"德"搭配时还可作为及物动词，如"神明其德"。但是，葛瑞

---

[1] A. C. Graham, *Two Chinese Philosophers: Ch'eng Ming-tao and Ch'eng Yi-ch'uan*, London: Lund Humphries, 1958, p.112.

汉也承认，使用 psychicity 会给英语新造一个蹩脚的词，因此不打算把它当作"神"的标准对译词。在需要准确表达中文"神"的原意时，他还是按照惯例，用拼音"shen"代替。

在谈到宋代哲学中有关"心"与"性"的关系时，葛瑞汉从西方哲学角度来看，认为这个问题似乎显得非常牵强。

Of all the problems which they discuss this is the one which to us seems most obviously artificial; for although we ourselves tend to think of the mind as an insubstantial thing inside the body, it would not occur to us to suppose that there is any "nature" distinct from what is "natural". But it is perhaps worth noticing that if we accept the approach suggested in Wittgenstein's *Philosophical Investigations*, and developed in Gilbert Ryle's *The Concept of Mind*, "nature" and "mind" really are analogous, and we make the same mistake over the latter that the Chinese make over both words. We do tend to assume that there is an "intellect" distinct from what is "intelligent", and a "will" distinct from what is "voluntary", "mind" being a collective name for such entities.[①]

[虽然我们自己也倾向于把"心"作为体内一个非实体之物，但我们不会想到假定有一个不同于 natural（天生的）的东西 nature（性）。或许值得注意的是，如果我们接受了维特

---

① A. C. Graham, *Two Chinese Philosophers: Ch'eng Ming-tao and Ch'eng Yi-ch'uan*, London: Lund Humphries, 1958, p.62.

根斯坦（Ludwig Wittgenstein）在《哲学研究》（*Philosophical Investigations*）中所建议的，又在吉尔伯特·赖尔（Gilbert Ryle）的《心的概念》（*The Concept of Mind*）中得到发展的方法，那么 nature（性）与 mind（心）确实相似。我们在 mind（心）上犯了中国人在"性"与"心"问题上同样的错误。我们确实倾向于认定有一个不同于 what is "intelligent"（有智力的东西）的 intellect（智力）；有一个不同于 what is "voluntary"（有意志的东西）的 will（意志）；而 mind（心）则是这一类"存在"（entities，本质、存在等意思）的共同称谓。]

3. 中英语言体系对比

解析中国古代哲学思想，离不开对哲学概念术语的语言分析，为了让西方人对二程理学思想中的核心概念表述有较为清晰的认识，葛瑞汉通过对比欧洲语言的表达特征，使西方人更清楚地看到了中国哲学语言的特点。

在欧洲和印度哲学中，对 qualities（特性）的归类划分，毫无疑问与形容词在印欧语系中作为一个独立的词类存在有关。葛瑞汉发现，在中文中，动词与形容词从形式上看没有明显的区别。中文词汇以动词和形容词（表达属性，靠简单的并列联结与名词相连，加"不"即成否定）为一方，名词（表达实性，通常以连系动词"也""是"与其他名词相连，加"非""不是"即成否定）为另一方。

在印欧语系中，形容词的存在促使西方人去辨认一类独立的特性，能用不同的说法表达同样的意思。例如，既然英文可以用 birds are oviparous（鸟是卵生的）代替 birds lay eggs（鸟儿下蛋），那么西方人就很容易把 oviparousness（卵生）认作鸟儿与生俱来的一种特性；正如 redness（红）被设想成苹果所固有的特性一样。葛瑞汉发现中文与此不同，中文不鼓励用这一思维去辨认任何一个特殊的特性种类，中文名词与动词的区别多多少少与宋代学者所说的实字（solid words）与虚字（void words）的区别相一致。它反映在体（substance）与用（function）的区别上；也反映在中文对以下几个方面的区分，即对 thing（事物）和 change（变化）这样的英文词所表示的不同含义的区分，对"物"（object）与"事"（affair、activity）、"化"（transformation，一物化为它物）与"变"（change，动变静、春变夏、仁政变暴政）的区分。例如，宋代哲学家把形容词看作不能表示"用"（function），而只会引起麻烦的一类虚词（void words）。

在讨论哲学时，欧洲人与中国人在习惯用语上有明显差别。葛瑞汉发现，中国思想家一般总是非常关注"名"与"实"的差别，这主要因为儒家强调"正名"（correct use of names）（其目的当然是道德的而不是理性的。如一个人如果确实是暴君，那么绝不能称其为君王）。定义通常按照"生之谓性"（Inborn is what is meant by nature）的模式来定，而西方人习惯于说 Nature is what is inborn（性是天生的东西）。另外，中国人很少关注字与句、术语与命题之间的差别，他们特别关注的是名实是否相符，而不是两个术语联系在一起的方式是否正确，这与中国学问强调单独字的意义而不关心句法有关。

根据葛瑞汉的分析，虽然中文中有些字用来表示陈述是真的（例如"然""是""信"等），但中国人更习惯于用论断指明事实，并视之为一个整体，说"有此也"（There is this）。中文并不经常指明数字，在"理"这一例子中，西方人不能用无冠词的 principle 来对译"理"，必须在 a principle（一理）与 principles（众理）之间做出选择，而这种选择往往相当随意、武断，使西方人感到困惑。中文短语"百理"（hundred li）中，"理"指一般的理（principle），前置一个数字，并不意味着是在分开一个单元或增添多少单元。但是，在英文短语 hundred principles（百理）中 principles（众理）是复数形式，意指有两个或更多单独的理。这样，西方人在"理"前放置一个数字就一定增添了"理"，而且只允许有一个答案。

与此相似，讲"气"时，在中文中人们可以随意讲整个气为"一气"，或者把它分为"二气""五气"。但在英语中说"二气"，就意味着不能是"一气"或"五气"。据此，葛瑞汉表示，用英语探讨宋代哲学时，很难不搞混这样的事实：宋代哲学关于"理"和"气"的设想不是作为众多单元的聚集，而是作为一个可以随意分以及再分的整体。

"一元论"与"二元论"是新儒学的重要哲学议题，所谓"二元"意指存在着"理"与"气"两个基本元素；要想成为圣人，需要处理好理的尽善和气质的多变两个互不相关的问题。葛瑞汉专门对比分析了描述这类问题的一些中文术语与英文之间的差异，如英文中与"微""虚""无"大致对应的词分别是 imperceptible、void、nothing，这些英文词似乎意指"绝对的不可感知、空、非存在"。但在中文中，"微"相对于"显"（manifest），某物越微，就越难以识别；"虚"相对于"实"（solid），它不是说一个空间是空的，而是意指一个东西变得微薄了，例如，火与更实在的物相比，火就是虚；"无"相对于"有"（having），主要指形与色的缺乏，同样也是程度上的差别。

三 译法解读

关于二程哲学中的一些中文概念如何使用英文来传递，葛瑞汉从汉英差异和翻译的角度进行了讨论。

如在中国哲学史上，"气"是一个常用而又不易捉摸的词，它包括了非常丰富的含义。葛瑞汉认为："这些概念在英文中有不少与之相对应而又互不相同的词。但要严格地选出一个对译词，几乎是不可能的。"[①] 英国汉学家卜道成（Joseph Percy Bruce, 1861~1934）曾提出"气"的标准对译词是 ether（以太）。它之所以可以被接受，并不是因为这个译法最合适，而是它可以被用来始终如一地单独代表"气"。在任何情况下，ether 的含义都非常少，因此不至于产生误解。

在中国哲学中，从阴阳二气到永不停止进行气聚气散的"万物"，都用"感"与"应"两个术语加以解释。葛瑞汉提出，"感"与"应"的英文对译词很自然地选 stimulation（刺激）与 response（回应），而且"感应"的概念在宋代哲学中的位置与西方哲学中的"因果关系"（causation）差不多。儒家和道家经常使用的"体"（字面意为身体，body）的意义很广泛，用来表示一个实在的物体，葛瑞汉认为它在"体"与"用"这对术语中相当于

---

① A. C. Graham, *Two Chinese Philosophers: Ch'eng Ming-tao and Ch'eng Yi-ch'uan*, London: Lund Humphries, 1958, p.31.

英语中的 substance（实体、本体），因为"体"是一物变动的表面下的基础。

葛瑞汉发现，当用英语讨论宋代哲学时，经常用到 properties（品性）、qualities（特性）、characteristics（特点）、states（状态）等词，然而这些英文词在新儒学术语中都找不到相对应的词。具体的物有形（典型的如方、圆），有五色、五声、五味、五嗅等，所有这些都可以一言以蔽之，就是物有"形色"（form and color）。但"形色"这个词不能移指诸如"道"之类的存在，因为"道"是"无形色"（without form and color）的。

儒家五常中的"信"字在儒家哲学中带有明显的含混性，使得与其相关的英译文颇为艰涩，葛瑞汉提出可以把"信"译作 belief、believe、believed，但需要在语义模棱两可处用括号增添 truth、true，这样译文的意思就更清楚了。因此，在以下语录中，葛瑞汉使用了不同的方法处理"信"字的英译。①

问："四端不及信，何也？"

曰："性中只有四端，却无信。为有不信，故有信字。且如今东者自东，西者自西，何用信字？只为有不信，故不信字。"（《二程遗书》）

Q. Why do not the "four beginnings" include belief?

A. Within the nature there are only the "four beginnings", there is no belief. It is because there is disbelief that there is the

---

① A. C. Graham, *Two Chinese Philosophers: Ch'eng Ming-tao and Ch'eng Yi-ch'uan*, London: Lund Humphries, 1958, pp.54-55.

word "belief". For example, when East is plainly East and West
is plainly West, what need is there of the word "belief"? It is
only because there is disbelief that there is the word "belief".

惟四者有端而信无端。只有不信，便有信。如东西南北已
有定体，更不可言信。若以东为西，以南为北，则是有不信。
如东即东，西即西，则无不信。(《二程遗书》)

Only the other four (norms) have "beginnings", while
belief has none. It is only when there is disbelief that there
is belief. Once the positions of the cardinal points have been
determined, one can no longer speak of belief. If you think that
East is West and South is North there is disbelief (untruth);
but if East is East and West is West there is belief (truth).

"诚"的传统英文对译词是 sincerity (真诚)，但是，葛瑞汉认
为这个概念译作 integrity (完整、完善、正直、诚实) 更好些，尽
管这个词与商业道德观的联系可能会引起误解，此外它还缺乏合适
的形容词形式和否定形式。总的来说，把"诚"译作 integrity (这
个词有两个意义：一为完整、完全；二为正直、光明正大)，不会
让人把"诚"误解为 integration (一体化、整合作用)，虽然它也
可能暗示着新的整体 (new wholes) 的形成，但只意味着保留心原
来的整体状态。

和"诚"意义接近的另一个概念是"敬"，孔子在《论语》中
使用的"敬"是指一个人对父母、君主、神灵等应取的态度。既

有尊重的情感，又是一种自持、恭谨、专心的状态。"敬"通常被译作 respect（意为尊敬、尊重）或 reverence（意为尊敬、敬畏）。但"敬"的另一个意义在《论语》的一些语录中更为突出，这时的"敬"译作 be attentive to（意为专心的、留心的）。葛瑞汉认为二程及其后学所使用的"敬"不能译作 reverence，卜道成译作 seriousness（严肃、庄重）也完全不合适。因为，"敬"的两个方面词义相互依存，使自己集中思想专注于一人或兢兢业业专注于一事，意味着尊重此人或郑重其事；而要表达敬意，意味着自己要镇定自若，全神贯注。但英文中不存在这样一个可以包括这两个方面词义的词。因此，可以用 reverence 表达"敬"一方面的词义，用 composure（镇定、沉着）来表达另一方面的词义。

在理解"常"这个概念时，葛瑞汉发现"常"对于佛教徒来说意味着永恒（permanence），而儒家则更经常地把"常"认作常规的（regular）、正常的（normal），这样"常"就能适用于遵循永恒之理的非永恒之事物。因此，他提出有必要根据这个概念是用于佛家还是用于儒家分别译作 permanence（永恒）或 regularity（规律性）。①

　　　　有生者，必有死；有始者，必有终；此所以为常（葛氏注：规律性）也。为释氏者，以成坏为无常（非永久），是独不知无常（非永久）乃所以为常（规律性）也。今夫人生百年者常（规律性）也，一有百年而不死者，非所谓常（规律性）

---

① A. C. Graham, *Two Chinese Philosophers: Ch'eng Ming-tao and Ch'eng Yi-ch'uan*, London: Lund Humphries, 1958, p.90.

也。(《二程外书》)

That which has life must have death, that which has a
beginning must have an end; it is this that makes for regularity.
The Buddhists regard completion and decay as proof of
impermanence, being ignorant that it is impermanence that makes
for regularity. That a hundred year is the term of man's life is
regularity; that a man should happen to outlive a hundred is not
what is called regularity.

在介绍儒家五常之首的"仁"这一概念时，葛瑞汉列举了几
种常见英文译法，包括理雅各在翻译《中国经典》时把"仁"翻
译为 benevolence（意为仁慈的感情，做好事并促进他人福利的善
良性格）；韦利翻译《论语》时，为了方便，把"仁"译为 Good
（意为好、善），为了与一般意义上的好、善（good）相区别，大
写其第一个字母。葛瑞汉明确表示把"仁"翻译为 benevolence
其实相当不合适，他认为，尽管欧洲人和中国人对"仁"的利他
原则的认识是一致的，都认为道德的基础是对他人幸福的无私关
怀，但是英文中却没有现成的词能够表达这种概念。"相应词语的
缺乏，使得英国的道德哲学家、翻译家遇到重重困难，大伤脑筋。
英文 selfishness（自私）的否定词为 unselfishness（无私），但
selfishness 没有反义词，只好用 altruism（利他主义）变通使用，
但它是 egoism（利己主义）的反义词。"①

① A. C. Graham, *Two Chinese Philosophers: Ch'eng Ming-tao and Ch'eng Yi-ch'uan*, London: Lund Humphries, 1958, p.97.

对于"神"的译法，葛瑞汉认为，即使"神"作名词时也不能译作 spirit（神灵），因为这样翻译违背了事实：新儒家们并不把"神"视为像"理"（principle）、"气"（ether）、"性"（nature）、"心"（mind）之类的存在，而视之为"诚""敬""中"之类的状态。[①] 而且，译文也不应使用 psychicity，避免给英语新造一个蹩脚的词，按照惯例，遇到需要准确表达中文"神"的原意时，葛瑞汉主要用拼音 shen 代替。

四　跨学科创新解读

在介绍儒家思想中的"心"这一概念时，葛瑞汉不仅从中文的本义和宋代这个词的两个含义出发分别对其进行了阐释，而且从西方心理学的角度做了独特的解读，他认为，新儒学使用的心理学术语分为三类：

1. "知"（knowledge）。动物只知其所见所闻；人却能够通过五官察觉理，并且能够依理类推。圣人则无需推，具有直接看透所有理的洞察力。

2. "情"（passions）。喜、怒、哀、乐，通常作为"情"的表现，有时再加上爱、恶、欲，称为"七情"。

3. "志"（purpose）和"意"（intentions）。"志"指向某种总的持久的目的（学问、求道、成为圣人）；"意"指向具体情势下的某个行动。程明道根据最古老的中国字书《说文解

[①]　A. C. Graham, *Two Chinese Philosophers: Ch'eng Ming-tao and Ch'eng Yi-ch'uan*, London: Lund Humphries, 1958, p.112.

字》所下的定义，说：志者，心之所之也。①

葛瑞汉的这种三分法，与西方传统心理学中的 knowing（知，意为了解、认识）、feeling（感，意为感情、感觉）和 striving（意为努力、奋斗）大致相对应。他发现，虽然 desire（欲，意为意欲、想要）对西方人来说属于奋斗，但中国人则将其划归"情"。新儒家确实从来没有这种三分法，他之所以这样划分，主要是在实践中对这三类心理活动分别加以探讨比较方便。

在谈到二程理学中的"格物"概念时，葛瑞汉将其与佛教概念进行了对比，他指出：

> 格物即是先进行思索，进而突然洞察其理。这种洞察使人感到似乎有点像"开悟"（satori），即佛教禅宗所说的突然的、永恒的、神秘的觉悟。实际上两者截然不同，格物是纯粹理智上的觉悟，由此，以前认为毫无意义的事实变得清清楚楚，用我们的话说是 falls into place，用程伊川的话说是："凡理之所在，东便是东，西便是西。"
>
> Thus the investigation of a thing consists of thinking followed by a sudden insight into its principle. This insight reminds one a little of the "satori", the sudden and permanent mystical illumination of Zen Buddhism; but it is really quite different, a purely intellectual illumination in which a previously

---

① A. C. Graham, *Two Chinese Philosophers: Ch'eng Ming-tao and Ch'eng Yi-ch'uan*, London: Lund Humphries, 1958, p.61.

meaningless fact, as we say, "falls into place". In Yi-ch'uan's, "wherever there is a principle East is East and West is West". ①

葛瑞汉在介绍程伊川使用的与"理"有关的术语时，从西方逻辑学方面对比"推理"概念。"推理"（extend the principle），意为从一理向外扩展、类推，延伸到另一物，据此，葛瑞汉指出：

> "推理"，多多少少与西方逻辑学的演绎法相一致。程伊川经常提到审视多个事例后省悟一理的方法，但这并不是我们的归纳法。然而，程伊川所描述的这种推理，毫无疑问在心理上与我们归纳式的推论方法相通。当然，我们极少盲目地收集例证，然后对它们加以概括。更多的是，由于过去相似的情况已经在潜意识中留下了痕迹，导致在之后的某一事例中突然省悟一理，然后再收集例证以证实此理。

> Tui-li, inference from principle, corresponds more or less to the deduction of Western logic. On the other hand, Yi-ch'uan's frequent references to examining more than one example before awakening to a principle do not imply what we call induction. However, the kind of reasoning which Yi-ch'uan describes is no doubt psychologically connected with the way we reason inductively. In practice, of course, we seldom collect examples

---

① A. C. Graham, *Two Chinese Philosophers: Ch'eng Ming-tao and Ch'eng Yi-ch'uan*, London: Lund Humphries, 1958, p.78.

blindly and then make a generalization from them; it is more usual to awaken suddenly to a principle in a single case because a number of similar cases have left subconscious traces in the past, and then proceed to collect examples to test it.①

第四节　二程理学思想评述

一　归纳式评述

在解读概念"理"的过程中，葛瑞汉明确高度评价了二程的贡献："二程兄弟的伟大创新，即在于声称：'万理归于一理'（The innumerable principles amount to one principle）。"② 因为，二程认为"天""命""道"只不过是"理"的不同称谓而已。这样，他们就把根据人类社会的类比而设想出来的自然法则转化为理性的法则。葛瑞汉感叹道："如此伟大的成就，只能是经过长时间发展的结果。在这之前的1500年，'理'的概念逐渐浮现出来，毫无疑问，早期的思想家对这一过程的研究已经为二程开辟了道路。但不管怎么说，被嗣后800年间的儒家学派所接受的理的学说，清清楚楚是二程兄弟的发明创造。"③

---

① A. C. Graham, *Two Chinese Philosophers: Ch'eng Ming-tao and Ch'eng Yi-ch'uan*, London: Lund Humphries, 1958, p.79.

② Ibid., p.11.

③ Ibid.

在译介二程思想时，葛瑞汉针对二程兄弟之间相同的观点见解，做出简短的评述：

二程极为重视"理不变"的见解，在可见的宇宙那永久的变动背后，存在着"常理"（constant principles）、"定理"（fixed principles）、"实理"（real principles）。像陈淳一样，二程认为理的不变性是"实"（solid）的确证；尽管他们不像佛教徒那样把变视为"虚"（void）的确证。正由于此，程伊川反对张载思想体系中"太虚"的概念。

The Ch'eng brothers also lay great stress on the idea that li is changeless, that behind the perpetual of the visible universe there are "constant principles"（ch'ang li 常理）, "fixed principles"（ting li 定理）, "real principles"（shih li 实理）. They also assume, like Ch'en Ch'un, that imperviousness to change is a proof of reality（shih 实, literally "solid"）, although they do not, like the Buddhists, regard change as a proof of unreality（hs, 虚, literally "void"）. For this reason Yi-ch'uan objected to the term "Supreme Void"（t'ai-hs）which took the place of principle in Chang Tsai's system.[①]

他还指出了二程的"理"这一思想在宋代的影响，他发现，对于宋代哲学家来说，"理"是自然而然要遵循的一条路线（a line），而不是人们必须服从的法令（a law）；"理"是自然（thus itself）

---

① A. C. Graham, *Two Chinese Philosophers*: *Ch'eng Ming-tao and Ch'eng Yi-ch'uan*, London: Lund Humphries, 1958, p.14.

的，立法者的观念与它格格不入。但从另一个角度看，他也明白，以 principle 作为"理"的对译词并不一定比 law 好多少。这两个英文词都意味着普遍性，因而诱导我们根据西方关于"普遍"与"特殊"的问题来思索。

另外，葛瑞汉还清楚地观察到了二程兄弟各自独特的观点。他发现，虽然二程兄弟俩都相信万物由一"理"贯之，"理"作为本性存在于人自身。但程明道认为只需要省察内心就可以知"理"；程伊川认为需要到外部事物中去寻"理"。透过这个差异，可以辨认出他们最基本的不同见解。①

程伊川的方法完全是理性和道德的，只靠儒学的威严来振奋人心。其目的是为传统的儒家价值观提供根据，并且指明人们掌握它们的过程。尽管他向弟子们传授时极少陈述其见解的理由，人们还是可以看出，这些见解在思想上是前后连贯一致的，能够解决实际问题。

Yi-ch'uan's approach is exclusively intellectual and moral, and is informed by nothing more inspiring than a rather arid Confucian respectability; its aim is to justify the traditional Confucian values and to explain the process by which one learns them. Although his sayings to his disciples seldom give reasons for his opinions, one can see that they are intellectually coherent and that they provide solutions for real problems.

---

① A. C. Graham, *Two Chinese Philosophers: Ch'eng Ming-tao and Ch'eng Yi-ch'uan*, London: Lund Humphries, 1958, p.95.

相比起来，程明道的思想含混模糊得多，前后也不那么一致。但人们有这样的印象，他的人生观在情感上更丰富多彩。对他来说，正像佛教徒、道士一样，"万归一"不仅是一个概念，而且是一种内心体验，然而，不必像佛教徒、道士那样孤独地、痴迷不舍地去追求，而是可以通过符合道德规范的行动去获得。

Ming-tao's thought is much vaguer and less consistent, but one has the impression that his view of life is emotionally much richer. For him, as for the Taoists and Buddhists, the underlying unity of all things is not merely a concept but an inward experience to be known, however, not by solitary ecstasies but by moral action.

对程伊川来说，使人与万物一体只不过是可以推论的"理"；对程明道来说，则是一种在千变万化的天地中普遍起作用的、生机勃勃的、富有创造性的、神秘的力。程伊川常用对立物相互依存的观点，如对于生死，给出一种理由让人们不畏惧死亡。程明道则认为和谐本身值得深究玩味，它赋予生死、善恶以意义。

What unites us to things is not, as it is for Yi-ch'uan, merely principle which can be extended by inference, but a vital, creative, and mysterious power universally active within the operations of heaven and earth for Ming-tao. Such an idea as that of the mutual dependence of opposites is used by Yi-ch'uan when, for example, he wants a reason for accepting death; for Ming-tao it is a harmony to be appreciated for itself, which gives meaning to life and death, good and evil.

二 批判式评述

对程伊川来说，"理"既是自然的又是伦理道德的。一株植物春荣秋衰，很自然地被认为和父慈子孝一样，都在遵循着"理"。葛瑞汉认为，这个假定导致论说上的困难，因为他认为："程伊川没有觉察到描述性的'理'与规范性的'理'之间的差别，之所以如此，毫无疑问，是因为对程伊川来说，规范性的东西与其说是确认一条'理'，还不如说是规定一个事物［这是儒家倡导的方法，强调'正名'（correct use of names）。例如，依靠暴力而不是依靠天命进行统治的人是暴君，绝非君王］。"[①]葛瑞汉发现，中国著书立说的人极少告诉我们父应当对子慈；父是慈爱的，不慈则不是父。而且，"理"和"道"这些哲学术语既是描述性的又是规范性的，隐含着指导的意义。

对于新儒学哲学议题一元论与二元论的冲突，葛瑞汉发现程伊川的二元论一直占据着统治地位。所谓二元，意指存在"理"与"气"两个基本元素。程伊川非常注重理，远远超过对气的关注，所以他几乎没有意识到有什么问题存在。对此，葛瑞汉明确指出："程伊川过于热衷于指明万物由一理所贯穿，以至于几

---

① A. C. Graham, *Two Chinese Philosophers: Ch'eng Ming-tao and Ch'eng Yi-ch'uan*, London: Lund Humphries, 1958, p.29.

乎没有注意到相互联系的万物与贯穿万物的理之间正在扩大的鸿沟。"①

三　辩护式正名

二程理学思想在发展过程中避免不了不同历史时期读者对其的解读评说，针对一些误读，葛瑞汉通过文献释读和义理解析为其正名。例如邵雍、周敦颐和张载都认定"太极"或"太虚"是人最深邃的自我，人们容易把他们视为"唯心论"者。葛瑞汉就指出：

> 如果把唯心主义的帽子扣在宋代新儒学头上，显然是张冠李戴，极不合适。一位贝克莱学派的唯心论者否认有必要假定知觉之外有被感知之物体、心之外有物质。而新儒家并不非难感官知觉，他们的认识论是朴素的实在论。其中的一元论者之所以能避免"心"与"气"的二元，不是靠否认气的存在，而是由于确信心不停地变为气。

> But there are dangers in applying the term "idealism" to any of the Sung philosophies. A Berkeleyan idealist denies the necessity of postulating an object perceived in addition to perception, matter in addition to mind. But the Neo-Confucians did not criticize sense-perception; their epistemology is "naive realism". Those of them who are monists escape the duality of mind and ether, not by denying the existence of the latter, but by

---

① A. C. Graham, *Two Chinese Philosophers: Ch'eng Ming-tao and Ch'eng Yi-ch'uan*, London: Lund Humphries, 1958, p.119.

claiming that mind is perpetually becoming ether.[①]

　　对于二程著作中一些归属不明的语句，葛瑞汉凭借自己对句中义理的理解和推理，提出了话语的归属。如对于《二程遗书》中"语及太虚，曰：'亦无太虚。'遂指虚曰：'皆是理，安得谓之虚？天下无实于理者'"，葛瑞汉认为："这条语录不主张'惟理为实'，因此可以认为它不会是程明道语，而应该归属程伊川。"[②]

---

①　A. C. Graham, *Two Chinese Philosophers: Ch'eng Ming-tao and Ch'eng Yi-ch'uan*, London: Lund Humphries, 1958, p.121.

②　Ibid., p.125.

参考文献

一　中文文献:

陈铨:《中德文学研究》，商务印书馆，1936。

〔美〕成中英:《易学本体论》，北京大学出版社，2006。

（宋）程颢、程颐:《二程集》，中华书局，2004。

程俊英:《诗经译注》，上海古籍出版社，2004。

程有为:《河洛文化概论》，河南人民出版社，2007。

（三国魏）嵇康著，戴明扬校注《嵇康集校注》，中华书局，2014。

邓球柏:《白话易经》，岳麓书社，1993。

董延寿等:《河洛思想文化研究》，河南人民出版社，2010。

（南朝宋）范晔:《后汉书》，中华书局，1965。

〔法〕费赖之:《在华耶稣会士列传及书目》，冯承钧译，中华书局，1995。

费振刚等校释《全汉赋》，广东教育出版社，2006。

〔瑞典〕高本汉:《高本汉诗经注释》，董同龢译，中西书局，2012。

高亨:《老子正诂》，清华大学出版社，2011。

郭沫若:《郭沫若全集·历史篇》第1卷,人民出版社,1982。

郝稷:《翟理斯〈古今诗选〉中的英译杜诗》,《杜甫研究学刊》2009年第3期。

郝稷:《至人·至文·至情:洪业与杜甫研究》,《古典文学知识》2011年第1期。

何红艳:《〈大唐西域记〉与唐五代小说的创作》,《内蒙古民族大学学报》(社会科学版)2003年第6期。

胡昌善编著《八卦之谜——〈周易〉通解》,中国城市经济社会出版社,1990。

(元)胡三省:《新注资治通鉴序》,载王仲荦等编注《资治通鉴选》,中华书局,1965。

金景芳、吕绍纲:《周易全解》(修订本),上海古籍出版社,2005。

克劳德·伦德贝克:《理学在欧洲的传播过程》,《中国史研究动态》1988年第7期。

〔美〕克利福德·格尔茨:《文化的解释》,韩莉译,译林出版社,1999。

蓝仁哲:《〈易经〉在欧洲的传播——兼评利雅格和卫礼贤的〈易经〉译本》,《四川外语学院学报》1991年第2期。

黎凯旋:《美国〈易经〉考古记》,《中华易学》1988年第1期。

(宋)李昉:《太平广记》,中华书局,1961。

李申主编《周易经传译注》,湖南教育出版社,2004。

林金水:《〈易经〉传入西方考略》,《文史》第29辑,中华书局,1988。

林金水:《利玛窦与中国》,中国社会科学出版社,1996。

楼宇烈校释《老子道德经注》,中华书局,2011。

鲁迅:《汉文学史纲要》,《鲁迅全集》第 9 卷,人民文学出版社,1981。

(唐)陆德明:《经典释文》,中华书局,1983。

吕明涛、谷学彝编注《宋词三百首》,中华书局,2016。

(宋)孟元老撰,邓之诚注《东京梦华录注》,中华书局,1982。

任运忠:《〈易经〉的文学性及其在译文中的重构》,《四川教育学院学报》2007 年第 1 期。

任运忠、曾绪:《〈易经〉卦爻辞辨及其英译》,《周易研究》2009 年第 3 期。

〔德〕荣格:《东洋冥想的心理学——从易经到禅》,杨儒宾译,社会科学文献出版社,2000。

〔瑞士〕荣格:《心理学与文学》,冯川、苏克译,生活·读书·新知三联书店,1987。

(宋)司马光:《资治通鉴》,中华书局,1956。

(汉)司马迁:《史记》,中华书局,1982。

檀作文:《朱熹诗经学研究》,学苑出版社,2003。

汪榕培、任秀桦译《英译易经》,上海外语教育出版社,2007。

王碧薇:《我为什么热衷于翻译〈尚书〉——访英国汉学家 Martin Palmer(彭马田)》,《党建》2015 年第 11 期。

王晓农:《〈易经〉英译的符号学研究》,中国社会科学出版社,2016。

（战国）文子:《文子校释》,上海古籍出版社,2016。

谢祥荣:《周易见龙》,巴蜀书社,2000。

辛红娟、高圣兵:《追寻老子的踪迹》,《南京农业大学学报》（社会科学版）2008 年第 1 期。

（汉）许慎撰,（宋）徐铉校定,王宏源新勘《说文解字（现代版）》,社会科学文献出版社,2005。

〔罗〕亚历山大·迪马:《比较文学引论》,谢天振译,上海译文出版社,1991。

杨平:《耶稣会传教士〈易经〉的索隐法诠释》,《周易研究》2013 年第 4 期。

杨天才译注《周易》,中华书局,2016。

余冠英选注《汉魏六朝诗选》,中华书局,2012。

〔美〕宇文所安:《盛唐诗》,贾晋华译,生活·读书·新知三联书店,2014。

张宏生:《"对传统加以再创造,同时又不让它失真"——访哈佛大学东亚语言与文明系斯蒂芬·欧文教授》,《文学遗产》1998 年第 1 期。

张善文编著《周易辞典》,上海古籍出版社,1992。

张西平:《中西文化的一次对话:清初传教士与〈易经〉研究》,《历史研究》2006 年第 3 期。

周发祥:《〈诗经〉在西方的传播与研究》,《文学评论》1993 年第 6 期。

周振甫译注《周易译注》,中华书局,1991。

朱谦之:《老子校释》,中华书局,1984。

陈垣:《陈垣学术论文集》第一集,中华书局,1980。

二 英文文献：

Addiss, Stephen, Lambardo, Stanley, *Tao Te Ching Lao-Tzu*, Boston: Shambhala Publications, 1993.

Alexander, G. G., *Lao-Tsze The Great Thinker: With a Translation of His Thoughts on the Nature and Manifestations of God*, London: Kegan Paul, 1895.

Allen, Clement F. R., *The Book of Chinese Poetry*, London: Kegan Paul, Trench Trubner Co, Ltd, 1891.

Alley, Rewi, *Tu Fu Selected Poems*, Beijing: Foreign Language Press, 1962.

Appiah, Kwame Anthony, "Thick Translation," Venuti, *The Translation Studies Reader*, London, New York: Routledge, 2004.

Balfour, Frederic Henry, trans., *Taoist Texts, Ethical, Political and Speculative*, Shanghai: Kelly & Walsh, 1884.

Baynes, Cary, Richard, Wilhelm, trans., *The I Ching or Book of Change*, New Jersey: Princeton University Press, 1997.

Blankney, Raymond Bernard, trans., *The Way of Life: A New Translation of the Tao Te Ching*, New York: New American Library, 1955.

Blofeld, John., *The Book of Change: A New Translation of the Ancient Chinese I Ching*, London: George Allen & Unwin, 1965.

Bodde, Derk, "Review of Book: The I Ching or Book of Changes. The Richard Wilhelm Translation. Rendered into English by Cary F.

Baynes," *Journal of the American Oriental Society*, no.2, 1950.

Bynner, Witter, trans., *The Way of Life According to Laotzu*, New York: John Day Company, 1944.

Carus, Paul, trans., *The Canon of Reason and Virtue, Being Lao-tze's Tao Teh King*, Chicago: The Open Court Publishing Company, 1898.

Carus, Paul, trans., *The Teachings of Lao-Tzu: The Tao Te Ching*, New York: Thomas Dunne Books, 2000.

Chalmers, John, trans., *The Speculations on Metaphysics, Polity and Morality of The Old Philosopher Lao Tsze*, London: Trubner & Co., 1868.

Cheadle, Mary Paterson, *Ezra Pound's Confucian Translations*, Michigan: The University of Michigan Press, 1997.

Chen, Ellen Marie, *The Tao Te Ching, A New Translation with Commentary*, New York: Paragon House, 1989.

Chu, Ta-Kao, trans., *Tao Te Ching: A new translation*, London: The Buddhist Society, 1945.

Cleary, Thomas, *The Taoist I Ching*, Boston: Shambhala, 1986.

Cleary, Thomas, *The Buddhist I Ching*, Boston: Shambhala, 1987.

Cleary, Thomas, *I Ching: The Book of Changes*, Boston: Shambhala, 1992.

Cleary, Thomas, *The Taoist Classics*, Vol.1, Boston: Shambhala, 1999.

Cook, Scott, *The Bamboo Text of Guodian: A Study and Complete Translation*, Cornell University East Asia Program, 2013.

Crespigny, Rafe de, *The Last of the Han: Being the chronicle of the year 181-220 A. D. as recorded in chapters 58-68 of Tzu-chi tung-chian of Ssu-makuang*, Canberra: Australian National University, 1969.

Davis, John Francis, "On the Poetry of Chinese," *The Transactions of the Royal Asiatic Society of Great Britain and Ireland*, Vol.2, No.1, 1829.

Dembo, L. S., *The Confucian Odes of Ezra Pound: A Critical Appraisal*, Berkeley: University of Califoria Press, 1963.

Dolby, William, "Book Review: An Anthology of Chinese Literature: Beginnings to 1911 by Stephen Owen," *Bulletin of the School of Oriental and African Studies*, Vol.60, No.3, 1997.

Dyer, Wayne W., *Living the Wisdom of the Tao: The Complete Tao Te Ching and Affirmations*, New York: Hay House, 2008.

Feng, Gia-fu, English, Jane, trans., *Tao Te Ching*, New York: Vintage Books, 1972.

Giles, Herbert A., *A History of Chinese Literture*, London: William Heinemann Co.,1901.

Goddard, Dwight, *Laotzu's Tao and Wu-Wei*, California: Santa Barbara, 1919.

Graham, A. C., *Two Chinese Philosophers: Ch'eng Ming-tao and Ch'eng Yi-ch'uan*, London: Lund Humphries, 1958.

Guin, Ursula K. Le, Seaton, J. P., trans., *Tao Te Ching: A Book about the Way and the Power of the Way*, Boston: Shambhala, 1997.

Hansen, Chad, trans., *Tao Te Ching: On the Art of Harmony: The New Illustrated Edition of the Chinese Philosophical Masterpiece*, London: Duncan Baird Publishers, 2009.

Henricks, Robert G., *Lau Tzu's Tao Te Ching: A Translation of the Startling New Documents Found at Guodian*, New York: Columbia University Press, 2000.

Henricks, Robert G., *Te-Tao Ching: A New Translation Based on the Recent Discovered Ma-wang-tui Texts*, New York: Ballentine Books, 1989.

Hinton, David, trans., *Tao-te Ching*, New York: Counterpoint, 2000.

Hinton, David., *I Ching: the book of change*, New York: Farrar, Staus and Giroux, 2015.

Hinton, David, *The Selected Poems of Tu Fu*, New York: New Directions, 1989.

Hoff, Benjamin, *The Way to Life: At the Heart of the Tao Te Ching*, New York: Weatherhill, 1981.

Hornby, A.S., *Oxford Advanced Learner's English-Chinese Dictionary* (extended fourth edition), The commercial Press, Oxford University Press, 2002.

Hsu, Joseph, *Daodejing: A Literal-Critical Translation*, Maryland: University Press of America, 2008.

Huang, Chichung, *Tao Te Ching: A Literal Translation with an*

Introduction, Notes and Commentary, California: Asian Humanities Press, 2003.

Hung, William, *Tu Fu: China's Greatest Poet*, Cambridge: Harvard University Press, 1952.

Ivanhoe, Philip J., trans., *The Daodejing of Lao Zi*, New York: Seven Bridge Press, 2002.

Jennings, William, *The Shi King: The Old "Poetry Classic"of the Chinese*, London and New York: G. Routledge and Sons, 1891.

Rexroth, K., *The Collected Shorter Poems of Kennith*, New York: New Directions, 1956.

Karlgren, Bernhard, *The Book of Odes: Chinese Text, Transcription and Translation*, Stockholm: The Museum of Far East Antiquities, 1950.

Lacouperie, A. Terrien de, *The Oldest Book of the Chinese, the Yh-king, and Its Authors*, London: D. Nutt, 1892.

LaFargue, Michael, *The Tao of the Tao Te Ching: A Translation and Commentary*, New York: State University of New York Press, 1992.

Lau, D. C., *Chinese Classic Tao Te Ching*, Hong Kong: The Chinese University Press, 1982.

Legge, James, trans., *The Yi King*, Delhi: Motilal Banarsidass, 1977.

Legge, James, *The Yi King, The Sacred Books of the East*, vol. xvi, Oxford: The Clarendon Press,1882.

Legge, James, *The She King or The Book of Ancient Poetry*, Hong Kong; The London Missionary Society's Printing Office, 1871.

Legge, James,*The Tao Teh King, The Sacred Books of the East*, vol.xxxix, Oxford: Oxford University Press, 1891.

Lin, Paul J., *A Translation of Lao Tzu's Tao Te Ching and Wang Pi's Commentary*, Ann Arbor: Center for Chinese Studies, University of Michigan, 1977.

Lin, Yutang, trans. And ed., *The Wisdom of Laotse, with an introduction and notes*, New York: Random House, 1948.

Lynn, Richard John, *The Classic of the Way and Virtue: A New Translation of the Tao-te Ching of Lao Zi as Interpreted by Wang Bi*, New York: Columbia University Press, 1999.

Lynn, Richard John, *The Classic of Changes: A New Translation of the I Ching as Interpreted by Wang Bi*, New York: Columbia University Press, 1994.

Mair, Victor H., tarns., *Tao Te Ching: The Classic Book of Integrity and the Way*, New York: Bantam Books, 1990.

Martin, Palmer, Barony Jay and Zhao Xiaomin, *I Ching: The Shamanic Oracle of Change*, New York: Thorsons Publishers, 1995.

Maurer, Herrymon, trans., *Tao: The Way of the Ways*, New York: Schocken Books, 1982.

McClatchie, Thomas, *A Translation of the Confucian Yi-king*, Shanghai: American Presbyterian Mission Press,1876.

McCraw, David R., *Du Fu's Laments from the South*, Hawaii: University of Hawaii Press, 1992.

Mitchell, Stephen, *Tao Te Ching, with foreword and notes*, New York: Harper & Row, 1988.

Moeller, Hans-Georg, *Dao De Jing: The New, Highly Readable Translation of the Life-changing Scripture Formerly Known as the Tao Te Ching*, Caru Publishing Company, 2007.

Ni, Hua-Ching, trans., *The Complete Works of Lao Tzu: Tao Teh Ching and Hua Hu Ching*, California: The Shrine of the Eternal Breath of Tao, 1979.

Pearson, Margaret J., *The Original I Ching: An Authentic Translation of the Book of Changes*, Tuttle Publishing, 2011.

Pound, Ezra., *Shih-Ching: The classic Anthology Defined by Confucius*, Cambridge: Harvard University Press, 1954.

Red Pine, trans., *Lao-Tzu's Taoteching: With Selected Commentaries of the Past 2000 Years*, San Francisco: Mercury House, 1996.

Regis, J., *Y-King, Antiquissimus Sinarum Liber quem ex LatinaInterpretatione*, Stuttgartiae et Tubingae: J. G. Cottae, 1834.

Rexroth, K., *One Hundred Poems from the Chinese*, New York: New Directions Publishing Corporation, 1971.

Richard Wilhelm, Forword by C. G. Jung in *I Ching, or Book of Changes*, Princeton: Princeton University Press, 1950.

Ritsema, Rudolf, Stephen Karcher, *I Ching: The Classic Chinese*

Oracle of Change, London: Elements Book, 1994.

Robert, Moss, trans., *Lao Zi Dao De Jing: The Book of the Way*, Berkeley: University of California Press, 2001.

Wagner, Rudolf, *A Chinese Reading of the Daodejing: Wangbi's Commentary on the Laozi with Critical Text and Translation*, New York: State University of New York Press, 2003.

Rutt, Richard, *Zhou Yi: The Book of Changes*, Richmond, Surrey: Curzon Press, 1996.

Semedo, Alvaro, *The History of That Great and Renowned Monarchy of China*, London: E. Tyler for I. Crook,1655.

Shaughnessy, Edward. L., *I Ching: the Classic of Changes*, New York: Ballantine Books,1996.

Shaughnessy, Edward. L., *Unearthing the Changes: Recently Discovered Manuscripts of and Relating to the Yi Ching*, New York: Columbia University Press, 2014.

Sivin, Nathan, "A Review on The Book of Change by John Blofeld," *Harvard Journal of Asiatic Studies*, vol.26，1966.

Spurgeon, Medhurst C. *The Tao Teh King: A Short Study in Comparative Religion*, Chicago: Theosophical Book Concern, 1905.

Star, Jonathan, trans., *Tao Te Ching: The Definitive Edition*, New York: Jeremy Tarcher, 2001.

Stenudd, Stefan., *Tao Te Ching: The Taoism of Lao Tzu Explained*, Malmo: Arriba, 2011.

Toury, Gideon, *Descriptive Translation Studies and Beyond*,

Shanghai: ShanghaiForeignLanguage Education Press, 2001.

Waley, Arthur, trans., *The Way and its Power: A Study of the Tao Te Ching and its Place in Chinese Thought*, New York: MacMillan Press, 1934.

Waley, Arthur, *The Book of Songs*, London: George Allen Unwin Ltd., Museum Street.1937.

Walker, Brian Browne, trans., *The Tao Te Ching of Lao Tzu*, New York: St. Martin's Press, 1995.

Walker, Brian Browne, *The I Ching or book of changes: A Guide to Life's Turning Points*, New York: St. Martin's Press, 1992.

Wihelm, Richard, *Tao Te Ching: The Book of Meaning and Life* (1910), translated into English from German edition by H. G. Ostwald, London: Arkana, 1985.

Wilson, William Scott, *Tao Te Ching: A All-New Translation*, Tokyo: Kodansha International, 2010.

图书在版编目（CIP）数据

河洛文化经典英译研究 / 张优著 .-- 北京：社会
科学文献出版社，2024.10.--（河南文化与对外交流）.
ISBN 978-7-5228-3915-8

Ⅰ .K203；H315.9

中国国家版本馆 CIP 数据核字第 2024YR1108 号

· 河南文化与对外交流 ·

河洛文化经典英译研究

著　　者 / 张　优

出 版 人 / 冀祥德
组稿编辑 / 任文武
责任编辑 / 李　淼
责任印制 / 王京美

出　　版 / 社会科学文献出版社 · 生态文明分社（010）59367143
　　　　　　地址：北京市北三环中路甲29号院华龙大厦　邮编：100029
　　　　　　网址：www.ssap.com.cn
发　　行 / 社会科学文献出版社（010）59367028
印　　装 / 三河市东方印刷有限公司

规　　格 / 开　本：787mm×1092mm　1/16
　　　　　　印　张：21.25　字　数：245千字
版　　次 / 2024年10月第1版　2024年10月第1次印刷
书　　号 / ISBN 978-7-5228-3915-8
定　　价 / 98.00元

读者服务电话：4008918866